湛庐CHEERS

与最聪明的人共同进化

HERE COMES EVERYBODY

天才与狂徒

THE MEN WHO UNITED THE STATES

[英] 西蒙·温切斯特
SIMON
WINCHESTER 著
文家欣 译

浙江人民出版社
ZHEJIANG PEOPLE'S PUBLISHING HOUSE

SIMON WINCHESTER

西蒙·温切斯特

- 大英帝国勋章获得者
- 牛津大学圣凯瑟琳学院名誉研究员
- 加拿大皇家地理学会院士，劳伦斯·伯比（Lawrence J. Burpee）勋章获得者
- “水门事件”报道者，好莱坞巨制电影原作者

从科班出身的地质学家到新闻记者

西蒙·温切斯特1944年出生于伦敦。从牛津大学地质系毕业后，他在非洲一家矿业公司担任地质研究员，却发现自己实际上是个“非常糟糕、无能的地质研究员”。一天晚上，在矿场的帐篷里，温切斯特读了简·莫里斯（Jan Morris）广受赞誉的历史文学作品，这立刻激发了温切斯特成为作家的愿望，他跳起来写信给莫里斯寻求职业建议。莫里斯很快回信，并敦促他在接到信的那一天就放弃地质学，去找一份给报纸写作的工作。不久之后，温切斯特就顺利地在英国一家报社找到了工作。

“水门事件”报道者和好莱坞巨制电影原作者

1969年，温切斯特加入《卫报》。最初是驻纽卡斯尔的代表，后来成为驻贝尔法斯特的通讯员，经常作为BBC电台的评论员和撰稿人出现在公众面前。1971年，他被提名为英国年度新闻人物。

1972年，温切斯特成为《卫报》华盛顿特区通讯员，报道了理查德·尼克松总统下台、吉米·卡特总统上任等新闻，其中就包括举世哗然的“水门事件”。也是在此期间，在费伯出版社的编辑查尔斯·蒙特斯（Charles Monteith）的敦促下，温切斯特写下了他的第一本书《神圣的恐怖》（*In Holy Terror*），主要讲述他在北爱尔兰的那段经历。

1982年春，温切斯特担任《星期日泰晤士报》海外特派员时，正值英阿马岛战争。他因被怀疑是间谍而被捕，在阿根廷火地岛的监狱中被关押了三个月。这段经历再次激发了温切斯特的写作灵感，他在1983年出版的《监狱日记》（*Prison Diary*）和1985年出版的《前哨》（*Outposts*）中，都记录了这段非凡的经历。

温切斯特第一本引起轰动的作品是1998年出版的《教授与疯子》，该书讲述的是《牛津英语词典》背后的故事，并从中揭示人的卑微与伟大。这本书出版之初，不管是出版方还是温切斯特本人，都没有对它抱有多大的期待，以至于首印量只有10000册。而《教授与疯子》刚一上市，销量就迅速攀升，很快突破数百万册，并一举登上《纽约时报》畅销榜。2019年，此书被翻拍成电影上市，由好莱坞两大著名影星肖恩·潘和梅尔·吉布森领衔主演。即使在20多年后的今天，这本书的平装版和精装版仍然在不断重印。

大英帝国勋章、加拿大皇家地理学会劳伦斯·伯比勋章获得者

数度登上《纽约时报》畅销榜的环球旅行作家

地质主题和旅行贯穿了西蒙·温切斯特的一生。在进入大学之前，他就曾花一年的时间在美国搭便车四处旅行。成为记者后，他更是游历了亚洲、美洲及非洲的不少国家与地区。因为其扎实的地质学知识，温切斯特在积累了丰富的写作经验，又广泛深入世界各地之后，逐渐形成了独具特色的故事讲述方式。这些都为温切斯特在文学、历史和地质学领域的卓越建树埋下了伏笔。

2001年出版的《改变世界的地图》(*The Map that Change the World*)中，温切斯特从地质学家威廉·史密斯(William Smith)通过追踪化石得以绘制出联结整个世界的地图的传奇故事入手，抽丝剥茧、层层推进，使之再次成为《纽约时报》畅销榜的爆款图书。

2005 年出版的《世界边缘的裂痕》（*A Crack in the Edge of the World*），将人们重新带回了 1906 年那场举世瞩目的美国旧金山大地震的现场，温切斯特以其特有的讲述方式和对地质学的独特理解，颠覆了我们看待世界的方式。

2010 年出版的《大西洋的故事》里，温切斯特则将视角置于人类知识进化的背景下，融合历史与轶事、地理与怀旧、科学与博览会，娓娓讲述出大西洋的壮丽传奇。

……

因为在新闻和文学上的卓越贡献，以及在地质学上的不断探索，温切斯特在 2006 年获得了由伊丽莎白二世女王亲自颁发的大英帝国勋章，又在 2016 年获得了加拿大皇家地理学会的劳伦斯·伯比勋章，并当选为院士。

2012年2月23日，我的岳母佐藤亚纪子（Sato Akiko）女士80大寿。

在全家人开始庆贺前，我告诉岳母，我打算按照中国传统的“五行”来安排新书结构。听完，她走开了，返回时手里拿着一张小卡片，上面分别用英语、中文和日语写着五行元素。

三小时后，生日宴会即将结束之际，岳母在亲朋的簇拥中倒下了。不久，她辞世而去。卡片上的文字也因此成了她最后写下的文字。

特将本书献给佐藤亚纪子的女儿势津子（Setsuko），并心怀感恩和敬重，缅怀1932年生于东京、2012年逝于纽约的佐藤亚纪子女士。

测一测

关于“天才与狂徒”们的创业史，你了解多少？

1. 以下哪一条法令奠定了以经纬线为基准创建网格、划分地块，并采用矩形测量方式测量地块边界的土地测量法？

A.《1785 年土地法令》

B.《西北法令》

C.《铭文土地法》

D.《解放奴隶宣言》

2. 第一个受命考察并记录黄石国家公园的人是谁？

A. 威廉·吉尔平　　B. 克莱德·埃迪

C. 约瑟夫·阿希　　D. 费迪南德·海登

3. 莫霍克河最早是在什么时候被欧洲人发现的？

A.14 世纪　　B.15 世纪

C.16 世纪　　D.17 世纪

4.“阿拉斯加高速公路之父”是谁？

A. 卡尔布雷思·罗杰斯

B. 托马斯·麦克唐纳德

C. 菲利普·阿穆尔

D. 弗伦奇·斯特罗瑟

5. 人类历史上第一条正式的电报发送于何时？

A.1750 年 4 月 9 日

B.1800 年 9 月 17 日

C.1844 年 5 月 24 日

D.1909 年 3 月 10 日

扫码下载“湛庐阅读”App，
搜索“天才与狂徒”，
获取答案。

目　录

引　言

五行合一

《天才与狂徒》这本书，在某一层面上，可以看作对联合体形式的思索，亦是对“国家”概念背后的复杂性的剖析。在本书的各章中，我将尝试解答以下问题：这个国家到底是如何维系的，在漫长的年月中又是如何将所有人融为一体的。

对于一个复杂的国家而言，各民族团结一致绝不是自然而然的结果。在民族谱系更单纯的国家这也许能够成立，例如，同一部落中的人总倾向于自然联合。无论是基库尤族（Kikuyu）、科曼奇族（Comanche）、乌伦杰瑞族（Wurundjeri），还是密克马克族（Micmac），每个部落内部的人与人之间有着紧密的联系。苏格兰的部落为他们古老且坚固的一体感而感到自豪——苏格兰人常说，所有“麦肯齐”（McKenzie）及所有“麦克尼尔”（MacNeil）皆为一体（无论命运或巧合令他们成为公爵或清洁工人）。在其他地区，阶级以及成为贵族知识分子的倾向都能够放大这种一体感：伊顿公学学生、霍奇基斯中学毕业生、巴黎政治学院毕业生、哈佛大学毕业生及牛津大学毕业生的内部，都可能形成联盟，这一点与大多数欧洲侯爵和伯爵，以及美国那些声名显赫的家族很相似，如比德尔家族、洛威尔家族、卡伯特家族、索顿斯托尔家族。另外，种族同样具有黏合效应：纽约曼哈顿的哈勒姆区、克利夫兰的霍夫区和洛杉矶的沃茨区，以及其他许多不同种族聚居区，长期以来都为当地的居民提供了无比强大的力量感和自豪感。

然而，一旦早期定居的移民中开始进入新的移民或原住民，再让一个参差多态的国家继续维持统一，并寄希望于简单而自然的群体性联盟，那就不现实了。

这个国家到底是如何实现联邦的团结和稳定的呢？西雅图的一名亚裔移民、曼哈顿的一名犹太裔女性、明尼苏达州的一名切罗基（Cherokee）学生、新墨西哥州的一名拉丁裔摊主……他们之间是如何产生那种近乎神秘的连带感的？建立一个由不同民族和行政主体构成的国家的想法产生于何时呢？这一想法又是如何演变为“联邦”这一实实在在又经久不衰的术语的呢？

本书将聚焦于促使国家维持团结并获得稳定发展的国家机能和运作方式。从本质上来看，这些都是实实在在的、有形的。它们通过测量线、标记、公路、铁路、运河、电话线路、电网以及电流等联结方式传承了下来。在维持联邦完整性并防止其分崩离析方面，这一切发挥了至关重要的作用。

这些联结方式是如何建立的，历史上与之相关的杰出而富有远见的人物又经历了怎样的故事，正是本书所要讲述的。

那么，该如何完整地呈现这一庞大的统一工程呢？实现统一原本就极为复杂。公路建设者、地质勘察员、运河开凿者、为铁路开辟隧道的人们，以及飞行先驱者与无线电设备发明者，他们的成就都交错地重叠在一起，这使得我们几乎不可能单纯通过时间顺序来讲述其背后的故事。同样，如果将所有参与缔造国家的人物一一罗列出，那么本书难免将变成一本人名词典或者一部百科全书。依我之见，我需要的是一种能够让各个成就互相呼应，使故事更具逻辑性和连贯性的叙述方式。

有一天早上，当我给一位中国朋友写信时，我突然有了主意。

从20世纪70年代中期开始，我曾长年累月地奔走在符拉迪沃斯托克和越南、中国东北和马来西亚，以及克什米尔地区和开伯尔山口（Khyber Pass）之间。多个世纪以来，几乎所有的亚洲国家和地中海文明古国，持有一种哲学观念：世间万物的本质属性能被归结为几种不同性质的事物。不同于古代西方的四元素说，以中国为代表的古代东方一贯持有的是五行学说。五行学说认为，世界由木、土、水、火、金五种最基本的元素组成。①

那天，当我给中国朋友写信介绍本书的构思时，我突然想到，也许可以以这五种元素为思路，构思本书的框架。

这个国家最初的探索者，如梅里韦瑟·刘易斯（Meriwether Lewis）和威廉·克拉克（William Clark），以及之后追随他们足迹的人，所见的都是望不到尽头的原始森林。美洲原住民经常会通过放火来更好地管理森林，他们会在空出来的地方建立牧场，以充分利用这些地区。

早期的探索者艰难跋涉，穿过森林，乘着木舟沿不同的河流溯流而上。在冬夜，他们用橡木和栲木生火取暖；他们早期的房屋也是以雪松木和松木为骨架搭建的。

① 根据中国五行学说，五种元素的顺序为木、火、土、金、水。

由此看来，“木”可以说是探索征途上一个无处不在的元素。因此，“木”不仅能作为“生机之术：探索者开疆辟土”一章的一大主题，还能作为向美洲大陆莽莽森林边缘进发的象征。

这片大陆的基本地形明确之后，随之而来的是另一个同等重要的任务：确认在林地植被之下所蕴藏的财富。早期的地质学家一开始并未受过很多的专业教育，他们是后来才成为地质方面的行家的。为了寻找答案，他们开始勘探矿藏，评估土地的价值和潜力。最终，数百万公顷土地中可能蕴含的矿藏，关乎人们生计的农业、畜牧业所需的肥沃农田，将会吸引拓荒者一路往西，这些人将极尽所能地挖掘这片土地的潜力。简单地说，土地及其所蕴藏的财富可作为第二个值得探索的主题——“土”涉及的内容。

剩下的水、火、金，同样适用于本书的编排。

以“水”为例，不可否认，早期美国的河流均被当作“高速公路”使用，后来则被用作贸易、权力争夺及疆域开辟的要道。当人们意识到现有水路不够宽、不够深或者不够直后，便开始开凿人工河流，也就是运河。在过去的几百年中，人们用故事的形式铭记那些因开凿运河而流芳后世的人。而这一切都可以通过“水”这一关键元素联系起来。

再往后，机器出现了，同时也出现了利用机器获取动力的概念。有效利用热能是早期机器的共同点。由蒸汽、汽油和航空煤油驱动的机器终于使人们能够快速、便捷地穿越全国。现在，这个国家正凭借道路交通网络紧密地连接在一起，人们可以乘坐各式交通工具前往任何一个地方，而这一切都离不开作为源动力而出现的“火”。

最后是“金”。通过电报的导线、电话线、无线电广播和电视的天线、网络电缆所传递的信息也许各不相同，但在古人看来，这些信息媒介皆可归于“金”元素。“金”就是其中的关键。

有了这些基本构思，我便开始了为期数月的探索。木、土、水、火、金，一直在我脑中回荡。当我在美国的海岸、草原和山峦之间徘徊时，脑海中反复琢磨着这几个元素。

探索期间，我带上帐篷、指南针、睡袋，以及各种地图、历史书和与美国有关的经典小说。这些小说的作者包括薇拉·凯瑟（Willa Cather）、华莱士·斯特格纳（Wallace Stegner）、约翰·威廉斯（John Williams）、西奥多·德莱塞（Theodore Dreiser）、辛克莱·刘易斯（Sinclair Lewis）、舍伍德·安德森（Sherwood Anderson）……为了做参考，我还集齐了全套50本的“美国导览”系列图书（*The American Guide Series*）。这套书如今仍是关于美国各州情况写作最周详、编辑水平最高的系列图书之一。

“美国导览”系列图书于20世纪30年代编就。尽管时过境迁，早已不适合被当作旅游的最佳指南，但其中的文章仍具有重要价值，希望进入美国腹地的人们仍可以从中获得明智的建议和广阔的视角。

“美国导览”系列图书的前两本各出版于1940年和1941年，其主题分别是俄亥俄州和密苏里州。之所以要特别指出这一点，是因为我决定先探访这两个在美国统一过程中发挥重要作用的地区。

有趣的是，这两个州各自有一座坐落在大河右岸的城镇，而且大河都以该城镇所在的州命名。一座城镇是俄亥俄河畔的东利物浦（East Liverpool）；另一座城镇是密苏里河畔的圣查尔斯（Saint Charles）。几个世纪过去了，它们的重要性逐渐褪色。但这两座城镇对一个人而言极其重要，就是率先提出建立美利坚合众国这一想法的第三任美国总统托马斯 · 杰弗逊。东利物浦和圣查尔斯如今各有一处经过精心修葺的纪念地，分别用纪念牌和方尖碑纪念着当地曾发生过的一切及曾经短暂的辉煌。

两处纪念地如今都被绿树环绕，其中一处几乎完全隐蔽于树丛之中。这一情景让我联想到，在杰弗逊赋予这些地点短暂意义的时刻，美国的土地上还遍布着广袤而难以穿越的森林。当时，这片土地的大部分秘密都隐藏在森林之中。

THE MEN WHO UNITED THE STATES

第一章

生机之木：探索者开疆辟土

我这才了解了树木的全部价值。我的家被数棵高大的梧桐环绕，树下草地丰茂。每天，我在树下用餐、写作、阅读或接待朋友。只要能让蒙蒂塞洛庄园四周栽种的树木茁壮生长，我愿付出一切。

——杰弗逊写给女儿玛莎·伦道夫（Martha Randolph）信中的一段

……没想到我会在这里看到这些珍贵而茂盛的松树。这些树十分茁壮，树干笔直而顺滑……除了稀稀落落的几片沼泽，堪称一座美丽的森林。这里既没有低矮的灌木丛，也没有腐坏的木头，因此看起来十分美妙迷人。树木的排列井然有序，就像房子周围特意栽种的一样。身处其中并不会使人产生对野兽和毒蛇的恐惧，反而会让人联想到缪斯女神与哲学家之间的对话。

——《明尼苏达与达科他》（*Minnesota and Dacotah*），
克里斯托弗·安德鲁斯（Christopher Andrews）

杰弗逊的遗产

托马斯·杰弗逊一生都对树木格外着迷。在他看来，树木就好比是他的宠物。蒙蒂塞洛庄园是杰弗逊在弗吉尼亚州阿尔伯马尔县（Albemarle County）的一处山麓精心打造的宅邸，为了在庄园开阔的西侧草坪周围植下最心爱的树，杰弗逊费尽了心力。

杰弗逊惯于进行大格局的构想。得益于力求旧景重现的蒙蒂塞洛庄园的管理者，今天我们在这里仍能看到柳树成行、木兰连排、糖枫林立之景。此外，这里还有椴树、桑树、皂荚树、橡树、松树、胡桃树、梓树等十余种树木。路旁还栽种着柿树和桃树。这一切正是杰弗逊在 1768 年买下蒙蒂塞洛庄园时希望看到的景象。

不过，蒙蒂塞洛庄园命途坎坷，多年来一直深陷债务泥潭，这与杰弗逊的挥霍不无干系。在很长一段时间内，这座庄园无人看顾，成了一处华美的废墟，围绕庄园栽种的树林也被疯长的杂草剥夺了生机。不过，即便无人看顾，一些较大的树木还是艰难地存活了下来。近年来，从盘根错节的“怪物”中指认哪些才是由杰弗逊亲手栽种的近乎成了一项竞赛。人们想象着，某个夏夜，杰弗逊走进园林，将树苗的根深深地埋入柔软的沃土之中；某天，他又将护根物铺在树根上面，让树芽享受弗吉尼亚暖雨的滋养……不知不觉，这位向来最受爱戴的总统似乎更有人情味儿了。

近年来，一位荷兰树艺师发明了一台可检测老树实际年龄的 X 光仪器。令人感到兴奋的是，经检测，蒙蒂塞洛庄园中有 4 棵树至少已有 200 岁了，因此它们有可能是杰弗逊亲手栽种的。然而，现实却极具讽刺意味。这 4 棵可能由杰弗逊、也可能由他雇来打理庄园的奴隶所种的老树，在被确认后不久，相继倒下并死去。

在这 4 棵老树中，2 棵是极度脆弱的北美鹅掌楸，其中 1 棵底部周长超过 10 米，已对周围的建筑构成了严重威胁。另外 2 棵老树中，1 棵是落叶松，1 棵是紫叶山毛榉，据说杰弗逊晚年曾在它们如云如盖的树冠下消磨时光。大部分人会对这些树木的逝去产生一丝淡淡的伤感：杰弗逊是国家核心思想的极少数缔造者之一，而我们与他之间的这层确切而不乏浪漫的联系就这样被切断了。

不过，我们与杰弗逊还保有另一层联系。在蒙蒂塞洛庄园的树林中，存在着一个不起眼的窥孔，可以让今天的访客一窥当年杰弗逊眼中的世界。通过这个设计巧妙的窥孔，访客可以从一个奇妙的角度观看四周，心中油然而生的兴奋和感动之情，足以与杰弗逊当初的设想媲美。

蒙蒂塞洛庄园几乎完全朝西。假如没有中间的小山冈的阻挡，杰弗逊就能将 40 多公里之外的蓝岭山脉（Blue Ridge Mountains）尽收眼底。幸而海拔 360 多米高的蒙特阿尔托山（Mont Alto）挡得不多，仅“削”去了蓝岭山脉靠南的一小部分。杰弗逊曾计划在蒙特阿尔托山山顶修建瞭望塔，最终未能实现。然而，杰弗逊在庄园周围栽种的树木，在他生前没有成长到足以遮蔽视线的高度。因此，在最后的日子里，杰弗逊能够坐在门廊上眺望远山日落，唯有蒙特阿尔托山稍有遮挡。

然而，今天的情况已大不相同。蒙蒂塞洛庄园的树木已经长高了，如果现在有人坐在杰弗逊曾在傍晚乘凉的地方，已无法一窥杰弗逊记忆中的蓝岭美景了。相反，他将面对一堵翠绿的“高墙”；若是在 10 月，高墙将被染上秋色，他将满目灿金橙红。这景象虽同样动人心魄，但由于这些数量惊人的参天大树的阻挡，已很难再看到杰弗逊当年亲眼所见的景色了。

今天的蒙蒂塞洛庄园的管理者一直致力于让这片土地重现旧貌，风景自然也包括在内。为了达到这一目的，管理者决定利用树木的间隙开一个窥孔。通过得当的修剪和周密的规划，在一堵由橡树、铁杉和白松组成的“远墙”上出现了一个人工制造的缺口，远看形如一只小眼睛。不过若是走近测量，这个缺口估计至少有 6 米长、3 米宽。得益于工作人员的精心修剪和塑形，窥孔始终保持着原有的模样。现在我们可以通过它，仔细端详或者粗略一瞥当年杰弗逊眼中的美景。

由于杰弗逊尤为骄傲的是创建了弗吉尼亚大学，因此修剪窥孔的工作人员特意将大学的圆形大厅“框在”了视野正中央。可惜，杰弗逊未能亲眼看到这座大厅的落成。越过大厅，映入眼帘的是远处阿巴拉契亚山脉的山岭，天际线公路和蓝岭公路勾勒出它那柔和的轮廓。这条山脉在历史上有着无与伦比的意义。因为在杰弗逊的时代，这条山脉不仅是当时的国界，还是当时拓荒者定居地的界线。杰弗逊在有生之年从未越过这道山脉，却一直被它吸引着，魂牵梦萦。

土地所有权的诞生

杰弗逊的一些独特性格最终促使他在国家统一进程中发挥了至关紧要的作用。人们常说杰弗逊是一个由矛盾造就的人：一名科学家，一名博学多识的美学家，还是一个奴隶主。但他始终对促进人类正直、善良和文明怀有极大的热情。传记作家詹姆斯·帕顿（James Parton）这样描述杰弗逊："他是一位绅士……懂得计算日食和月食、测量土地、止血、规划工程、审理案件，以及驯服野马、跳小步舞和拉小提琴。"

事实远不止于此。杰弗逊虽曾任驻法国公使，后来又担任了 4 年美国国务卿，经历丰富，但他在本国所涉足的地域却相当有限。尽管如此，杰弗逊在一生大部分的时间里，对阿巴拉契亚山脉以西的土地如痴如狂。这种状态令人感到迷惑、几近神秘又不乏浪漫色彩。尤其令杰弗逊着迷的一个问题是，最终应当如何将这片广阔而人们对其知之甚少的土地分配给正在快速增长的国民。

当务之急便是了解这片土地的地理结构。早在 1783 年，杰弗逊代表弗吉尼亚州出席大陆会议时，曾正式提出要建立一支向西远征至太平洋海岸的远征队。杰弗逊宣称："我对山脉西侧的人一直都有一种特别的信心。"当然，杰弗逊所指的并非壮观奇拔的落基山脉或内华达山脉，与当时大部分人一样，他对这些山脉并不了解。杰弗逊所指的其实是起伏相对平缓的阿巴拉契亚山脉，从蒙蒂塞洛庄园能看见的蓝岭山脉就是其最东端的部分。在杰弗逊的时代，这些由泥盆纪岩石组成的绵延无尽的山脊，从南卡罗来纳州的海岸平原一路延伸至纽约州，大体上标示出当时的西部国界，国界之外的地域则无人知晓。

在离大西洋不到 80 公里的地区居住着 500 万人，其中黑人约 100 万，大部分是奴隶。人们被这些既如巨浪又如迷宫的群山所围困，而绵延数百公里的山岭间仅有 4 条必经山隘的土路。恶劣的天气、频繁的落石和泥石流等，一切的一切都增加了拓荒者穿越山岭的难度。当时，人们很难在南卡罗来纳州和肯塔基州之间来往，也很难从田纳西州前往宾夕法尼亚州。直到 19 世纪中期，从纽约到匹兹堡仍须忍受长达 9 天的火车、客船和马车的颠簸。由于阿巴拉契亚山脉崎岖难行，在杰弗逊的时代，胆小的人根本不可能穿越这些山脉。

当时，有极少数拓荒者散居在山脉的另一侧。这些家住五大湖以南及俄亥俄山谷深处的人，渐渐失去了与东部主要居民的联系，以至于当时出现了严重的分裂情绪，不过最终还是以偃旗息鼓的方式收场。而在俄亥俄河以西的荒地及更远处，则稀疏地分布着更悍勇的拓荒者。他们脚下的土地曾由印第安人占领，后来成了西北公地。杰弗逊对他们抱有“特别的信心”，但在最初，美洲原住民的人数是他们的 10 倍。他们的工作机会少之又少，大多数时候只能从事皮毛贸易。此外，他们虽然受到前哨军队的保护，但这种保护的程度十分有限；他们还一直处于军事管制之下，只是程度较温和而已。直到 1798 年，拓荒者的人数达到 5000 名。他们这才拥有了地方政府并在这片属地的政治中心玛丽埃塔（Marietta）成立了一个小小的议会。

正是这些勇敢不屈的西部定居者，将成为杰弗逊所提出的最伟大、最具革命意义想法的首批获益者，而他们挣扎求存的土地将成为这一想法最初的试验田。杰弗逊的想法是，所有人有权也有能力做一件当时令人无法想象的事：真正拥有属于自己的土地。

“土地所有权”在当时是一个人们闻所未闻的陌生概念。易洛魁、克里克、肖尼（Shawnee）、特拉华和迈阿密等部族，已经在此生活了几百年。

他们在此狩猎、定居、组建家庭，但他们从未想过，土地竟能够为私人所拥有。早期的拓荒者同样也未曾想过。他们虽没有易洛魁人或肖尼人的游牧基因，但土地所有权的概念仍超出了他们的理解范围。对当时的拓荒者来说，拥有一条独木舟、一头牛、一座木屋甚至一名奴隶，似乎都是可能的、合理的，但对于土地这种地球表面无法移动的部分，他们认为似乎永远无法享有所有权。无论如何，普通人也绝不可能得到这种机会。

杰弗逊并不这么认为。早在完成起草《独立宣言》的有关工作之前，他就已经产生了这一想法。杰弗逊将他的想法写入 1774 年发行的一本措辞强硬的小册子，并谴责了乔治三世的计划——该计划称，应将阿巴拉契亚山脉以西的地区归国王所有，租地人须缴土地使用税。

时年 31 岁的杰弗逊强烈谴责了这一野蛮行径，指出这是极为不平等的，而这种不平等植根于一套在英国本地深受信奉、由征服英国的诺曼人在 1000 年前开创的国王和教会独享的特权。杰弗逊宣称，绝不能让“只有君王、教会以及贵族权贵才能够拥有土地”的观念荼毒这片新的国土，尤其是为阿巴拉契亚山脉所遮蔽的地方，因为说不定山脉的另一侧还有更为辽阔的土地。在杰弗逊看来，所有的人都应该有权根据土地的价值购买、出售或租借土地，并将已有土地代代相传。更重要的是，人们应支付税金，毕竟对于优秀的政府来说，税收是取之于民、用之于民的。

后来，坚持原则、从不动摇的杰弗逊坚定地支持了一项新法律：《1785 年土地法令》（*Land Ordinace of 1785*）。今天，在东海岸几乎每座城镇以及俄亥俄河以西几乎每片土地，都能看到这一法令的实际效果。正是《1785 年土地法令》确定了西部公地的处置方式。当时，乡间有大片无主之地，而这一法令确立了描述、划分并最终分配这些土地的规则。

《1785 年土地法令》不仅为希望获得土地的人们提供了土地，更为在独立战争中消耗巨大、财政紧张的新政府筹集了资金。所以，即使其核心始终无法摆脱杰弗逊式的理想主义，这一法令也极具先见之明且意义非凡。对于这个新生的国家来说，西部的土地就是最大的有形财富，尽管人们在获取这一财富时并未考虑居住其中的美洲原住民的利益。这个新生政权能够向任何有能力购买的人分块出售土地。《1785 年土地法令》确立了地块划分的原则，更重要的是，它奠定了对土地测量的要求，即以经纬线为基准创建网格、划分地块，并采用矩形测量方式测量地块边界。

要着手执行这一程序，就必须确立西部测绘的正式起点。直到今天，这个起点仍然被人们亲切地称为“起始点”。

“起始点”最终荣归俄亥俄州。俄亥俄州在旧时是西北地区的大熔炉。今天，人们仍能找到这一地点，它位于东利物浦小镇的外围，紧邻一家名叫贝尔的家族企业。这家企业专门负责加工、粉碎、筛滤、储存并运送工业材料，包括砖头、电线、水泥、压裂砂、生铁、钢坯以及石灰岩等，这些都是国家的工业血脉中不可或缺的部分。而在宾夕法尼亚州、俄亥俄州以及西弗吉尼亚州三州的交界处，立有一座纪念“起始点”的纪念碑。虽未明确标示，但纪念碑所纪念的确实是两个最具杰弗逊风格的理念：土地所有权和西部扩张。

纪念碑是用水泥建成的，高度齐胸，其圆形石座上刻有 4 个罗盘方位点。纪念碑的形状为锥形柱状体方尖碑，4 个面上分别刻有看似神秘的碑文，其整体形状与华盛顿纪念碑的上部有些相似。纪念碑被一块铸铁牌和一座石界碑圈在中间，那些在 39 号高速公路上飞驰而过的司机鲜有停下来阅读的。按理说这里该是一个十分诱人的景点才对，因为毫无疑问，这是最有历史意义的地点之一。这里本应有旅游大巴和饮水机，甚至还应设立出售纪念品的摊位。而实际情况却是，它的周围只有破旧的停车场、荒废的电线杆和随处丢弃的垃圾。

纪念碑上没有杰弗逊的名字，一旁的铸铁牌上写着：1785 年 9 月 30 日，美国地理学家托马斯・哈钦斯（Thomas Hutchins）从这里开始了 7 个镇排（range）[①] 的测量。哈钦斯是杰弗逊式的人物，他热切地支持杰弗逊那让西部成为“自由帝国”（Empire of Liberty）的远大愿景。哈钦斯是一位军人，也是一位制图师，由他设计的地图测量系统至今仍在使用。

以这一任意选取的地点作为起始点，哈钦斯画下两条直线：一条贯通南北，为经线；另一条与之垂直，为纬线。通过六分仪、星图和精密计时表，该地点的经纬度被确定为北纬 40°38'33" 西经 80°31'10"。数值一经确定，哈钦斯就带着约 20 米长的铁制“冈特测链”（Gunter’s chain）[②]、经纬仪、指南针和测绘板，与受军队保护的制图师队伍一起出发了，由此开启了测量国土之旅。

哈钦斯要测量的是整块北美大陆，而当时国家领土仅延伸至密西西比河沿岸，毗邻西班牙殖民地。而这条基准线，也就是至今仍被称为“地理坐标网”的北纬 40°38'33" 神奇直线，经由法律许可继续向西延伸，穿过“整片领土”一直到达太平洋海岸。美国虽然尚未拥有俄亥俄河与太平洋之间的全部土地，但既然基准线已计算完毕，有朝一日将其收入囊中也不是遥不可及的。

---

① 由以南北朝向排列的村镇组成，后文将有详细解释。——编者注

② 英国牧师、天文学家埃德蒙・冈特（Edmund Gunter）于 1620 年发明，是测量早期美国版图的关键工具。它由 100 个铁环组成，每 10 个为一组，每组以铜圈隔开作为标志。一条链总长度约为 20 米。10 平方链约为 4000 平方米，测量过程十分简易。该方法至今仍被称为“链测法”。——译者注

这就是杰弗逊的梦想。他制定的法令已经成为国家法律的一部分，而测量也在顺利进行之中。当时他说了这么一句话：“我们将飞快地扩张并超越种种限制，让整个北美大陆甚至南美大陆的人们都在相似的律法下生活。”

没人能预料到，陷入窘境的拿破仑真的会卖掉那片被他称为路易斯安那的土地；也没有人料到，拿破仑会将那片土地一次性出售。在测量开始时，除了杰弗逊，没有人会考虑几个月以后的事情。拓荒者的生活祸福难料，甚至连政策制定者也倾向于以季度而非 10 年为单位来考虑。对他们而言，收获实实在在的成果比名垂青史更重要。

有人说哈钦斯是根据工作需要设计的地图测量系统，不管怎样，这套系统如今在全世界都是一种典范。它要求首先确立村镇（township），即面积均为 6 平方英里[①]的正方形。村镇以南北朝向堆叠，形成的长条集合则被称作“镇排”。每个村镇要被划分为 36 个带编号的地块，每个地块的面积均约 1 平方英里。每个地块又会被分成一半、四分之一以及十六分之一，这就是所谓的“可怜的四十亩地”（the lower forty）和“四十亩和一头骡”（forty acres and a mule）等说法的由来。如今，由镇排、村镇、地块以及子地块组成的系统已深植于现代生活的结构中，该系统的编号[②]几乎覆盖了整个国家。

政府意在以公开拍卖的方式尽快出售公共土地。土地出售处很快就在各地相继建立。政府规定，1 英亩（约 4000 平方米）的最低拍卖价格不低于

① 1 英里约为 1.6 公里。——编者注

② 一个村镇中的 36 个地块该如何编号，似乎也在随时代改变。最常见的编号方法是，先在东南角确定 1 号地块，之后，1 号至 6 号地块自东向西排列，7 号至 12 号自西向东排列，13 号至 18 号再反过来，以此类推。这种折线型的排列方式又被称作牛耕式转行书写法，这是一种古老的书写方式。——译者注

1 美元，且买方不得赊账。在出售处，买主只要一次性交清全部费用，便可带走土地所有权凭证，我们今天在任何一张地图上，都能看到此项政策的结果：一座座西部农场排列在横贯东西或南北的笔直的公路两旁；从北达科他州到亚利桑那州，从俄勒冈州到亚拉巴马州，每个村镇的街道布局都堪称完美。每个村镇按地块安排学校位置，学校通常被建在第 16 号地块和第 36 号地块；市政厅、法院和火车站的位置也都有固定的安排。政府保留第 8 号、11 号、26 号和 29 号地块，以供拍卖售出。这是因为立法者们乐观地相信，一旦村镇划分完成，村镇土地的价值就会直线上涨。

然而，这一切在开始时却困难重重。《1785 年土地法令》于 1785 年 5 月 27 日正式生效，不到 3 个月，哈钦斯便开始对俄亥俄州头 7 个镇排，包括起始点经线以西约 68 公里范围内的土地进行测量。但随后侦察员报告说，前方有一个特拉华的部族袭击了拓荒者。一个贸易站被洗劫，一名拓荒者被杀害，死者的门上还被涂抹红漆以示警告。当地原住民始终对哈钦斯的计划持保留态度，尤以肖尼族为甚。他们本来就对白人的条约持有怀疑态度，之后更是对土地被剥夺产生了愈加浓重的恐惧；更糟糕的是，这些白人竟然打算在这片土地上画下直线。几个世纪以来，原住民一直沿着野生动物的足迹、河床以及其他自然标志游荡。他们享受这种随意，而一条条直线简直是对他们的蔑视和侮辱。

哈钦斯的制图队伍显然被杀人事件吓坏了，于是他们一行人撤回到匹兹堡。直到 9 个月后，在骑兵的保护下，他们才算恢复了勇气，回到原地，将北纬 40°38'33" 基准线延伸至马格诺利亚镇（Magnolia）。1787 年，他们以一定的精确度完成了 4 个镇排的测量。又过了一年，他们完成了 7 个镇排的全部测量。

由于测量进行得很仓促，很多事情做得并不完美。例如，每个地块仅以白色石块于四角做出标记，而且在最开始，哈钦斯在地块内部没有进行任何测量。然而这毕竟是一个开始。国会不久便接到测量完成的正式通知，随后地图也得以出版，土地出售就此拉开帷幕。许多出售广告被张贴在办公室门口和树干上，有的则刊登在当地的报纸上，这些广告标志着历史揭开了新篇章。当时，每则广告在地图下方都附有如下说明：

> 图中 7 个镇排的村镇位于俄亥俄河西北……现根据新颁布的国会法案对其进行出售。
>
> ……出售方式为公开拍卖，拍卖地点定于匹兹堡……

其后数年间，哈钦斯及其伙伴完成了余下的西北公地的测量，可出售的土地也全部售出。乡镇、村庄与村落被认为是最适宜居住的地方，成千上万名满怀希望的移民开始向西行进。15 年内，约 65 万平方公里的领土逐渐成为如今的俄亥俄州、印第安纳州、伊利诺伊州、密歇根州、威斯康星州以及明尼苏达州（只有少部分）。美国独立伊始仅有 13 个州，但在它年轻的国旗上，代表各州的五角星数量在快速地增加。

在上述这些州中，威斯康星州和伊利诺伊州西侧的州界，大致也就是密西西比河东岸即为当时领土的边界。密西西比河西岸的土地当时仍然属于法国。然而，事态在 1803 年 4 月 30 日发生了变化。在许多人看来，它成了杰弗逊在总统任期内取得的影响最深远的一次胜利：美国政府从法国手中买下了后者在北美洲 210 多万平方公里的全部属地。

只需大笔一挥，向拿破仑付一笔钱，美国的国土面积就在一夜之间翻一番。以价值 300 万美元的黄金和价值 1200 万美元的债券为成本，这个国家摇身一变，成为当时有远见之人眼中未来的强国，即使在当时，这也是一股不容小觑的力量。这一被称作“路易斯安那购地案”的土地交易案，不仅让这个国家转瞬间脱离了殖民地的死亡威胁，还为它打通了前往墨西哥湾的通路。其中一个原因是，属于此次交易一部分的新奥尔良，正是原法属路易斯安那第三个也是最后一个重要城市，另外两个分别为莫比尔（Mobile）和比洛克西（Biloxi）。从法国手中购得的这片一望无际的土地，能让数以百万计的拓荒者定居。因此，尽可以鼓励他们自力更生，他们通过努力，从原本东部那种虽体面却艰辛无比的贫困状态，走向西部由自己的双手创造的幸福之路。

可以说，这片辽阔的土地是为杰弗逊想象中数以百万计的拓荒者而设的。而如果要将它彻底纳入这个年轻的国家，让它与现有的其他部分相融合，那就势必要立刻完成对它的测量和出售，就像当年测量和出售西北公地一样。而要达到这一目的，就要先了解它；而要了解它，就得先与它深入接触。

探险西部：起点

事实上，杰弗逊早在几个月之前就已经做出了派人穿越北美洲大陆的决定。1802 年夏末的一个午后，在蒙蒂塞洛庄园，杰弗逊正聚精会神地研读一本 400 多页的厚书：《1789—1793，从蒙特利尔出发，沿圣劳伦斯河，穿越北美洲大陆，到达冰冻地带和太平洋之旅》（*Voyages from Montreal, on the River St Laurence, Through the Continent of North America to the Frozen and Pacific Ocean, in the Years 1789 and 1793*）。这本书的书页未经裁剪，直接以蓝纸装订，由伦敦的一家出版公司出版。该书作者是出生于苏格兰、后迁移加拿大并成为加拿大第二任总理的亚历山大 · 麦肯齐（Alexander Mackenzie），或者应该尊称他为亚历山大 · 麦肯齐阁下。

麦肯齐原本是一个毛皮商人，后成为第一个穿越整个北美洲大陆的白种人。他被英国国王乔治三世授予爵士头衔。

杰弗逊读书时，麦肯齐完成这段旅途已经过去差不多 9 年时间了。麦肯齐猜测，自己耗时 7 个月前往太平洋的陆路旅途或许具有历史意义，于是留下了“到此一游”的纪念：在今天属于不列颠哥伦比亚省的渔村贝拉库拉（Bella Coola），麦肯齐在一块小小的海边礁石上刻下了希望能够永久留存的文字：“亚历山大・麦肯齐，由陆路从加拿大前来，1793 年 7 月 22 日。”麦肯齐利用一种古老的捕兽人秘诀，将手指浸入熊脂与朱砂混合的膏状体中，留下了这段文字。他希望这段文字能够在太平洋海岸严酷的环境中保存下来。

我们能够想象杰弗逊在读到这本书的最后几页时的反应。区区一个苏格兰人，还是一个亲英派，竟然成了横跨北美洲大陆的第一人。这是何等屈辱！绝不能承认。

据说，杰弗逊放下书本，脸憋得紫红，宛如中风。他转向坐在自己身边的秘书，28 岁的梅里韦瑟・刘易斯（Meriwether Lewis），毫不含糊地命令后者：尽快安排穿越祖国的远征，必须将那个媚英的苏格兰人的随性云游彻底踩在脚下。

“探索军团”由此诞生。这次远征还有一个更广为人知的说法，它以两位领队者命名：刘易斯和克拉克远征。

梅里韦瑟・刘易斯无须多加鼓动。他本人充满好奇，渴望追上并超越麦肯齐的成就。况且他跟杰弗逊一样，想要阻止可恨的英国人抢先在遥远西部的任何领域独占鳌头。刘易斯还有一个更加私人的动机：10 多年前他曾想尝试一次类似的探险，但当时被杰弗逊阻止了①。

如今，10 多年过去了。杰弗逊亲自请求刘易斯前往，还让他担任远征队队长。杰弗逊如今已经完全了解刘易斯作为捕兽者和猎人的实力：这个人能够在极端恶劣的环境下走得很远，且不至于哭着回来。杰弗逊同样欣赏刘易斯惊人的学习能力。1801 年 3 月，杰弗逊聘请刘易斯的众多理由中就有这么一条："他具备优秀的洞察力和辨别能力。"

杰弗逊决定派刘易斯去西部还有另一个原因，那就是刘易斯对美洲原住民有着不同寻常的同情意识。刘易斯对数个印第安部落拥有第一手资料：他年轻时曾在佐治亚州生活，因而熟悉佐治亚的切罗基族人；他曾在靠近孟菲斯的地方服役，因而了解奇克索人（Chickasaw）和肖尼人；他在俄亥俄州西部参与著名的"伐木之战"时，曾接触过迈阿密人。此外，由于刘易斯所在军营驻扎在底特律附近，他对波塔沃托米人（Potawatomi）亦有所了解。

在杰弗逊一气之下做出远征的决定时，购买路易斯安那的交易尚未完成，法国国旗仍在密西西比河另一侧飘扬。同时，有证据表明，英国也打算在这片土地上分一杯羹。因此，情急之下，杰弗逊决定让刘易斯尽快出发。

① 1792 年，刘易斯申请加入一次穿越国土的远征，组织者是一个名叫安德烈 · 米肖（André Michaux）的法国植物学家，曾将银杏树带到了美国。当时杰弗逊未予准许，认为刘易斯太年轻。早在 1785 年，来自康涅狄格州的投机分子詹姆斯 · 勒迪亚德（James Ledyard）出了一个怪主意，即先横跨俄罗斯，之后自西向东穿越国土。幸而刘易斯未加入，因为后来勒迪亚德被逮捕并被逐出西伯利亚，有人曾目睹其在波兰的路旁哭泣。勒迪亚德在埃及去世，死于动脉瘤。杰弗逊曾与此人会面，他在日记中简短地写道："首次探索西部的尝试就这样失败了。"

美国人对路易斯安那这片即将取得的土地一无所知。美国人不清楚路易斯安那的确切边界，而法国人则明确表示绝不透露任何信息。因此，刘易斯及其带领的队伍必须从头开始。路易斯安那的自然边界在哪里？山脉又将延伸至何处？河流以何种方式从山顶蜿蜒流向大海？他们必须弄明白这一切。更重要的是，他们还必须弄清楚：这片广袤无垠的土地是否真如传说的一样，竖立着由盐构成的高峰，这里的雪原、荒漠、牧场和草原位于何处，那里生长着什么样的鲜花和树木，又有哪些动物和鸟类。

另外，对于在这片土地上生活的人，根据哥伦布的猜测，他们应该是印第安人。或许像一些人所说的，这些人中有很大一部分是威尔士人；是否像另一些人所说的，他们是以色列失落的部族。

1803 年 3 月，国会批准探险，并拨款 2500 美元，其中 696 美元用来向土著送礼。一个月之后，购买路易斯安那的文件在巴黎正式签订，深深吸引着杰弗逊的这片土地终于完全为国家所有。这样一来，人们就能着手合法探索了。

确定将要开展这次远征后，刘易斯让杰弗逊签署了一张无限额票据作为保障，以防远征队将钱花完。之后，刘易斯开始收集装备。他在弗吉尼亚州一处军火库中搞到了步枪，又在匹兹堡请人建造了一艘近 17 米长的木制货船，还在费城囤积了弹药、用作礼品的饰物以及食物。刘易斯得想想还需要什么：帐子、装弹药的防水铅管、向印第安人表达友好的各类小摆设、刻有杰弗逊侧像的银质奖章，还有大量墨粉、80 多千克干燥的糖粉、25 把斧头以及 4 罗（576 个）鱼钩。刘易斯还接受了关于野外医学的指导，只不过指导他的医生的观点有失偏颇，该医生认为大部分病痛能靠强力泻药解决，尤其是由氯化汞和一种墨西哥球根牵牛混合制成的药物。

应该召集同行成员了。7 月 2 日，战争部长发出正式许可，远征军团可以在俄亥俄河沿岸驻军中挑选志愿者参加远征。而此前不久，刘易斯曾于 6 月给他的军中旧友威廉 · 克拉克（William Clark）写了一封信，邀其与自己共同担任远征队队长。克拉克高兴地答应了："这一伟业将面临多少艰难险阻啊！但亲爱的朋友，我向你保证，没有人比我更希望踏上征程。"

克拉克比刘易斯年长 4 岁，先前担任过刘易斯的长官。跟刘易斯相比，克拉克性情更粗野，文化程度更低，也更不容易陷入悲观情绪。克拉克曾经与印第安人有过正面冲突，而刘易斯则没有。刘易斯可算作杰弗逊的"学徒"，而克拉克跟杰弗逊连点头之交都算不上。刘易斯和克拉克于 10 月在印第安纳州克拉克斯维尔（Clarksville）的俄亥俄河镇会合，开始了正式的合作。在之后的 856 天里，两人相处得极为融洽，如今这已是众所周知的事实。

刘易斯和克拉克在克拉克斯维尔组建了整支团队，从几十名厌倦于守卫要塞并渴望真实刺激的志愿者中选出了候选队员，最后约 29 名男性宣誓入队，其中包括克拉克的奴隶约克。

在队伍出发之前，仅训练和准备物资就花了 10 个星期。关于这次远征正式开始的时间，历史上留下了相对准确的记载：1804 年 5 月 21 日下午 3 点 30 分。

此时冬季早已远去，冰消雪融，河水微涨。刘易斯在单独穿越了密西西比河之后，在其主要支流密苏里河不远处与克拉克会合。会合地点位于圣查尔斯镇。这是河流北岸一个约有 400 名居民的破旧村落，大部分居民是法裔加拿大人。

选择这里作为远征的起点缘于一个简单的地理原因。在密西西比河与密苏里河的交汇处，河水的流向混乱不清，且遍地是杂乱无章的沼泽、牛轭湖[①]和死胡同一般的河湾。而在圣查尔斯，密苏里河似乎终于“打定主意”，往西边奔流而去，那正是远征队即将奔赴的方向。

密苏里河的流向由当地地质条件决定。最初的拓荒者正是受到这些地质条件的吸引，才前来定居的。密苏里河北岸矗立着泥盆系砂岩的断崖，这是两条河流交汇处以西第一处地势较高的位置。它既能使拓荒者免于洪灾，也能确保警戒队在受到攻击时获得河流下游的清晰视野。沿着断崖建起的建筑群，包括一座天主教堂、上百间摇摇欲坠的房屋和几家商店。它们全都俯视着南边深褐色的河水，并凝视着远处圣路易斯分散的房屋。克拉克声称，从每 500 毫升的密苏里河河水中，就能滤出满满一酒杯的泥浆。而要到很久以后，密苏里河“大浊水河”这一诨名才流传开来。

村落之外，便是未知的领域：一处神秘的领域绵延着棕色的印第安山脉；一片辽阔但仍不为人知的土地隐约露出敌意。圣查尔斯作为多年来最西边的欧洲人聚集点，这里可以说是最合适的出发地点了。

当刘易斯抵达圣路易斯时，大雨倾盆。他吃过一种被唤作“冷点”的小吃后，便越过河流，来到克拉克及其队员们的夜晚驻扎之地。大部分远征队成员“健康，且精神状态良好”，只有一名队员在前一晚因擅离职守挨了 50 鞭，后又在聚会中捣乱。克拉克在圣路易斯待了 4 天，受到盛大款待，当地居民提供的食物和酒比东部提供的好很多；他还受到舞会的邀请，镇上的女士们则相约到他的船上参观。

---

① 弯曲河道因弯曲过度，发生裁弯取直，原来的河道被废弃所留下的部分，状如牛轭，因此得名。——编者注

克拉克似乎十分乐意留下来。但第二天用过午餐后，远征队就出发了。克拉克后来写道："岸上的人们发出三声欢呼。"

他们先是直接向西进发。在接下来的 15 个月，他们遭遇了缓慢的水流和致命的漩涡，在未知且无法想象的荒地上行进了 5000 多公里后，终于越过了大陆分水岭。

最开始的 6 个星期，远征队相对轻松地穿越今天的密苏里州。早期路途的水流旁矗立着石灰岩悬崖和砂岩峭壁。克拉克在远征的早期曾从一处高约 90 米的悬崖上坠下，好在用小刀成功插入山体裂缝中，待到力气恢复后才重新攀爬上来。总的来说，这里比起山谷更像一片漫滩，比起峡谷更像大草原，而这里的河水则混乱地四处蜿蜒。

尽管每天的漫长路程走得令人疲惫不堪，但远征队实际上却没能前进多少。

探险西部：边疆

在柳树夹岸的河道中航行了数周后，远征队来到密苏里河与一条被他们称为考河（Kaw River）的河流交汇处。考河即今天的堪萨斯河。远征队被眼前的美景吸引住了。克拉克后来写道："考河河口处的景色十分美丽。"他还说，这里可以作为一个绝佳的军事驻地。

虽然军队并不认同他的观点，但成千上万的拓荒者最终选择留在这里，并在两河之间的沙汀上建造了一座巨大的"营地"。后来这里成为那些沿俄勒冈之路、圣菲之路及加利福尼亚之路进行漫长且英勇的西行之旅的拓荒者们的基地。西行的拓荒者中有些人后来也留在了这里。由拓荒者建造、后成为大都市的堪萨斯城也成为开拓史上的经典存在。

× × ×

我曾在 1976 年到过堪萨斯城。当时，我计划用 6 个月的时间进行一次中西部之旅，渴望理解独特的边疆文化。一路上有两件事令我印象深刻。

第一件事虽说并不太重要，但每当回想起来，我往往会心生酸楚。当时，我受邀参观一座大理石雕像，雕像纪念的是一头名叫“山姆 951”的巨大的白色夏洛莱牛。1972 年之前，这头牛一直生活在奇利科西（Chillicothe）的一座牛栏中，远近闻名。大家一度认为这头牛是欢乐的化身，它在旺盛的精力下产生的大量精液，按加仑算价值数百万美元。山姆的精液用液氮冷冻后装在小瓶内，然后寄往全球翘首以盼的客户手中。

由此，“利顿夏洛莱牛栏”在当时可能是全美最赚钱的牧场。牧场老板杰里·利顿（Jerry Litton）也因此获得了巨额财富。利顿本人英俊迷人，是民主党议员，曾在国会任职。很多支持者认为利顿应该当选为国家公职人员（他的支持者中就包括后来的总统吉米·卡特）。早在 1976 年年初，利顿就表示他会继续自己的政界生涯。

利顿的初选竞选宣传经过了精心筹备，无可挑剔，而且其背后有丰厚的资金支持。后来，利顿毫无悬念地赢得了初选，离功成名就，在政界大显身手只差临门一脚了。

竞选胜利当天的夜里，利顿原本计划飞回堪萨斯城庆祝，但谁也没想到，灾难就在此时发生了。利顿乘坐的“比奇男爵”号私人飞机，因其中一台引擎的曲轴折断，起飞后不久就坠毁了。利顿、利顿夫人和他们的孩子，以及利顿私人飞机的驾驶员和驾驶员的儿子全部丧命。利顿本来能够成为一名总统竞争者，并能将这种精神带往华盛顿，但命运没有给他这个机会。

第二件事与第一件就截然不同了。我参观了位于怀特曼空军基地中心的一处核导弹发射基地。怀特曼空军基地是一个由大量军人和飞机组成的复杂网络，坐落在密苏里河南边的诺布诺斯特（Knob Noster）附近。在 20 世纪 70 年代，参观巨大的导弹并非难事，还可以深入地下防御掩体。而在那里，仪容整洁的年轻军官坐在发射按钮旁，等待执行足以毁灭世界的指令。幸好，这样的指令终究没有发出。现在，怀特曼空军基地的士兵已全部解除了戒备，导弹也被拆除并销毁了。

但怀特曼空军基地仍然存在，纵然没有了导弹，它仍然拥有令人闻风丧胆的头衔和实力。如今，它属于空军全球打击司令部。该司令部的总部位于路易斯安那州，全美的核武器均在它的掌控之中，比如它有权部署位于西北部的三处导弹以及大量的 B-2 隐形轰炸机。这些轰炸机大都被置于怀特曼军事基地，而距此不远处就是克拉克曾经记录过的地点。克拉克曾在这里听见附近小湖泊传来“巨蛇”的叫声：“它像火鸡一样‘咯咯’叫，估计它有好几公里长。”

怀特曼空军基地与刘易斯和克拉克的远征路线如此接近，不由让人觉得有点讽刺。不仅因为杰弗逊派去的探索者们所追求的，与边疆概念以及至今仍争论不休的“边疆假说”密切相关（尽管当时探险者们的意图不甚明晰），更是因为边疆心态（如果它确实存在的话）在今天的国家政策的思想根源上仍旧扮演着广受争议但不可或缺的角色。

威斯康星大学历史系教授弗雷德里克·特纳（Frederick Turner）在他 1895 年发表的论文中提出了一个著名论点，即边疆的存在本身便具有巨大的社会意义。它不断向西移动，并在东部文明社会和西部蛮荒之地间划了一条界线。从刘易斯和克拉克远征的营地演变而成的堪萨斯城，在很短的时间内成了当时边境上一个典型的十字路口：东边是贸易商、猎人、农夫、拓荒者、制图师、村落和城镇，西边则是草原、游牧民族、不法之徒、植被稀少的平原等，时而龙卷风刮过，且一直闹饥荒。东西之间横亘着一条看不见的线，这条线完成了分界，完成了隔离。这正是边疆所在。

特纳认为，东部和西部两个极端的持续碰撞造就了一系列独特的人格特征。边疆的苦与乐使生活在这里的人与未曾离开过家乡的祖先和过去的自己有了本质的区别。在边疆经受过考验的人性格更粗野、更随意，也更有进取心，更不容易受制于传统、阶层和礼教的束缚。在特纳看来，这些人也更独特。力量、威势、意志——去驯服而非说服，去要求而非请求，去攻击而非对话，这些产生于边疆经验的独一无二的倾向，从不同角度造就了现代人的性格。西部传说、牛仔传奇以及像迪斯尼“西部垦荒时代”这样的游乐园主题区域，都是从特纳的简单理论中孕育而成的。然而有人表示，特纳的理论过于简单粗暴。

特纳受到了许多严厉且毫不留情的攻击，比如有人指责他忽略了种族、性别和地方主义等因素。然而从根本上看，有些问题始终悬而未决，比如为什么人们自认为如此与众不同，为什么会有“昭昭天命”这样的概念。这一切，是否真像特纳后来说的那样，全部植根于开疆拓土所带来的、为后来出生于新大陆的所有人所共享的特殊经验？

距克拉克第一次听见“像火鸡一样‘咯咯’叫”的“巨蛇”的地点不远处，就是一座巨大的武器基地。它的使命之源是否就是刘易斯和克拉克那次英勇的远征呢？在那次远征中，探索者们第一次穿越了边疆，而后来发展兴旺的大都市就在此处向东的不远处。在两个世纪之前，堪萨斯城曾无比鲜活地象征了“边疆”这一概念所包含的一切内容。

今天，想一睹怀特曼空军基地的内部构造已不再像以前那么容易了。为了配合新形势，这一基地进行了重新部署。当然，人们仍然能够进去参观，只是申请期极长，需要提前几个星期提供资料，另外在参观过程中禁止摄影、拍照。

不过，在辽阔的密苏里土地上偶尔会突然响起轰鸣般的“隆隆”声，飞机引擎引发的振动摇撼着柳树和平静的河面。然后，在铁丝网后面，在掩藏于玉米地间的跑道上，巨大的灰色轰炸机缓缓地升入天空。

探险西部：从森林到草原

过了堪萨斯城，密苏里河向北流去。克拉克曾就河流西岸的地势提出了自己的看法，但他的拼写和语法实在令人不敢恭维。1804年6月21日夜里，当克拉克写下这段简短的观察所得时，应该已经很疲乏了：

> 细小的水流滋养着这里的土地，然后融入河滩。土地上生长着各种树木，有橡树、白蜡树、核桃树等。据我所知，草原就在不远处，有的地方离河流很近，有的则离得很远。

克拉克所说的草原确实就在不远处，但它与远征队之前所见的景色截然不同。

在这之前，远征队见到的一直都是大树、森林、林中旷地、灌木林……全都离不开树木。队伍穿越的河谷以及他们从水上看见的山丘，通常也都被厚厚的植被覆盖。印第安人虽然烧去了其中一部分树木，以发展农业，但在其他地方，树木依旧完整地覆盖着土地。红白相间的松林，橡树和栗树林、山核桃林和棉白杨林，山杨林、白桦林、枫树林和雪松林，还有一片片香脂冷杉、橡树、白蜡树……这一切，被刘易斯和克拉克记在了日志中。他们几乎每天都会提到树或者树林，若在本应有树的地方却没有看到树，他们甚至还会产生担忧。

虽然刘易斯有着植物学方面的一点点知识，但他和克拉克关注的重点仍然是木材的潜在商业价值，而不是林业科学本身。早期的国家发展离不开木材，从燃料到住所，从建造船只到制作纸张，再到筑造边疆生活的象征——小木屋，各方面都迫切需要木材。在已有人居住的地区，木材资源十分充足。从缅因州的白松林到南卡罗来纳州的木兰树林，再到密苏里州的榆树林、栗树林、棉白杨林和柳树林，年轻的国家拥有取之不尽的树木。

然而克拉克注意到，在密苏里河上游的西岸情况不妙。在离河或近或远的地方，出现了一片树木稀少的土地，这种情况最初出现在密苏里河由西转向北的长长河段旁。

克拉克瞥见的是一片树木相对较少、棕绿交错的土地，它一直延伸到紫色的地平线。出生在东部山麓地区的人从未见过或想象过如此绵长平滑的地平线。这片平坦的土地几乎要被极度辽阔的天空吞噬。它属于一种新的平原类型。一望无垠的草地、大片的草场，风似乎永远都在呼啸，唯有气温透出季节的气息。天空上散布着马尾云，有时能看见百里外的闪电在闪耀，或者眼睁睁瞧着暴风雨一边蚕食着天空，一边毫不留情地袭来。头顶的天空会突然变暗，狂风带来成片成片的冰雹，直到地面变白，踩上去“嘎吱嘎吱”作响。没过多久，太阳又会重新露面，冰也很快融化，草叶间升腾起水汽，能听见植物在这片刚形成的温热潮湿的热气中向上伸展的声音。啊，在这片土地上，不同区域有着大不相同的新奇风光。

终于，远征队抵达了北美大平原的东部边缘。这是一个广袤无垠、与众不同且独具风情的地方。不过，它虽独特，却并非绝无仅有。世界上还有不少位于大陆中部的辽阔平原，如俄罗斯干草原、南非大草原、阿根廷彭巴草原以及非洲稀树草原的某些部分，它们也有平坦的地势、无情的大风以及绵延不断的植被。然而在美国，大平原的文化和地理意义已融为一体。北美大平原的面积在 130 万～ 390 万平方公里之间（取决于所选的边界），这里人烟稀少，是国家的一部分，与国家共享荣辱和悲欢。

大平原边界模糊，其界线每年都随气候的改变而发生变化，就像地球的极轴一样“摇摆”不定。兀然耸立的落基山脉大致勾勒出大平原西侧边界。而在东侧，刘易斯和克拉克的团队作为有记录的首批探索者，第一次偶遇大平原的地点①，界线也十分模糊。有些人提议按照密苏里州的州界来划定大平原的东侧边界。密苏里河东侧的土地植被茂盛，土壤近似俄罗斯的黑土，潮湿而富有养分，以至于有人开玩笑说，不必在上面栽种植物，直接吃泥土就行了。密苏里河的另一侧却是尘灰飞扬的焦土，植被稀少，土壤贫瘠，保持着一种被晒焦的褐色。但这些只是幻想罢了：在密苏里河的两岸，没有一处的区别如此之明显。事实上，从东部来的旅行者鲜少能确定自己真的已进入了大平原，除非在漫长的旅途上发生的缓慢而微妙的变化足够明显，而这有时往往令人感到震惊甚至警惕。这与土壤性质和植被的变化并无多大关系：到了这个时候，举目可见的唯有天空和无尽绵延的地平线，前后左右空荡荡的，只有狂风肆虐的无边空地。

---

① 16 世纪，西班牙殖民者曾穿越北美大平原南部的一部分。以法国人为主的毛皮贸易商也对这一区域有过了解，他们在此建造小贸易营地，制作地图，留下过日记。出生于威尔士的加拿大探险家戴维 · 汤普森（David Thompson）在 1797 年抵达大平原今属北达科他州的部分，比美国人早了近 10 年。汤普森同时也是完整漂流哥伦比亚河的第一个白人。加拿大人至今对汤普森的成就被刘易斯和克拉克超过仍恼火不已，毕竟刘易斯和克拉克的探索并不比汤普森艰巨多少。

尽管地质变化和冰河史决定了大平原的面积和地形，实际上，大平原存在的真正关键因素是雨水，或者应该说是缺乏雨水。这里气候的形成过程简直就像照搬教科书一样。一股巨大的湿热气流从太平洋出发，沿着北美洲大陆一路向东，途经内华达山脉和落基山脉时被迫上升，空气温度下降，储水能力随之降低。于是，在重力的作用下，化为雨或雪落了下来。

之后发生的事情则决定了大平原的命运。源自太平洋的气流在离开山脉继续向东行进时，水分流失过多，且已经“精疲力竭”，因此虽然它们在空中漫无目的地绵延了数百公里，但由于无法形成云团，仍然无法为地面带来降水。

落基山脉东侧由此也处于雨影区①，在这里生长或努力维持生命的植被渐渐地适应了这里的缺水环境。植被好不好始终是决定人类和动物能否定居的关键因素，至少在早期，大平原与世界上其他定居地一样受植被制约。不过也有适应大平原条件的独特的生物群落，如科曼奇族和草原犬、苏族（Sioux）和响尾蛇，还有其他印第安部族：布莱克富特族（Blackfoot）、夏延族（Cheyenne）、阿拉珀霍族（Arapaho）和克罗族（Crow）等。此外，还有一种曾主宰这片土地且具有象征意义的物种：数以百万计的美洲野牛。

由于受降雨、气温以及土壤厚度的影响，美洲野牛的食物来源——平原草，在种类和外形上各有不同。纬度对此也有影响，但发挥更大作用的却是经度。北美大平原大致介于西经 95°～105°，其中线正好是西经 100°，中线附近的地区每年的降水量为 500 毫米。中线以西，气候逐渐干燥，土地渐进雨影区；中线以东，降雨变得丰富、稳定。

① 在山区或山脉的背风面，雨量比向风面显著偏少的区域。——编者注

此外，海拔同样也是一个不可忽视的影响因素。由于从落基山脉一直到密苏里河的平原大体呈西高东低的态势，因此地势高的平原西部呈现出电影中常见的高原贫瘠风貌。这里沙尘肆虐，对农业极不友好，再慷慨的银行家也不愿意贷款给要在这里开垦的拓荒者。在这片干旱的土地上，四处可见一簇簇矮草，如羊茅和针茅以及后来引入的扁穗冰草。

中线附近的大平原，一切都混杂在一起。在今天的内布拉斯加州的一些农场所在地，草丛至少有两米高，其中错综地生长着大须芒草、野生黑麦、垂穗黄草、提摩西草和格兰马草等。这一情景用薇拉·凯瑟那句著名的“草原穿着毛茸茸的外套”来形容，再恰当不过了。然而，格兰马草似乎正遭遇自身局限性的限制。它曾经是科罗拉多州的州草，很常见，而在往东不过 800 公里的伊利诺伊州，格兰马草却被列为濒危物种。

刘易斯和克拉克看到了这些草，包括其中唯一非土生土长的提摩西草。这种草在一个多世纪前从欧洲引入，并以惊人的速度在全美蔓延。然而，刘易斯和克拉克却未看见赫赫有名的风滚草。

风滚草是一种幽灵般的植物，看上去像蓬松的毛球一般，在冷风的吹拂下于尘土飞扬的公路上弹跳，最终“撞上”铁丝网。在大多数情况下，风滚草实际上是农民痛恨的“害群之草”——俄罗斯刺沙蓬。刘易斯和克拉克之所以没有报告说他们见过这种草，是因为他们早来了几十年。直到 19 世纪 70 年代，风滚草的草籽才由拓荒者带到达科他州，而远征队来到这里的时间却是 60 年前。如今，从尘沙飞扬的西部到土壤肥沃的密苏里河谷，到处都有风滚草的身影。

当刘易斯和克拉克溯流而上，途经今天的堪萨斯州、内布拉斯加州和南北达科他州时，他们在东部的高草草原首次瞥见了大平原的风采。1804 年

7 月 4 日，在远征队来到接近今天堪萨斯州的莱文沃思（Leavenworth）后，克拉克写道：

> 这里的平原铺满了一种葱绿色的草，可制成最美味、最有营养的干草。它们有的散布在树丛间，有的垂在池水或溪水上方。举目四望，灌木丛中满是结满美味果实的草，而自然又竭尽所能地用多种颜色装点这一切……所有的一切为我们的感官和头脑带来了刺激和享受。

克拉克提到的“葱绿色的草”，就是大须芒草，它是所有高草中最典型的一类。大须芒草穿插着出现在灌木丛中，划出了高草草原和北美大平原的分界线。克拉克对大须芒草的评价可谓很有先见之明。在这一区域，为这些高草提供养分的沃土厚达 60 厘米。自 1830 年约翰·迪尔（John Deere）完善了他的钢犁刃以来，这一区域凭借耕性良好的土壤，至今都是国家的粮仓。这里连绵无边的小麦田和玉米地，是全世界最丰饶、产量最高的“粮食带”之一。

6 个星期之后，远征队继续向西行进了 1100 多公里，来到了今天的南达科他州的汤普森堡（Fort Thompson）附近，他们眼前所见的一切与之前大不相同。远征队一行人此时已经过了积满泥沙的普拉特河（Platte River）河口。他们曾对这条长长的、蜿蜒的河流颇有微词，说它“一英里宽，六英寸深”“水太浑，不能喝；又太浅，无法划动船只”。在远征队看来，他们向北穿越普拉特河就像穿越赤道一样，具有非凡的象征意义。他们此时来到的是一个环境更恶劣、气候更干燥的地区，细小的溪流在此交错。此外，这里还分布着一片片盐碱滩和数量庞大的水牛群，三角叶杨仅生长在较深的溪谷中，丰饶而适于植物生长的土壤被粗糙的牧草地所取代。刘易斯写道：

> 约 3 英里半径的范围内，我看到深深的山沟和陡峭的山壁互相交

错，山有 100～200 英尺[1] 高，登上山顶，目之所及是一望无际的平原……一个月前，这一带的草刚破土而出，如今草已长到 4 英寸[2] 高，呈现出春天特有的生气……这里的景色十分美丽宜人，四面八方都能看见一大群水牛、鹿和羚羊在吃草。

来到普拉特河北部，远征队便进入了真正的短草大平原。若不是冬天来临，他们也许还会继续向西，进入高原。1804 年 10 月下了第一场雪，此时的密苏里河比以往任何时候都要浅，流速也慢得多，不过因为没有了普拉特河带来的泥沙，这里的水变得更清澈、更纯净了。很快，河水开始结冰，远征队只好部署冬季营地。

到目前为止，远征队已零星遇见过一些印第安人，而在 1804 年 11 月，他们将会遇到一群印第安人，其中一人将在极大程度上影响这次探险的节奏、态度和声誉。

探险西部：邂逅

在密苏里河西岸，内布拉斯加州内，坐落着一座商业核电站——卡尔洪堡核电站，自 1973 年以来，它持续不断地为 60 多公里以南的奥马哈（Omaha）输送电力。它所在的密苏里河的第 645 号里程标处，恰好是刘易斯和克拉克首次与一群印第安酋长正式会面的地点。

当时是 1804 年 8 月 3 日，距离开圣查尔斯已有 3 个月了。这些印第安酋长是半游牧民族奥托人（Otoe）。克拉克时常会在日记中写到远征队与

① 1 英尺约为 30 厘米。——编者注

② 1 英寸约为 2.5 厘米。——编者注

捕兽船擦肩而过，这些船上通常有一个法国人和一个原住民。但他们却是第一次遇到奥托人。远征队做好了准备，政府也早已赋予他们所需要的权限，他们带有许多事先印好的白色硬卡片，需要时即可派发。

“岂不知”，每张卡片都以这句开头，接着提到政府将“无时无刻不庇护你，倘若你承认此权利”。换句话说，就是与华盛顿州以及白人签订和平协议，并从中获得保护及和睦与友善之谊。倘若拒绝，则必须承担相应的后果。

日记中并没有明确提到奥托人是否从一开始就收到了这些卡片，或者远征队是否认为值得把这些印得漂漂亮亮的和平信物送给他们。奥托人自然不会获得远征队携带的三种和平勋章中最高级的一种，即一面有杰弗逊侧影的那种。因为奥托人被认为是二等部族，是从苏必利尔湖闯进来的入侵者。由于感染天花，许多奥托人死了，幸存下来的人逐渐融入大平原印第安人的生活，他们开始骑马①、狩猎水牛、使用印第安人式的雪橇、住在帐篷组成的小村落中，但他们仍然未被看作是真正的印第安人。在远征队看来，同他们举行仪式不过是为未来更大的仪式进行彩排罢了。

礼物姑且不论，倒是刘易斯和克拉克向 6 名前来访问的酋长进行的演说令人印象深刻。刘易斯一直以来很严苛，是个内省的人，他的致辞阴沉，透露出不祥的意味，而这也成为他日后致辞的基调：他不倾向于仅提议友好和合作。

“听着，”刘易斯对前来的原住民说，“总统是你们唯一的父……他是你

① 马是意外从欧洲带来的。由于遭受捕猎，北美洲的野马早已灭绝。16 世纪，西班牙殖民者引入这些动物后，当地的原住民十分喜爱它们，他们的游牧习惯很快便发生了重大变化——水牛成为狩猎的头号目标。在 30 多个部落中，南部平原的科曼奇人对马的热情最甚，一个人很可能拥有 30 匹马之多。北部的苏族对马的热情则小得多，不过他们仍惯于骑在马背上。

们唯一能够期待至善的朋友……他派我们来开辟道路，清除障碍……你们千万要避免行错一步，否则，如若为伟大的父招致不快，必将波及你们的领土，他将如火烧平原之草一般将你们毁灭。”

远征队软硬兼施，除了威逼自然也少不了利诱。他们掏出礼物，其中一部分送给前来的人，另一部分更值钱的则赠予未亲自前来的尊贵人物。在礼盒中，除了第二、第三等的总统勋章之外，还有彩色珠子、战斧、剪刀、梳子、镜子等，可谓丰富多彩。除了这些，刘易斯还赠给他们一瓶威士忌，之后举起来复枪，向天空发射了几枪，让来访者大吃一惊——力量和权威得以成功展示。

虽然这算不上是一次祥和的会面，却十分重要。远征队将此地命名为“康瑟尔崖”（Council Bluff）。如今，这里矗立着一块明亮的钢制纪念牌以作标记，和平烟斗和闪闪发亮的钢制箭头悬在碑文上方。而核电站就建在几公里之外。

然而，这个名称后来被挪到了河对面的另一个州。由此，内布拉斯加州的“康瑟尔崖”变成了艾奥瓦州的康瑟尔布拉夫斯（Council Bluffs）。这是一座庞大的河边城市，因火车和赌场远近驰名，如今则作为那次会面的纪念地而尽人皆知。

两个星期后，远征队再次与同一部落的印第安人会面。不过当时远征队因遭受病痛的折磨而无暇他顾。在演说期间，查尔斯·弗洛伊德（Charles Floyd）中士因阑尾穿孔而死亡，被埋葬在苏城附近，成了唯一死于远征路上的队员。

这一次，远征队总算将一部分和平友好卡片送给了一名几近全裸的印第安酋长。这位酋长却将卡片递了回去，表示他更喜欢远征队船中的那些吸引人的货物。远征队对此略感气愤，于是斥责了他。经由一个名叫费尔冯的翻译，远征队又说了一些话，印第安人被气走了。

如果说奥托人不算正宗的大平原部落，接下来远征队遇到的原住民则足够正宗了。1804 年 8 月末，远征队穿过今天的詹姆斯河（James River）后，在靠近南达科他州扬克顿镇（Yankton），遇到第三群也是更重要的一群原住民。此时，远征队已经被大平原上品类繁多的野生动物——大群的水牛、羚羊、草原犬鼠、野兔、喜鹊、牛蛇、骡鹿、麋鹿、草原狼迷住了。对于生活在野生动物稀少的东部林地的人来说，这一切简直不可置信，只有作为翻译同行的法国捕兽者完全不为所动。

8 月末一个星期一的下午，一个胆大的年轻印第安男孩游到了远征队的船边。远征队第一次遭遇了杰弗逊曾叮嘱过要小心的部落——苏族。其他苏族族民也聚拢过来，监督这个年轻男孩与陌生人的会面。克拉克仔细地打量他们，留下了令人印象深刻的记录：

> 苏族人健壮而果敢，他们的年轻人则长相俊美。这里的战士们装饰着豪猪鬃和羽毛，穿着鹿皮鞋，且全都穿着颜色各异的野牛皮长袍……

这些人无疑是真正的大平原印第安人。他们的数量和力量都十分强大，不容小觑。然而，白人从一开始就惹到了他们，比如先是以错误的名字称呼这些人。这些人一直自称达科他人。“苏族”这个名字则来自奥吉布瓦语，后又经过了法语变体。其历史可追溯到 18 世纪中期：1761 年，爱尔兰殖民官威廉·约翰逊（William Johnson）在纽约家中与印第安人做交易。他在日记中写道：“我从西边的苏族印第安人那里得到了一双鞋。”

苏族在大平原印第安人中占了极大的比例。苏族语系覆盖了庞大的区域：从密西西比河上游明尼苏达州的千湖区，穿过落基山脉脚下的蒙大拿州和怀俄明州，向东延伸到得克萨斯州、向西则直达南达科他州的一部分。令人感到困惑的是，有些大平原部落并不属于苏族部落，包括西边的布莱克富特族和格罗文特族（Gros Ventre）以及南边的夏延族、阿拉珀霍族和波尼族（Pawnee）。至于再往东的部落，既不属于苏族，也不属于大平原印第安人。

按语言差异，苏族可分为三大带分支的族群：西边的拉科塔族（Lakota）和蒂顿苏族（Teton Sioux）；东边的桑蒂族（Santee）和欧塞奇族（Osage）等；还有就是刘易斯和克拉克在这里初次见到的扬克顿族（Yankton）。这些族群又分成许多小的族群。

这些人中最著名的要数一位名叫“疯马”的首领，他曾在1876年的小巨角河战役中带领军队击败并杀死了乔治·卡斯特（George Custer），至今仍被视为印第安英雄。另一位英雄“坐牛”则统一了大平原各印第安部落，以抵抗白人的抢掠。他同样影响了小巨角河战役。

这两个人都是打不死的硬汉。由于常年在马背上生活，“坐牛”的腿呈弓形，而且他的左侧身体似乎特别倒霉：左脚曾被人射伤，成了跛子；左臀也被射伤；左前臂则在与他人的纷争中中了一箭。在运筹帷幄决胜于小巨角河之前，“坐牛”曾举行了一次神圣的契约仪式：从自己身上献出100块肉。“坐牛”的弟兄在他的双臂上各剜下50块小小的肉块，他则如牛一般端坐，忍受着剧痛。刘易斯和克拉克在远征日记中同样记录了这类在高压环境下保持优雅印第安精神的故事：他们写到身无片甲的苏族战士毫无畏惧地投入战斗，其中一队人在冰上行走，不惧危险，不怕死亡。

如果刘易斯和克拉克一开始就意识到这些人的刚烈以及苏族那如同武士一般的行为准则，事情也许会进展得更顺利。1804 年，远征队第一次与扬克顿人会面，之后又与更好战的蒂顿苏族人会面。尽管两次会面都进行得相对顺利，然而回头再看时却可以发现，几次会面成了远征队向西推进并与原住民不断发生冲突的起点——这些冷静、沉着且几乎不可战胜的人，逐渐成了远征队的敌人。

也许是在 9 月 23 日与蒂顿苏族人的会面中，远征队感受到了不安。尽管会面顺利结束，却引发了一个可能会带来危险的冲突：蒂顿苏族酋长希望得到远征队的烟草，如若不给，他就扣船。刘易斯发火了，他甩开其他船队，轻蔑地朝岸上扔了几条烟草。当时，易怒的蒂顿苏族人原本可以就地杀死远征队，但他们接受了烟草，放走了船队。

后来，尽管白人与印第安部落逐渐发展出理解之情和友谊，但在他们之间还是滋生了根深蒂固的厌恶之情，并蔓延至 19 世纪末。经过大大小小的攻击、战斗之后，1876 年，冲突演变为战争。乔治・卡斯特在小巨角河战役中书写了尤为野蛮血腥的篇章。

当然，这是白人的视角。而任何美洲原住民绝不会忘记，14 年后，白人酝酿的复仇造成了更惨痛的悲剧。1890 年冬天，由许多小巨角河战役死者的遗属组成的骑兵，联合袭击了一个有着 120 名成员，极为神秘、令人闻风丧胆和被称为“鬼舞者”的拉科塔族部落。士兵们将这些人以及 230 多名女性和儿童，沿着今天南达科他州的翁迪德尼河（Wounded Knee Creek）河边驱赶。那是一年中最后一个星期一的早晨，大雪纷飞，寒冷入骨。后来，由于一场争吵，悲剧发生了：士兵们向这些人开火——他们用来复枪射击，用新购置的大炮射击，仅仅几分钟，印第安人便倒在血海之中。

至少 150 名苏族人死于这场大屠杀。后来，大自然仿佛决定要将这一幕长久保存下来，自西而来的寒流使得达科他州经历了一场暴风雪。雪势减弱后，尸体仍保持着可怖的、令人难以忘记的扭曲姿态。这耻辱的一幕被一张著名的照片记录了下来。在这张照片中，一位酋长的尸体上盖满了雪，他的手臂由于寒冷或死后僵住了，仿佛他试图从地上爬起来；他的表情满是痛楚，令人震惊。

探险西部：钥匙

当然，并非所有与美洲印第安人的邂逅都困难重重。几个星期之后，进入 11 月，河流开始结冰，再往上游前进已经不可能了。就在此时，远征队遇到了一个名叫图桑 · 沙博诺（Toussaint Charbonneau）的中年兽毛皮商人和他的两位夫人。其中一位夫人令人印象深刻，她是一位 15 岁的肖肖尼族（Shoshone）少女，名叫萨卡加维亚（Sacagawea），怀着孩子已接近临产期。她曾是西边远山中印第安部族的一个年轻俘虏，未来她将成为让人无法忘怀的浪漫女主角形象，也是远征队此行中最珍贵的馈赠。

此时，远征队已经离开了苏族的主要地盘，进入阿里卡拉族（Arikara）、曼丹族（Mandan）以及希达察族（Hidatsa）这三个较小的印第安部落的领地。希达察族又被称为格罗文特族，或者“大肚皮”。这些部落均与苏族联盟，他们的语言属于苏族语语系，不过他们没有正统苏族人的游牧本能，基本是定居的农民，耕种农作物，养狗和家畜。他们开发了一种玉米，至今仍在种植。然而，在与刘易斯和克拉克会面之后，过了很长一段时间，他们中的很多人不幸死于天花。

但在 1804 年，这些印第安人依然健壮，有数以千计的人口，住在圆形大土屋中，通常二三十座土屋聚为一个村庄。他们有时会骑马出去猎杀野牛。曼丹人大体上安土重迁，对所有的人相当友好。相比之下，希达察族人则喜爱漫游，时常前往西面的远山，寻找食物以及捕捉新的马匹；偶尔他们会攻击曾经的敌人并救回被当作奴隶的同族兄弟。

11 月 4 日，星期天，远征队开始建造他们的心形营寨，据说它“强大得足以抵御炮弹”。那个名叫图桑·沙博诺的人是一名法裔加拿大人，他从希达察村落前来，说自己想找一份翻译工作。

沙博诺为西北公司工作已经有一些年头了，他大多数时候都住在希达察村落。从远征队的日记中得以知晓他的外貌：个子矮小、皮肤黝黑。不过日记中更多着墨于他的性格：时而怯懦，时而咄咄逼人。远征队最开始仅把沙博诺当作翻译，后来沙博诺成了远征军队提振士气必不可少的一员，皆因他才华横溢且厨艺了得。最开始沙博诺发挥的作用有些微不足道，但萨卡加维亚发挥的作用却不可估量。也许是为了让故事更加引人入胜，并为了在主要被男性统治的西部故事中添入女性人物，人们对故事情节稍微进行了夸张处理。

对于萨卡加维亚的模样，虽然有很多猜测和编造，但并没有人确切知晓。而关于她的绘图则数不胜数：油画、水彩画、蜡笔画、卡通图……在一部电影中，萨卡加维亚由出生在艾奥瓦州的白人女演员唐娜·里德（Donna Reed）扮演，较近期的则为女演员米苏·贝克（Mizuo Peck）的两次演绎。在电影中，萨卡加维亚一跺脚，山峰便耸起，河流便满溢。萨卡加维亚最著名的 18 座雕像[①] 展现了一位身形高大、身穿袍子的女性形象。这些雕像中

① 如今这些雕像散布于远征路线的各处，从达科他州途经蒙大拿州和爱达荷州，一直到俄勒冈州海岸。除此之外，在得克萨斯州的女牛仔名人堂也有一座萨卡加维亚的雕像，在圣路易斯旧国际毛皮交易大楼也有一座。在蒙蒂塞洛庄园则有她与刘易斯和克拉克在一起的雕像。

的萨卡加维亚气质典雅高贵，身上背着她于 1805 年 2 月在营地诞下的男孩。男孩名叫让－巴蒂斯特（Jean-Baptiste），远征队的成员则习惯于叫他“碰普”。克拉克由于说不好萨卡加维亚的大名，因此叫她“珍尼”。

艺术世界容许发挥想象，但铸币局的标准则要严苛得多。为了将萨卡加维亚的形象铸在镀金的一美元硬币上，需要找到充分的资料，这样才能表现出具体的萨卡加维亚侧面像。最终，财政部选择的硬币设计师将一位 22 岁女大学生选作萨卡加维亚的原型。这位女大学生是一位来自爱达荷的肖肖尼族人。自那以后，她作为“硬币上的女孩”而家喻户晓，成了一名推进印第安人权益的励志演讲者。

通常，人们认为萨卡加维亚是来自蒙大拿或爱达荷山中的肖肖尼人，后被希达察族的抢掠部队捉住。也有人声称有证据表明萨卡加维亚原本就是一名大平原印第安人，属于希达察部落的一员，被肖肖尼族的抢掠者带回落基山脉的定居所，而她从那里逃出来后，在一群野狼的帮助下（实在有些牵强）回到了大平原。

在远征队的日记中，萨卡加维亚大多数时候被称为“印第安女人”，我们无法从行文中判断出她为远征队做了多少事。当然也没有任何迹象表明，她与克拉克发生过一段浪漫故事，不过她确实在圣诞节送给克拉克两打白色的黄鼠狼尾巴，这足以激发好莱坞编剧们的想象力。萨卡加维亚似乎凭借灵活的反应能力，在一艘独木船翻侧时，拯救了一些远征队的记录文件，以免文件浸水。她还依靠童年记忆替远征队辨认出几处西部风景，协助他们穿过山路。她还是肖肖尼语及其近亲语言的翻译。另外，与刘易斯一样，萨卡加维亚略懂一点儿法语。

也许，萨卡加维亚留在远征队，就是她最重要的贡献。她是一名北美洲原住民，一位女性，同时还是一位母亲，带着孩子一起上路。队伍中有这样一位手无寸铁的成员，至少在远征队遇到的土著眼里，他们不可能产生任何威胁。因而，萨卡加维亚在无意中，或许甚至在并不情愿的情况下，成了打开西部大门的钥匙，由此白人才得以进入。

随着时间的推移，冬天过去了，平原上的冰开始融化，远征队又上路了。他们派人将装满报告文件、动物[①]和战利品的大铁船送回河流下游。刘易斯、克拉克、大部分队员、新雇的翻译员、萨卡加维亚和碰普坐上 2 艘独木船和 6 艘新打造的三角叶杨独木船，继续向上游进发。这天是 1805 年 4 月 7 日。

一行人心情激动，对于即将离开之地有些依依不舍。“我们即将进入一处至少有 3200 公里宽的地区，”刘易斯写道，“文明人的脚步从未抵达这里。”

漫长的旅程充满孤独和伤感。大平原一片荒芜，由雪融化而成的河水浅而急促，从加拿大吹来的强风永不止歇，凛冽而冰冷。此时，远征队探索的领土位于今天国境线以南十几公里处的曼尼托巴（Manitoba）和萨斯喀彻温（Saskatchewan）。一开始远征队没有遇到印第安人，却看见一位死者躺在一块特制的棺材板上，棺材板四周散落着供品。此外，他们还看见许多新的野生动物，如极度危险的大灰熊，还有地鼠、白头雕、大角羊、草原响尾蛇、长脚鹬和鹞。

远征队也见到了新的植物，如草原萝卜，它们看上去像即将成熟的白色苹果。而在较为干燥的平原区则生长着仙人掌梨，令搬运行装的队员吃尽了

① 4 只喜鹊、1 只草原母鸡、1 只被克拉克唤作“会叫的松鼠”的草原犬。其中 3 只喜鹊和那只草原母鸡未能在旅途中活下来。

苦头。矿物也值得一提，尤其是绵长的露头煤层，如今这里的煤矿已成为西部平原经济的重要组成部分。当联合太平洋铁路公司的巨型运煤列车沿着地平线呼啸而过，离开西部地区时，这场景本身就是一份遗产，是对初次发现地底财富的远征的纪念。

一个月后，远征队仍在越来越窄的密苏里河上航行，途经与黄石河（Yellowstone River）的交汇处。又过了两个星期，他们划过一片异常肃杀的地点——如今这里被称作密苏里山口，位于蒙大拿州境内。刘易斯很喜爱这里，并留下了活泼愉快的文字，比有关远征中其他任何地方的记录的文笔都优美。他甚至在这片怪异而荒凉的景色中感受到一种奇特的美感：河流在寂寥的风景中曲折前行，穿过峡谷的白色断崖；断崖上点缀着深色的火山岩，暗示着前面有众多山脉。密苏里山口是一条重要通路，远离西部，居民稀少，在历史上大部分时期这里无人耕种。后来，这里成了不法之徒和强盗土匪的藏身之所，为此地增添了一丝神秘的魅力。

刘易斯和克拉克相信前面有一片辽阔的山脉，而克拉克是第一个从密苏里山口望见它的人。此前的几个星期，远征队行进飞快，自从离开圣路易斯后已经走过了 3827 公里的路程。1805 年 5 月 26 日，星期日，克拉克写道：

> ……登上平原，海拔升高了许多……在这里，我第一次真正地看见了落基山脉[①]。我在地平线上只能看到几处最高的地方。我用便携式指

① 如今，对刘易斯和克拉克的文件进行学术解读仍为人津津乐道。人们不断地分析这样的断语——克拉克说他“真正”地看见了落基山脉。一位分析者坚持认为，克拉克那天看到的实际上是贝尔波山（Bear Paw），它属于密苏里州北边落基山脉群之外的群山。但这一说法与克拉克提及的西南方向不相符。不过，大部分分析者接受了克拉克所描写的事实。

南针测量过了，其中最明显的是位于60°西南方向落基山脉的山顶被白雪覆盖，太阳照在上面，最宜人的美景尽收眼底。望着这些山脉，我暗自庆幸，并感到快乐，因为我是如此接近曾被认为没有尽头的密苏里河的源头。

远征队还需要经过许多天的艰苦跋涉，方能抵达落基山脉的山脚。他们来到密苏里大瀑布，花费了大半个月时间绕过激流，搬运行装。此时，他们看到的景象与穿过阿巴拉契亚山脉时截然不同：山麓间树木丛生，没隔多远，山麓就与山峰连了起来。这是他们从未见过的高山。远征队很快将投入群山的怀抱，然后穿过大陆分水岭，最终缓慢地向下到达远方的大海。

探险西部：神奇蒙大拿

蒙大拿有一种难以言喻的魔力。刘易斯和克拉克头一次来到蒙大拿，在那里度过了20个星期。之后，他们朝上游行驶，但由于河水越来越窄、越来越浅，他们不得不将船抬起，步行穿过大陆分水岭。

克拉克带着一小队人走了一条路；刘易斯则带领其余的人进入落基山脉，走的是被他称作“山之门”的一条狭路，路旁石壁林立。任何人乘船前往上游经过那排300多米高、同时也是山脉最前端边缘的山崖时，必然会产生一种奇特的视觉假象：一开始河水似乎突然消失于岩石之中，然而经过几十米之后，会发现自身被冲到了悬崖面前，此时前面出现了一个缺口。当船跟随水流左右移动时，这一缺口似乎也随之开合，仿佛一扇滑门——或者更确切地说是“大门”。河流有几百米宽：落基山脉入口，同时也是河流出口，竟如此狭小，令人难以置信。

× × ×

我曾乘车抵达 16 公里以外的蒙大拿州首府海伦娜（Helena）。当时我在上游，即狭路的上方。由于是早春的一个星期天，我未雇到船。后来我很幸运地遇到一个渔民和他 10 岁的儿子。他们毫不犹豫地答应了我的雇船请求。

我们往下游驶去，沿着峡谷的拐角一路轻快而下。河水愉悦地拍打着船身，水面上波光闪闪。我们抬起头，向高空望去，看到山顶被黑松、香脂树和白杨簇拥着。

在河流的西边，我们看见一些用黑色和赭色绘制的印第安壁画。之后，风景中出现了一道“裂痕”，其中的绿色植物似乎是近期栽种的，树也较矮。这里就是曼恩峡谷（Mann Gulch），1949 年曾发生过一次严重的森林大火，13 人不幸死亡。诺曼 · 麦克莱恩（Norman MacLean）在他的经典著作《年轻人与火》（*Young Men and Fire*）中，讲述了此次森林大火。曼恩峡谷森林大火可以说是一个巨大的教训，在人们心中留下了不可磨灭的印记，至今仍是森林消防员的学习材料。

当我们终于“钻”出了这条阴郁的峡谷后，强烈的阳光迎面射来：我们回到了大平原，而河流此时正穿过“天空之乡”，蒙大拿果然无愧于这一美名。船掉转头后，我们看见了刘易斯曾看见的景象。它有一种奇异的魔力，无怪乎刘易斯当时完全被迷住了。自从远征开始以来，刘易斯的世界就被地平线支配了。如今，他终于看到了完全不一样的奇观，垂直的山壁一下子吸引了他。

我们在此停留了半个小时，尽情地欣赏这里的景色，之后便乘船飞快地回到出发地。后来，我买了一本自己最新出版的书，作为谢礼寄给了这位好心的渔民和他的儿子。在这一过程中，有一句充满热忱和慷慨之情的话令我难忘："记住，这儿是蒙大拿！"

1805 年 7 月 19 日傍晚，刘易斯扎营的地点就在附近。这位远征队领袖终于抵达山脚，他高兴极了；但当他听到一声枪响后，立刻警觉起来：难道是布莱克富特族发动攻击了？后来得知，是克拉克发出的信号，克拉克想告诉同行者他已经来到了山的这一边。

接下来，远征队面临一个问题：河水正在快速变窄、变浅，水流也变慢了。也就是说，这条河快到尽头了，它将分成三条主要的支流。对于这一状况，萨卡加维亚早已告诉过领队。之前她就认出了"山之门"，因而知道离被她称为"三叉"的地方不远了。

离远征队进入"山之门"不过 8 天时间，即 1805 年 7 月 27 日，他们抵达了分流密布的湿润平原。这里生长着柳树、梣叶槭和三角叶杨，并被远方的山影覆盖着。远征队沿着密苏里河上游走了 4559 公里，这真是一条极长的河。刘易斯和克拉克将三条支流分别命名为加勒廷河、麦迪逊河和杰弗逊河，这三个名字分别是当时的财政部部长、国务卿和总统的名字（沿用至今）。在三条支流的交汇处，如今是一个人口约为 1700 人的小镇，即蒙大拿州的斯里福克斯镇（Three Forks），又叫"三叉镇"。

远征队变得犹豫不决：该选择沿哪条支流继续前进呢？所有的支流的宽度和水流量看上去都差不多，路线的复杂程度也无明显差异；而且它们似乎都是从白雪覆盖的山顶流下来的。最终，队员们一致同意沿着杰弗逊河前进。他们选择对了，几天之后他们就呼吸到了高山上清冽凉爽的空气。一行人尽可能地在只有几厘米深的溪流中努力挣扎着前行，在这个过程中，一个名叫夏农的士兵走丢了。这个人特别容易走丢，之前就曾走丢过两个星期，其中有 9 天他仅靠野葡萄维生。

之后，萨卡加维亚找到一块抢眼的石头，她说这就是肖肖尼人命名为“海狸脑袋”的地方，因为这块石头从某些角度上看活像海狸脑袋。实际上萨卡加维亚弄错了，真正的“海狸脑袋”在上游处，还须再走一天左右的时间。不过她说远征队已深入部落领地，这一点倒是对的。远征队离大陆分水岭已经很近了。这条山岭将流向墨西哥湾和大西洋的水流（包括杰弗逊河及其支流和下游所有河流）与最终流往太平洋的水流隔开。换句话说，远征队正在靠近此次远征在物理上和精神上的双重巅峰。

刘易斯是第一个穿过去的。从水中上岸时，他看到一名在树林间骑马的印第安人。刘易斯试图跟那个人搭话，但此人一声不吭，只是注视着刘易斯所表示的友好举动：刘易斯铺开毯子，在上面放满礼物，把枪递给印第安人，摊开双手，表明自己没有敌意。那位印第安人却掉转马头离开了，慢慢地消失在树丛中。因此，印第安人不经意间带领刘易斯走上一条之前没有看见的、印第安人常走的小路，这条路最终通往一条山路。1805 年 8 月 12 日，星期一，刘易斯带领一小队人员沿路向前走去，他记录道：

> ……沿着这条路走了 4 英里之后，我们来到了最遥远的密苏里河的源头。经过了多少个艰难焦躁的日夜啊……在此处，两侧山峰高耸，这条路跨越的小溪源头有一处空隙……我在这里停留了几分钟，歇了歇脚……我们继续前往大陆分水岭的顶部。我发现西边还有许多高大的山脉，山顶的一部分被积雪覆盖。我沿着山向下走了大约四分之三英里，山的这一边要比另一边陡峭得多，两边隔着一条优美的、清冷的小河。我在这里尝到了哥伦比亚河的河水。

刘易斯说的完全没错。今天的地理学家判断那条溪流是霍斯舒本德溪

（Horseshoe Bend Creek），之后流经莱姆哈伊河（Lemhi River）、萨蒙河（Salmon River）和斯内克河（Snake River），最终汇入哥伦比亚河。

远征队余下的人在两个星期之后亦将陆续穿过这处山口。如今，这里被命名为莱姆哈伊。莱姆哈伊在商业上从未拥有过繁荣：这里曾有一条马车道，后来建成的铁路从南边较远处的班诺克山口（Bannock Pass）经过，而主要的高速公路则位于北面几公里外的约瑟夫山口（Joseph Pass）。如今这里的草地上有一条粗糙的沙道，上面点缀着风信子、羽扇豆和野莓。这样的景色与刘易斯、克拉克以及后来布莱克富特酋长通过时并无多大区别，而孤独的山仍然纪念着远征队。

莱姆哈伊山口并非完全不重要。在接下来的 40 年中，它与整条大陆分水岭一起，标出了西部国界。刘易斯和克拉克跨越这个山顶，进入了当时位于国境之外的领土，它甚至不属于任何国家。

将这部分大陆进行规划并纳入联邦，成了一项浩大的工程。在之后的 6 年时间里，从大陆分水岭到太平洋这片广阔的土地，将第一次获得正式的命名：哥伦比亚特区。10 年后，这一区域改名为哥伦比亚分区。然而，人们更愿意称其为俄勒冈县。1818 年，政府划定了北面的边界：沿五大湖东边的北纬 49°线，穿过斯托尼山脉（Stony Mountains）。1846 年，政府又订立了另一份条约，终于从英国手中夺得这些土地的完整控制权，而新获得的土地被称作俄勒冈领土。1859 年，西南边的地区也终于正式被承认为州，州名沿用至今：俄勒冈州。

当然，刘易斯初次登上山顶的时候，这些名字一个都不存在。刘易斯看到的土地早前已经被太平洋另一边来的水手们探查过了，然而这些人只探查了极少的一部分区域。而此前，包括英国、西班牙、法国和美国在内，没有任何一个国家宣称过这片土地的所有权，只有总部设在蒙特利尔的西北公司掌管着这片土地。

20 世纪 90 年代中期，距离蒙大拿州与爱达荷州各自成为国家中的一个州已过去将近一个世纪。在约瑟夫山口主要通道北边，汉密尔顿镇（Hamilton）和达比镇（Darby）之间有一处河谷：比特鲁特河谷（Bitterroot Valley）。刘易斯和克拉克当初正是穿过这处河谷，在优美惬意的乡间向北前行，之后又转向西，穿过白雪覆盖的洛洛山口（Lolo Pass），最终进入哥伦比亚河的源头。他们轻描淡写地提及了这里的美景：西边矗立着奇崛的山峦，还有清澈无比的、冰凉的溪水，繁茂苍翠的草地，气息宜人的香脂冷杉，以及神出鬼没的熊、山狮、大雄鹿和充满鸟语的森林。这里的小镇充满着后维多利亚式的悠闲迷人的魅力，镇上的人们夜不闭户，孩子们自由地跑动。北边的米苏拉（Missoula）是一座很友好的城市，那儿有很好的大学、很好的书店，拥有文明生活需要的一切。

后来，好莱坞开始“包围”比特鲁特河谷。之后又有消息说一些银行家和金融界名人正在考虑购买附近的牧场，其中最有名的人要数查尔斯 · 施瓦布（Charles Schwab）。

20 多年后，蒙大拿的地价仍在飞涨，一直没有打住，且愈演愈烈。高山上建起了豪宅，到处都是豪华餐厅；私人飞机随时可见，穿越河谷的道路上塞满了闪闪发光的四轮卡车——而这里正是两个世纪前刘易斯和克拉克走过的道路。工薪阶层忽然发现，他们在那儿根本居住不起。以至于新来的富人对园丁或游泳池管理员开车百十公里上班感到十分吃惊。

有人说，那些富裕的外地人几乎都不在河谷附近长期居住。他们在那里过上几天后，又到另一个富裕奢侈的角落住上几天。正如有人所说，他们带来了缺失和贫瘠。曾经令河谷具有特殊魅力的社区一体感消失了。这里的美丽和寂寥，诺曼·麦克莱恩与华莱士·斯特格纳曾热爱的天地，也快速地消退了，而这一切皆由金钱所致。

不得不说，在一些人眼中，蒙大拿的的确确是一片神奇的土地。

探险西部：抵达

从此处开始，远征队开始走下坡路了。萨卡加维亚如鱼得水，因为这里是肖肖尼族的地盘，她懂得这儿的语言，记得这儿的朋友。她说服当地人提供驮马以便远征队能走过这段崎岖的下山之路。在森林和群山中，远征队发现，最易于通航的一条向西的小河是极为湍急的洛克萨河（Lochsa River）。后来，他们又发现了克利沃特河（Clearwater River）。

他们决然向下行进。远征队利用热灰将黄松木中间掏空，制作了许多独木舟，然后沿着下山的河流艰难地顺流直下，这段路途总长不到 200 公里（直线距离不到 130 公里）。慢慢地，山势开始变得平缓，河流也变得平稳而缓慢。

从比特鲁特山的洛克萨河源头出发时，远征队位于海拔 2133 米处；而当他们抵达克利沃特河尽头的平地时，海拔仅为 225 米。这里正好与落基山脉的西边相连。一行人每往西走 1600 米，海拔即下降约 30 米，最终来到了今属东华盛顿州的干燥土地。斯内克河在此与克利沃特河交汇并延续，河流两边是成对的小镇，如今分别被称作刘易斯顿（Lewiston）和克拉克顿（Clarkston）。

在没有水也没有树的平地上继续前行时，远征队一行人的心绪似乎也发生了变化。如今，他们仿佛闻到了家的气息，一心只想回家，谁也阻拦不了。他们每天要走很多很多的路，由于此时河水同样过于平静，一行人一心只想尽快穿过平原。

虽然远处的海洋仍在几百公里之外，但越来越多的蛛丝马迹表明它就在西边的地平线上。一名当地印第安人向远征队展示了一件水手夹克，另一个人则展示了一条红蓝相间的毯子，这些都是另一个已探索过西海岸并绘制出地图的远征队留下的。有一天，远征队甚至看到了海獭。之后，他们远远地看见海边喀斯喀特山脉（Cascades）的一座白雪覆盖的火山山顶。这是一个多么具有重大历史意义的时刻！

这天是 1805 年 10 月 19 日，星期六，此时远征队已进入了宽阔的哥伦比亚河。在这一重要时刻，克拉克为这座山峰取了名字，他在日记中写道：

> 我发现了一座极高的山峰，被白雪覆盖着，这一定是温哥华船长曾提到的山脉，从顺流向西的哥伦比亚河河口就能看见，我认为它就是圣海伦斯山（St. Helens）。

此事自然也存在争议。一部分历史地理学者坚称克拉克从他所说的位置不可能看见这座山峰，他看到的其实是当时尚未命名的亚当斯山（Mount Adams）。弄清这一点极其重要，因为如果克拉克看到的是圣海伦斯山，那么他所声称的事实就具有跨大陆的意义。13 年前的 1792 年，在 10 月的这一天，英国皇家海军的探险家乔治 · 温哥华（George Vancouver）船长已经见过这座山了。温哥华为这座山取了“圣海伦斯”这个名字，以纪念他的挚友阿莱恩 · 菲茨赫伯特（Alleyne Fitzherbert）。当时，菲茨赫伯特刚担任英国驻西班牙大使，并被授予圣海伦斯勋爵的称号。

当天，温哥华船长从西面看见了这座山。如今，克拉克说他从东面看见了它，也就是说，他首次看到了大陆另一边已被另一个非当地探险家发现并命名的山脉。“圆圈”合拢了。这对国家在地理和地形上的统一产生了重大影响。“泛美洲”将形成，而另一边的土地也将成为国土的一部分。

圣海伦斯山是一座火山，如今它因可怕而致命的火山爆发而闻名。最近一次爆发发生在1980年5月。倘若克拉克在哥伦比亚的制高点看到的确实是这座山的话，那么也许如今它能够作为初次统一国家的制高点而得到的纪念。说得更浪漫一些，可以将它看作这一概念本身的制高点：它串联并维系了如今覆盖整片国土的人类知识与帝国探险的篇章。

但是，如今河岸上没有丁点纪念物，只有两个并不尽如人意、祭奠现代生活的纪念品。其中一个是位于尤马蒂拉（Umatilla）的一处高度机密的军事基地，专门用于销毁神经性毒气武器。部署在那里的军队自20世纪90年代开始工作。那些塞满沙林毒气、VX毒剂和芥子气的弹头数量巨大，直至20年后仍未处理完。

另一个则是一座巨大的银色工厂（如果能算纪念品的话），它与尤马蒂拉的军事基地一样神秘。这座工厂的所有者是农产品巨头康尼格拉公司（Con Agra）。尽管看上去像一座冒着蒸汽的电站，但其实它是一座食品加工厂，为麦当劳制作薯条。

从此处开始，在气候和地形条件上，刘易斯和克拉克的远征之旅发生了天翻地覆的变化，原来的干燥平原很快转变为热带雨林，乌云压顶，苔藓滴水。河流在喀斯喀特山脉间蜿蜒流淌时加快了速度，所经之地还出现了激流和小瀑布，如今这些水势受到一系列大坝的控制，其中最有名的是邦纳维尔大坝（Bonneville Dam）。越过激流之后，远征队一行人注意到，每天的涨水和退水似乎是海上潮水涨落的反映。湿厚的海雾开始困扰前进的方向，到处弥漫着鱼和海藻的气味。驾驶独木舟前进的人们需要谨慎选择路线，以便通过越来越宽、浅滩遍布的河口。

1805 年 11 月 6 日，远征队似乎抵达了目的地。“看见海了！啊！太高兴了！”人们常常引用克拉克的这句话。但实际上克拉克弄错了。尽管远征队已经从密苏里河河口行驶了 6779 公里，但他们当时仍处在哥伦比亚河河口。更气人的是，海浪冲进河湾，使得他们的小船开始猛烈地摇晃，仿佛进入了海中。忍受了两个星期的恶劣天气和失望心境后，远征队终于来到一处能毫无障碍地真正望见太平洋的地方。就像亚历山大·麦肯齐曾经做的一样，刘易斯在一棵树上刻下一句简洁的话“通过陆路前来，1804—1805”。

远征队在河口左岸设立了营地。为了向当地的一个部落表示敬意，他们将其称为克拉特索普堡（Fort Clatsop）。他们在那儿过冬，徒劳地等待着，希望有船过来能将他们从巴拿马运河带回家，他们不想再经历颠簸的旅程了。不过他们后来还是自己回去的。1806 年 9 月末，远征队抵达圣路易斯。他们没有找到穿越国土的水路，也没有找到西北通道，但他们与近 20 个美洲原住民部落建立了联系。他们纯粹在地理意义上使整个国家联结了起来。远征队大体上可以说完成了托马斯 · 杰弗逊的期望。而且，他们还获得了数量庞大、内容丰富的资料。在接下来的许多年里，全美都将仔细研读他们留下的成千上万页充满奇迹、令人赞叹的笔记。

克拉特索普堡后来改名为阿斯托里亚（Astoria）。这个名字来自约翰 · 雅各布 · 阿斯特（John Jacob Astor）。阿斯特是一个屠夫的儿子，也是海德堡附近瓦尔多夫（Walldorf）的一位风笛制造者。他建立了庞大的毛皮贸易帝国，他的家族自此也成为全美最显赫的家族之一。

在如今的阿斯托里亚远处，一眼望去就是海面辽阔、灰蒙蒙、缓缓流动而开放的太平洋。往西再也没有土地了。远征队抵达入海口并穿过它，就这样穿越了国家。大陆就此被连接了起来。由于落基山脉是一处无法跨越的屏障，远征队未能开出一条横越国土的水路，因此托马斯·杰弗逊的愿望未能完全实现。但远征队完成了一项唯有凭借巨大的勇气和决心才能实现的壮举。至此，他们可以说：国家的所处之地已然明晰。

· The Men Who United the States ·

如今，大陆的基本形状和地形已得到圆满确立。接下来必须要做的是：了解国家到底是什么。它的土地是如何形成的？土壤中有什么成分？人们为何能够在此安居乐业？这片土地如何让世界上其他国家或地区的人安居乐业？

为了回答这些问题，科学家一定会如约前往。而远征队的发现亦将指引拓荒者前来，并在这片美洲的处女地上插上旗帜，开垦沃土。

THE MEN WHO UNITED THE STATES

第二章

蕴藏之土：研究者穷根究底

……我们左绕右绕，总算从裂隙中钻了出来，到达岩石顶端。在我们面前展开的是何等壮丽的奇景！下方就是科罗拉多河穿过的峡谷。河谷绵延数英里，偶尔还能瞥见河流的身影。格林河自西北方开始沿一条狭窄而弯曲的山谷流淌……格兰河穿越的河谷似乎深不可测。西边的远处是一排排悬崖峭壁。这些山脉……由众神铸就。

——1869 年 7 月，约翰·韦斯利·鲍威尔（John Wesley Powell）
首次目睹大峡谷风采时发出的感叹

在通往西部的路上，有一个十字路口，一堆含金石英标示出前往加利福尼亚的方向；另一条路旁则立有一块牌子，上面写着“通往俄勒冈”。有识之士全都选择了俄勒冈之路。

——多萝西·约翰逊（Dorothy Johansen）

定居的前提是了解资源和位置

新哈莫尼（New Harmony）是位于印第安纳州西南的一座小镇，坐落在肯塔基州、伊利诺伊州和印第安纳州的交界处，约有900名居民。缓缓流淌的沃巴什河（Wabash River）两岸是整洁、静谧而祥和的木屋群。这里地处辽阔的冲积平原农田区。在不远处，俄亥俄河和密西西比河悄然流过。

镇上有一座由理查德·迈耶（Richard Meier）设计的博物馆，还有一座由菲利普·约翰逊（Philip Johnson）建造的设计奇妙、没有屋顶的教堂。教堂两扇气势惊人的大门的设计者则是立体派艺术家雅克·利普契兹（Jacques Lipchitz）。这一切都是对19世纪初那段短暂时光的纪念。正如新哈莫尼这个名字所暗示的那样，当初它的建立成了一项伟大社会试验的精神中心。

新哈莫尼属于美国建国后最早一批纯粹的、充满乐观主义与希望的试验社区，而它能与年轻国家的统一大业产生特殊联系，还有另一个原因：地质学。

了解了一个国家的地质学，就能理解并能挖掘出土地的全部潜力，包括它蕴藏的财富、力量以及资源的性质、种类和价值。地质学无疑是一切的根基。因为人们若是要在未知的土地上定居，就必须获得关于当地各种土地资源性质和地理位置的深层知识：地质是否适宜于耕种、采矿或者工业生产，山脉能否横越，土地能否耕种，河流能否蹚过，等等。

虽然早期的地理先锋们的发现略显粗糙，却极为重要：他们的探寻、测量，绘制的地图和做出的预测，指导了千千万万人在这片土地上分散定居。在 18 世纪，地质学虽然处于襁褓之中，但它是解锁国家潜力的一把钥匙。人们由此得以到遥远的土地居住，并创建自己的家园。

人们初次意识到地质学的重要性，正是通过印第安纳州的新哈莫尼小镇。

这座小镇最初叫哈莫尼（Harmonie），居住者是 19 世纪初逃到北美的德国人。他们当时的境况与两个世纪前清教徒的宗教避难很相似。这些德国人的勤劳很快获得了成果，后来他们搬迁到更大的社区，便将这座小镇出售给一名理想主义冒险家、英国空想社会主义者罗伯特 · 欧文（Robert Owen）。欧文曾在英格兰组建了一个工人社区，获得了成功，之后，他打算再建一个乌托邦式的前沿阵地，于是就将这座小镇重新命名为新哈莫尼。1825 年冬天，欧文开始在这里居住，并邀请其他志同道合的理想主义者加入。

由于早年在苏格兰进行的试验，欧文颇负盛名，新哈莫尼很快吸引了大批知识分子、哲学家和教师慕名而来，其中以科学家的人数最多，而这其中又以地质学家最为热心。新哈莫尼的财富达到顶峰时，有 7 名后来获得显著成就的地质学家定居于此。

正如一些学者后来所描述的那样，小镇在一夜间成了“全国性的科学中心”。新哈莫尼完全有资格被尊称为美国地质学的发源地。在很大程度上，可以归功于欧文最亲近的同僚和理想主义战友：威廉·麦克卢尔（William Maclure）。如今，麦克卢尔被公认为“美国地质学之父”。

麦克卢尔的野心

罗伯特·欧文与威廉·麦克卢尔两人都非常特立独行。欧文是一位社会改革家，久负盛名，但他在自己的祖国更出名。后来，他回到了苏格兰。而在地质学如何造就并联结国家的故事中，麦克卢尔则注定是要被铭记的一个名字。然而，具有讽刺意味的是，他不是一名地质学家。

1763 年，麦克卢尔出生于南苏格兰，在很年轻的时候他就追随事业有成的父亲从事贸易，很快积累起大量的财富。十几岁时他来到殖民地，19 岁便做起了进出口贸易生意。不久，由于深受美国独立战争和法国大革命的影响，麦克卢尔移居费城，投资支持了一个他认为符合自己心中公正与平等理念的社区。30 岁出头时，麦克卢尔已经十分富有，当仁不让地成了宾夕法尼亚上流社会的一员。

然而，在麦克卢尔这样一位天性不羁的人物眼中，上流社会实在乏善可陈。1797 年，麦克卢尔本应开始享受安逸生活，但他却做出了两个令人意外的决定。

第一个决定是，他要在余生中将大部分时间投入工人阶级的教育改革中。他发誓要让农民、工人和锻造师享受与他和其他富人同等的社会权利。实际上，欧文也曾立下此誓，只是麦克卢尔当时还不知道。

36 岁的麦克卢尔认为自己年轻力壮，能够承受这一挑战。当时，他在东海岸的知识分子中享有盛名：他在由本杰明 · 富兰克林建立的、备受知识分子尊崇的美国哲学学会中是一名重要人物；他协助成立了自然科学学院，如今它仍是全美最古老的机构之一。麦克卢尔相信，科学的民主化能带来团结的力量。

麦克卢尔的第二个决定则更具体。他在一封信中向朋友提到，自己“慢慢培养出了寻石的兴趣”。他宣称，地质学研究比打猎、钓鱼这类传统的布尔乔亚式活动更好，很大一部分原因是它“在现实中更有实用性”。麦克卢尔还写道：“在我看来，地质学是最容易掌握的学科之一：需要记住的名词很少。现在使用的命名法虽然过于概括，但并不难掌握。”

麦克卢尔旅居欧洲的时候，首次接触到地质学。他深入研究了命名法相关的各种小难题。当时，地质学的学科纷争正日趋白热化，也许从来没有一门科学陷入过如此乱局之中。一方面，地质学家忙于挣脱长久以来教会的束缚，他们已不满足于宗教对地质学的解读。另一方面，在地质学内部，纷争同样不曾停止。火成论者和水成论者之间，或者灾变论者和均变论者之间，意见都无法统一[①]。当时，垄断这门学科的权贵是一群收集大量华而不实的矿石来装饰画室的富人，大众向他们提出质疑，他们不得不进行回应。许多农民、过路人和拓荒者也开始关注土地，他们想知道它的组成和形成原因。

然而，其中的一部分人发现，欧洲的学术氛围令人难以忍受。麦克卢尔也有同样的感觉，便很快从欧洲返回。他承认，欧洲地形的复杂程度超出了他的认知范围。他决心改弦更张，研究新祖国的地质学。麦克卢尔希望搞清

① “火成论与水成论”“灾变论与均变论”“固定论与活动论”是地质史上的三大争论。

楚美国的国土是由什么组成的。他想要画一幅地图，标示出一切。

第一幅地质图的诞生

从 1799 年开始，在接下来的 10 年间，麦克卢尔时而徒步，时而乘马车，踏遍了定居者最多、最为人熟知的地带：阿巴拉契亚山脉和大西洋之间的狭长国土。他也曾前往阿勒格尼山脉（Alleghenies）的另一侧，但不知他是否抵达了北侧俄亥俄州和印第安纳州少有人居住的地方。麦克卢尔向南抵达佐治亚州，但不确定他是否到过缅因州。不过他确实声称自己至少 22 次穿越阿巴拉契亚山脉的山峦和河谷。考虑到当时的道路状况，这些是了不起的成就。

无论麦克卢尔是如何做到的，他曾去了哪里，他以何种方式踏足了多少土地，他取得了一项值得铭记的成就，其意义之重大也许超出了国家的范畴。在 1809 年美国哲学学会举办的一次晚会前的陈词中，麦克卢尔发表了他对本国地质的见解，并宣布自己完成了探索的壮举。其中最关键的一点是，在他 17 页的阐述文件中包含一张手绘的彩色地图。有人说这是全世界第一幅地质图。无论是否属实，至少它是美国第一幅为人所知的地质图。

这份文件有一种奇妙的美感——尽管它过于简单，几乎没有多大的实用价值。它的基础是塞缪尔·刘易斯（Samuel Lewis）绘制的地形图[①]。麦克卢尔使用黄色、红色、蓝色、粉色和绿色的水彩颜料，按早期地质学理论在地图的东半侧划出了岩石的 5 大主要分布区。

---

① 威廉·克拉克完成远征之后，选择了塞缪尔·刘易斯绘制的第一张包含海岸线和较为准确的境内范围的美国地图，即第一张真正的美国地图。塞缪尔·刘易斯（与梅里韦瑟·刘易斯没有亲戚关系）来自费城，是当时全美最负盛名的地图制作者之一。

麦克卢尔使用大片颜色从地图的西南划到东北，用色块区分不同种类的岩石，而非像今天的地质图那样按岩石年龄区分。这些色块沿着阿巴拉契亚山脉的走向，在地图上以毛毛虫般模糊而笨拙的线条勾勒出山脉的轮廓。这也是塞缪尔·刘易斯当时在所有地图中表现山脉的方法。

根据 1809 年资料的描述，美国地质由 4 种基本岩石组成。在麦克卢尔的地图上，山脉的西侧一概被涂成浅蓝色，表示所谓的次生岩，基本上是含有化石的沉积岩。东侧靠海那部分则全被涂成黄色，以表示冲积岩，即碎石、沙砾和由海水直接带来的泥土。

麦克卢尔的地图中还显示，阿巴拉契亚山脉顶峰与其他位置大相径庭，于是被涂成了鲜艳的、条状的深蓝色和深红色，代表早期被地质理论称作过渡岩石的区域。麦克卢尔同样注意到了冒头的花岗岩，他将其称作原始岩石，并在地质图上将其涂成粉色。他还发现了第五种类型：岩盐矿床。

作为一幅绘画作品，麦克卢尔的地质图无疑十分精美，麦克卢尔在 1818 年还制作了改进版本。但作为一项科学研究成果，它则显得混乱且缺乏实用价值。如果这些地质图是麦克卢尔的唯一成就，他也许早就被人遗忘了，然而事实并非如此。

地质学发展始于新哈莫尼

多年来，麦克卢尔一直向年轻人灌输对农业、地质学、自然历史、统计学、生物学等实用科学的热爱，但这一宏愿一直未能实现。然而，在 1824 年，情况有了转机。麦克卢尔前往苏格兰，首次与欧文会面，并产生了加入乌托邦社区的念头。之后，他从一名地图制作者“摇身”变为一名热心的知识传教士，并最终成了拯救地质学的功臣。

欧文是威尔士人，从苏格兰的棉花纺纱生意中致富。在苏格兰新拉纳克（New Lanark），欧文倾尽心力为纱厂工人创立了社会工程学的模板：一个在他看来接近理想的工业环境，一个清洁、健康、高薪、纪律严明且在道德上无可指摘的社区。在这里长大的孩子将接受比最昂贵学校的学生更好的教育。在新拉纳克获得令人羡慕的成功后，欧文决定进行拓展。1825 年，他带着梦想与完美社区的蓝图前往新哈莫尼，之后陆续买下了即将离开的德国定居者的所有土地和房产。

欧文的计划是：约 2000 人一起住在他将要建造的巨大四方院中，自行管理，以高效的方式共同耕作，过着无须金钱的和睦生活；人们在花园中进行社交，刻苦劳动，适度节欲。

买下新哈莫尼之后，欧文回到东部，立刻开始了招募工作。有了苏格兰试验的成功，再加上欧文本身是一名成功的实业家，无论走到哪里，他都受到热烈欢迎。欧文同费城的上流人物和进步人士会面，会见了两名印第安酋长，还在国会大厦作了两次公开演说。当时的总统候选人约翰・昆西・亚当斯（John Quincy Adams）参加了这两次演说，深受触动，亚当斯请求欧文制作他所提议的新哈莫尼的楼房模型，并将其陈列在白宫。

在宾夕法尼亚，欧文完成了他最重大、影响最深远的任务：说服麦克卢尔加入这一计划。

此时，距麦克卢尔完成其地图绘制大业已经过去了很久。麦克卢尔作为一名教育改革家赢得了全新的尊重，而作为自然科学学会会长，他不仅被视为著名科学家，也被视为著名的教育理论学者。初次会面，欧文就让麦克卢尔意识到他们的背景多么相似。欧文向麦克卢尔保证，几个月前在苏格兰获得的成功能够且应当在美国进行复制。

麦克卢尔立刻就领悟了。最初，他有过一丝犹豫，对欧文的怪脾气和缺点保持着“提防”；但最终，他对这一革命性的计划深表认同。麦克卢尔同意了。他将离开宾夕法尼亚的舒适生活，搬到 1200 多公里外的新哈莫尼，与欧文的新定居地同呼吸、共命运。

更重要的是，麦克卢尔还说服了部分科学家一同前往。这些人大部分来自宾夕法尼亚，意志坚定，认为到欧文的新社区居住既有意义，又显得很高尚。他们大都比麦克卢尔年轻。而所有的人都像麦克卢尔一样，热切地希望将自己积累的知识传授给年轻人。他们都是满怀梦想、不切实际的理想主义者。

就这样，一次张扬的冒险之旅开始了。在麦克卢尔的安排下，科学家们没有乘坐舒适的马车前往印第安纳州，而是乘船。他们乘的是一艘吃水很浅的龙骨船，40 名乘客和 6 名划桨手将船装得满满当当的。船的正式名称本来是“慈善者”，但欧文宣称“它承载了有史以来最多的学识”，所以它便有了一个更有名的别号“知识之舟”。

1825 年 11 月的一个寒冷的星期天，这艘船从匹兹堡出发，沿着俄亥俄河航行。在接下来的 7 个星期中，船在冰水中行驶，乘客们则听着钢琴曲，朗诵诗歌和阅读。1826 年 1 月底的一个极其寒冷的日子，一行人抵达了新哈莫尼。几天后，约 50 吨重的书本和当时被称作“哲学仪器”的科学研究器械也被送达。经过麦克卢尔和欧文（坐马车前往）的指导，团队立刻开展他们的计划，开始向附近城镇的所有年轻人教授知识。

然而，人们兴奋得过了头。欧文的新哈莫尼试验几乎在麦克卢尔抵达没多久便宣告失败。几个星期内，发生了激烈的冲突，社区开始分崩离析，状况极其惨烈且发展迅速。就像乌托邦社区中常见的一样，一些派系开始出现。在欧文抵达之后不到两年的时间，社区已经分裂为 10 个派系。人们争论、吵架，争相改写社区的生活规则。每个派系都争夺意识形态的优越性。最后，欧文灰心丧气，他的计划幻灭了，只好又返回英国。他的自信遭到了打击，其改良工人阶级的理想开始逐渐消逝，变得越来越边缘化，甚至沦为笑柄①。

麦克卢尔却没有立刻离开新哈莫尼。他留了下来，并以这一社区作为基地，传播科学知识，尤其是最初让他在美国生根的地质学的价值。

在这个意义上，新哈莫尼涅槃重生了。麦克卢尔说服了社区最好斗的派系领导者离开。社区出现了新的面貌，人们在这里可以买卖房屋，也可以将房屋出租；新的商店开张，商业的活力取代了严苛的社区生活；社区里建立了印刷所；收获的农产品被运送到新奥尔良出售。

此外，麦克卢尔开始计划他的革新教育系统，并投入了资金。他先是进行宣讲，接着推行他长期以来的理念，向有工作的年轻人提供免费教育。麦克卢尔将大量珍贵的私人藏书捐赠给城镇的图书馆，并免费向所有的人开放。科学家们，也就是与他一同乘坐“知识之舟”前来的植物学家、医生和地质学家成了学校里最初的教师。很快，学生从附近的城镇、村庄和远方蜂拥而至。城镇再次兴盛起来，成为优质教育的所在地，并赢得了盛誉。

① 罗伯特·欧文最后的重大举措是在汉普夏（Hampshire）创建了一个巨大而昂贵的合作社区，名为昆斯伍德（Queenswood）。社区中居住着 700 人，四方院子内部以聚光灯点亮，传送带将食物从中央厨房传送到餐厅。但社区的繁荣没能实现，不久之后便关闭了。欧文之后转变“跑道”，在美国与加拿大对俄勒冈领土的争端中提供了宝贵的帮助。后来，他再次打算将自己的空想理念带到巴黎。1858 年，欧文在巴黎去世，被葬在一所已改作俗用的教堂中。

一些社区成员则开始创作。不久后，关于北美洲各种鱼类、昆虫、贝壳和树木的著作开始出版。新哈莫尼还居住着一名雕工，并拥有一台彩色印刷机。附近的集市和书摊很快出现了精美的专著。

但麦克卢尔感到上了年纪有些力不从心，加上印第安纳州的冬天寒冷入骨，他开始向南探索，最终到了墨西哥。他很快喜欢上了那里，并在当地建造学校。1830 年，67 岁的麦克卢尔决定告别印第安纳州，前往墨西哥安享晚年。不过他会继续资助新哈莫尼。

地下织锦

代替罗伯特·欧文主持运作新哈莫尼的“智囊”是他的小儿子戴维·戴尔·欧文（David Dale Owen）。戴维·戴尔·欧文之后将成为顶尖的地质学家，并在考察美国西部到太平洋的版图时发挥关键作用。这一切的开端源自威廉·麦克卢尔。戴维·戴尔·欧文曾在新哈莫尼当过学徒，为深入了解国土的组成进行了一系列必要的训练。麦克卢尔拥有最初的野心，开辟了道路；戴维·戴尔·欧文则在这条路上走了下去，完成了先辈未竟的事业。

1807 年，戴维·戴尔·欧文出生时，全世界几乎没有人会制作地质图。不过这种状况很快就改变了，部分归功于麦克卢尔在 1809 年绘制的美国地图，但主要则归功于威廉·史密斯于 1815 年在伦敦出版的英格兰和威尔士地图。这幅地图是地层图绘制方法的权威典范，也被认为是“改变世界的地图”。这幅地图采用的以岩石相对年龄来绘制的革命性理念，让地质推断和预测成为可能：当我们有了史密斯式的地图，便能够以一定的准确度预测向下倾斜的煤层的终点，或者在地下找到铁、铜和石油的位置。当戴维·戴尔·欧文掌管新哈莫尼时，这种地图的绘制方法已成为欧洲标准方法。联邦政府与各州政府很快意识到，他们也应当采用类似的方法。

最初，东部各州进行了正式的系统性调查。1820 年，阿莫斯·伊顿（Amos Eaton）绘制了纽约州首府奥尔巴尼（Albany）的地图。伊顿是一个铁匠的儿子，此前曾出版过自卡茨基尔山（Catskills）穿过马萨诸塞州到波士顿和大西洋的横截面地图。这幅地图上满是曲线和色彩，其中用蓝色和黄色标出了地下岩石层的剧烈起伏。不过，这幅地图也许更接近艺术作品而非科学成果。

由于商业上的实际需求，地图绘制者不得不在他们的作品中增加更严谨的科学成分：1832 年，马萨诸塞州成为首个系统地进行地下勘探的州。推动该计划的是赤裸裸的商业利益，州长要求勘探者必须标清“价值高昂的矿藏……矿石……煤矿和石灰岩……以推动本地经济繁荣发展”。这一动机很快引发了一系列新的大规模勘探，更多的地图也应运而生，这对当时快速工业化的年轻国家而言，可以说是无价的指南。

工厂、熔炉和车间需要铁、煤和铜等矿藏，而富有的城市居民则需要从地下挖出的其他贵重金属和岩石。农业“跟随”拓荒者一同向西推进，肥料的需求量也随之增加。另外，富含磷酸盐和泥灰土的土壤也需要被识别出来，而这一切只有科学家才能办到。突然之间，科学家成了国家利益中极为关键的一部分。他们制作的地图对大多数人而言虽难以理解却相当受欢迎，至少在那些渴望预测宝藏位置的人群中极受欢迎。

戴维·戴尔·欧文在这一扩张史上的高峰时期发挥了关键作用。他最初的职责包括协助进行 1833 年开始的田纳西州地质勘探。他被指派为一名荷兰人的助手。这个荷兰人名叫赫拉德·特罗斯特（Gerard Troost），是田纳西州委任的有史以来第一位州地质学家。特罗斯特同样是“知识之舟”上的一员，曾热心参与建立乌托邦社区。这两个人彼此之间很了解：他们都从麦克卢尔不断渗透的影响中获益匪浅，也都是新哈莫尼学校的毕业生。

不止如此。当时国会正在确保所有已证实含有或可能含有矿藏（尤其是铅、铁和铜）的公共土地必须有序进行出售，且不得存在任何偏袒或者欺瞒。戴维·戴尔·欧文由于曾经受过田纳西州任务的磨炼，便被指派为土地办公室的官员，土地规则由他制定，土地出售也由他负责。1840 年，他被委任负责勘探艾奥瓦州、威斯康星州和伊利诺伊州共超过 2.8 万平方公里富含矿藏的土地。

戴维·戴尔·欧文勘探进展的速度快得惊人。不到两年的时间，他就完成了任务，并向上级递交了一份报告，其中有“161 页八开纸的文字和 25 幅地图，包括彩色地质图和数幅彩色地层图”。戴维·戴尔·欧文的帮手多达 139 人，都来自新哈莫尼的学校，全受过他和麦克卢尔的训练。据官方记载，由戴维·戴尔·欧文组织的勘探“在地质学史上表现出了空前绝后的引导价值……它是苏格兰移民及其后代的精力、坚韧和雄风的又一例证”。自然，这些赞美同样适用于新哈莫尼在早期国家形成中发挥的持久作用。

1860 年，戴维·戴尔·欧文去世。当时，至少有 28 个州安排了严密的地质勘探，且各地都出版了大量的地图。另外，通过海路来到西海岸的地质学家们在仔细研究加利福尼亚州与俄勒冈州后，宣布当地很可能有许多矿藏，并且很可能会有如同 1848 年萨特磨坊（Sutter's Mill）[①] 一样的大发现。

① 19 世纪的美国淘金热时期，一队队探索者乘大篷车穿越崇山峻岭与茫茫平原，到西部淘金。其间，发生了各种故事，而这一切源于在加利福尼亚州萨克拉门托附近的萨特磨坊发现的一块金子。

很快，科学家们就会带来数以千计的翔实描述整个国家构造的优美地层图。大众对国家的理解正在推进，而随之而来的是一种迫切的需求：在这些地图和勘探所揭示的地区定居，开拓适于居住、耕种、采矿，或者说适于边疆进取乐观主义的土地。这片土地正快速为人们所驯化并联结为一体，很快，这里将成为数百万拓荒者的家乡。

西部世界的诱惑

毋庸置疑，当人们自愿打包，购置车马，在夕阳下踏上车辙纵横的道路，忍受数周乃至数月的饥寒、痛苦和危险，只为在千里之外的土地上定居，他们必然需要一个强大的理由。不过乍看起来，他们的确拥有很多理由走入夕阳。

几乎所有迁往西部的人曾经幻想过：那里有更好、更宜人的生活。其中有些人也许是受不羁的精神所驱使，但只有极少数的人是出于心血来潮。也有一部分人是出于宗教方面的原因，其他人则渴望逃离政治迫害、法网、瘟疫[①]、失恋的痛苦或者可耻的过去。部分在美国东部和南部各州的人们感到种族隔离与奴隶制令人难以接受，于是幻想在西部能呼吸到更宽容、更自由的空气。

但对大多数人来说，西部正是“应许之地”。正如梭罗所说：“我只会被迫迁往东部，但我将自由地到西部去。”那些勇于前往的先锋正是这么做的。他们满怀野心和冒险精神，还有不屈不挠的乐观主义。

然而，比所有人声称的理由更具体的、真正的诱饵到底是什么呢？是怎

① 19 世纪中期，密西西比河谷的疟疾流行在推动迁移方面“厥功至伟”。

样的智慧产生了诱惑、推动力并最终形成导火索，让已在东部定居的人买马购车、打包财产、告别一切，踏上前往千里之外的未知土地的征程？

答案肯定与土地有关。几百万人迁移的原因是：他们知道、听说过或者猜想过关于西部土地中蕴藏着某些东西。

他们知道，远方国土的部分区域有着各种各样的诱惑：广阔无垠的肥沃黑土、富含珍矿的悬崖峭壁，甚至还有河床上点缀着金子的河流。漫游者归来时可能带来的好消息包括煤层、焦油坑、闪着奇异光芒的矿石水晶、大理石矿床、红色砂岩，或者铺满河谷的奇花异草，如果将它们加以系统地种植，将会得到巨大的财富。这片土地最适合拥有必要的野心、远见、恒心以及真正勇气的人前往。

19 世纪 20 年代初，东部的人们开始听闻有关西部土地的非凡特性的故事，而这些故事总带着丰富而迷人的细节。这些信息出现在已完成冒险之人那激动人心的报告之中。一部分人是毛皮公司的商人；另一部分人则是传教士。1836 年，两名女传教士娜西萨 · 惠特曼（Narcissa Whitman）和伊丽莎 · 斯波尔丁（Eliza Spalding）穿越了大陆分水岭，其中一人的丈夫在回到东部后，讲述了他们的冒险经历并建议其他人效仿。不过，更多的报告来自人数众多的士兵或者与士兵同行的科学家，他们是由政府派去探索整片处女地的。他们正是即将发生的“伟大迁徙”的先驱。

迁徙者中还有埃德温 · 詹姆斯（Edwin James）和亨利 · 斯库克拉夫特（Henry Schoolcraft）这样的人。1820 年，詹姆斯完成了阿巴拉契亚山脉、欧扎克山脉（Ozarks）和落基山麓的地质测量；斯库克拉夫特则在同一年前往密西西比水源，在那儿发现了大量的铜、铅和石膏矿床。1823 年，一名叫作威廉 · 基廷（William Keating）的地质学家在西弗吉尼亚州发现了铜。1824 年，传奇探险家、猎人和地图绘制者杰迪代亚·史密斯（Jedediah Smith）重新发现了穿越落基山脉较低且易行的南面山口①。约 8 年后，本杰明·博纳维尔（Benjamin Bonneville）乘坐马车通过此山口，之后他宣称自己在 1832 年发现了著名的犹他盐滩。又过了两年，有史以来首位官方地质学家乔治·费瑟斯通豪（George Featherstonhaugh）绘出了自得克萨斯州到大西洋的精确截面图，图上标示出沿途令人垂涎的矿床。

1841 年，著名矿物学家詹姆斯·达纳（James Dana）探索了内华达山脉，并写下大量关于西部矿藏可能性的文字，内容极具诱惑力。一个多世纪之后，达纳的《矿物学手册》（*Manual of Mineralogy*）仍属经典著作，于 2007 年出版了第 23 版。

约翰·弗雷蒙（John Frémont）则在西部做出了一系列卓越的探索。有一次，他发现了塔霍湖（Lake Tahoe），并标出了圣海伦斯山的位置。之后，他还写下了对任何希望通过陆路前往俄勒冈州或加利福尼亚州的人而言十分重要的地图指南。

1849 年，霍华德·斯坦斯伯里（Howard Stansbury）再次勘察盐湖城和内华达山脉之间接近空白的区域。

1853 年，W. P. 布莱克（W. P. Blake）描述了加利福尼亚州“掺杂金子的碎石”。

---

① 南面山口有无数加利福尼亚人、俄勒冈人和摩门教教徒留下的西向轨迹，实际上它是由罗伯特·斯图亚特（Robert Stuart）和来自阿斯托里亚的一行人在从约翰·雅各布·阿斯特的太平洋总部出发向东行进时发现的。其西面第一个城镇是帕西菲克斯普林斯（Pacific Springs）。道路在这里分开，一堆石英标明了前往加利福尼亚的道路，路标则示意前往俄勒冈的方向。

1854年则仿佛要为所有这些狂热加冕：来自惠特尼山（Mountain Whitney）的乔西亚·惠特尼（Josiah Whitney）写下了《美国的金属财富》（*The Metallic Wealth of the United States*）一书。多年来，这本书一直是许多人的随身指南。人们梦想着到西部去，希望天降横财，一攫千金。

这是多么巨大的诱惑啊！美景、黄金、免费的农田、开放的空间、政治自由、铜、煤和丰饶的土地，这一切几乎都能在地质学家的笔下找到。这些人带着锄头、放大镜、指南针和检测地质的酸瓶。他们的报告持续吸引着渴望冒险的一代人，同时也与官方的意见相互补充。1811年，约翰·昆西·亚当斯写道：

> 北美洲的整片大陆仿佛命中注定要成为一个国家，人们说同一种语言，信奉同一种宗教和政治系统，有同样的社会习俗。为了这些人的共同福祉，为了和平与繁荣，我认为，他们必须在一个联邦之下结合。

在写下这段极有先见之明的豪言的14年后，亚当斯被选为总统。又过了15年，1840年，一个名不见经传的中西部人乔尔·沃克（Joel Walker）和他的家人以及三对传教士夫妇，终于无法抗拒迫切西行的呼唤了。

西部的土地、空间和可能性的诱惑完整地呈现在沃克夫妇面前。沃克坚信，他们一家人拥有建设国家的神圣使命。在当时看起来近乎无法驳斥的逻辑的驱使下，沃克必须做出决定。于是，沃克购买了汽船的船票，沿密西西比河前往其中一条道路的起点。包括杰迪代亚·史密斯在内的人报告说，应选择有轮子的交通工具穿越南面山口，沃克便找了一辆适宜的马车。他集合了一支健壮的牛队，并准备好了开始新生活所需要的财物。1840年晚春，沃克出发前往格林河（Green River）补给站，开始了长达 3200 公里的西部之旅。

在沃克走过的那条车辙纵横的模糊道路上，当时已经出现了捕兽猎人、贸易商人和传教士，他们称这条路为“俄勒冈之路”。据说，乔尔·沃克是 25 万男女老少中第一位前往西部的人，后来者跟随他的脚步开启了移民西部和国家建设的庞大篇章。这个人究竟是真实存在或者只是一个符号，如今看来已经不重要了。

在此之前的 20 年间，地质学撒好了网；如今，终于开始收网了。

踏上征途，去看大象

自 19 世纪 40 年代开始，便有三条通往西部的主要通路：一条是加利福尼亚之路，一条是向南的圣菲之路，最后一条则是俄勒冈之路。俄勒冈之路在初期最繁忙，历史学家弗朗西斯·帕克曼（Francis Parkman）为此创作过同名著作《俄勒冈之路》，它因此广为人知。6 年之后通行的“摩门之路”（Mormon Trail）则是由于与地质完全无关的原因修建的。

踏上这些道路的人们选择密苏里的独立镇（Independence）作为出发点，摩门教教徒则选择了北面密苏里河上游的奥马哈。西行的道路最初在平原上平行延展，渴望传播摩门教的信徒在普拉特河谷北侧前行，他们最终在盐湖城传教；商人们则在其南侧——他们要到怀俄明州才能相聚。

繁忙的商业中心开始在道路两旁逐渐出现。“为了满足移民的需要，各种各样的商店兴起……出售行程必需品，”帕克曼写道，“几十个铁匠的棚屋中不停地传来敲打撞击声，沉重的马车正在接受维修，马和牛在一旁休息。街道上挤满了人、马和骡子。”

帕克曼对移民或者一路遇到的印第安人并不关注。他来自新英格兰，是一个彻头彻尾的精英主义者，他很有钱，野心勃勃，也很有勇气，而且还拥有哈佛大学学历。他同时也是一名优秀的园艺学家，卓越的学术造诣为他赢得了教授头衔。此外，他创作的历史作品为他赢得了大奖、地位、一座纪念碑、一所以他的名字命名的学校以及把脸印在邮票上的机会。但在许多方面，帕克曼对俄勒冈之路的描述存在不足。

首先，作品名称并不准确：帕克曼仅仅完成了三分之一的旅程，且是其中最容易的部分；改为《拉勒米夏日之旅》也许更合适，因为拉勒米是他抵达的最远点。从奥马哈出发到拉勒米仅过了旅程的三分之一。这一标题不仅在地理意义上更恰当，同时也能强调几个星期的旅程相对轻松。在此期间，他们的主要行程是观山而非穿越山峰。对帕克曼来说，这不过是心血来潮，如他所说的“夏日之旅”。帕克曼对此次旅程采取了轻率的态度，因而难以掌握他目睹的一切的真正历史价值。在他眼中，大部分移民的动机成谜，这些移民唯一的共同点在于：他们是“国家最坏的渣滓”，许多人最终“对这次旅程感到后悔”，并且“想要逃离”。

其次，帕克曼的行文掩盖了故事中的可疑之处，其文风遮蔽了实质。事实上，对于移民前往西部，我们能找到许多理由。比如，我们知道有多少人对这次冒险感到后悔并回家了：不到百分之十；随着道路为人所熟悉，这个人数变得越来越少。而且，在回头的人当中，几乎没有人为此感到高兴，大部分人是想予以完善，从头再试一次。

1840年，真正的先驱出发了。乔尔·沃克和他的家人，一行仅13人完成了旅途，6个月后顺利抵达俄勒冈。接下来的1年，出发的人数翻倍。过了3年，接近3000人出发。很快，成千上万的先驱者想到西部去，马车排成长龙。怀俄明州困惑的印第安人开始谈论，他们觉得自己也许该去东部，因为那里很快就没有白人了。当时，小白帆布草原篷车和更少见的 3 吨重的康尼斯托加大篷马车[①]留下的车辙深深地刻印在土地上，直到今天还能看见。

在某些地区，道路的宽度达 16 公里，马车彼此离得很远，操掌方向的人走不同的路线以绕过障碍。然而在其他地区，道路急速收窄，车辙混合在一起，深入泥土。后来，掌管西部公共土地的土地管理局规定，将许多此类地区保存下来，如今在怀俄明州西部等地的南面山口，能够很容易找到这样的历史遗迹。

离穿过大陆分水岭的第 28 号州道仅几十米远，就能看到这些车辙。从人行道来到灌木蒿丛中，车辙更是清晰可见。两道密实的黄土构成的平行线隔开一个车身的距离，并逐渐消失在远方的地平线。这里的海拔有 2200 多米，待在这里需要慢慢喘气。若是在这里站一会儿，朝西望去，前方呼啸穿过草地的凉风，定会让人眼含泪水，而北面温德河岭（Wind River Range）顶端的积雪在阳光下闪闪发光。说到这里，有两点值得深思。

首先，这个地点的政治重要性。伟大的西部先驱杰迪代亚・史密斯对此完全理解。他曾报告说，这是确保马车能够穿过落基山脉的通道，将来有一天也将成为人们自由穿过大陆分水岭的道路。他让拓荒者走这条路，马车自斯威特沃特河（Sweetwater River）出发，直达格林河水源。格林河汇入科罗拉多河，穿过大峡谷，再通过加利福尼亚湾流入太平洋。因此，杰迪代亚・史密斯在人文地理史上留下了不可磨灭的印记。

---

① 这种马车通常有巨大的铁轮，由 10 头牛的牛队拉动，转弯半径极大。

其次，发现了南面山口。在此之前，前往加利福尼亚和俄勒冈等地需数月才能抵达。人们只能坐船从西海岸过去，这样则不得不经过巴拿马或阿根廷、智利和秘鲁等国家。但由于发现了南面山口，拓荒者们能直接前往西海岸，能相当快地抵达那里。

大陆主义，由约翰·昆西·亚当斯在 1811 年提出的这一理念在当时飞快地得以实现。太平洋海岸成为美国唯一的边疆，甚至可以说，后来美国进行的跨大洋行动等一切都植根于当初统一大陆的野心，而这又都是在发现南面山口之后才得以实现的。

道路建立之初，大部分前往西部的人携带着向导，不过费用很高。之所以需要向导，部分原因是路线尚不明确，另外，向导还能兼做保镖，且能提振士气。东部人普遍很悲观：许多人表示，试图通过陆路穿越国土纯属妄想。那里有只有山羊才能通过的山岭、只有贝都因人（Bedouins）才能驯服的荒漠、印第安人，还有肆虐的绝症和恶劣的自然环境。他们形容那是通往地狱之路。因此，前往西部最好乘船，否则留在家里才是最安全的。

对于那些不听劝告执意前往的人来说，找一个强壮能干的山地人做向导能受到一定的保护。在早期，一名向导陪同前往爱达荷东部的驿站霍尔堡（Fort Hall）约需 1 美元，再往前，路就变得极为难走了；需支付 80 美元才能让一名向导陪同从爱达荷穿过山岭，抵达海岸。只有极少数的山地人愿意陪同走完更漫长的全程。从独立镇穿过奇姆尼罗克（Chimney Rock）到达拉勒米堡（Fort Laramie）和布里杰堡（Fort Bridger），再通过南面山口到霍尔堡，之后穿过山岭到沃拉沃拉堡（Fort Walla Walla）和太平洋。整趟旅程下来需要 500 美元押金，实际支付 250 美元。

但这只发生在早期。随着车辙变深，道路的外观近乎永久性地固定住了，桥梁也越建越多，越来越稳固。渡轮越来越可靠，也无须在通常需6个月完成的旅途中中断30天。此外，路上的驻扎点开始有了一些小村庄的面貌，出现了裁缝铺、铁匠铺、马车店和五金店，人们对向导的需求逐渐消失了。1840年，每人可收取1美元；5年之后，每辆马车则只收取约25美分。

选购合适的马车是重中之重。人们普遍认为，康尼斯托加大篷马车并不管用，它又大又重，需要几头公牛或骡子拉，而大部分人付不起这个钱。在出发点的城镇出售的由亚麻籽和三角叶杨制造的布篷马车，更适宜在路况不好的地方行驶。大部分移民选用公牛拉车，因为公牛走得虽慢，但在夜里不会到处晃荡，印第安人对它们也没有兴趣，骡子是第二选择。而马匹变得流行起来，则要到路上出现售卖燕麦和糠的补给站之后了。

在旅途中，包括驱赶家畜的人在内，所有的人都在马车旁跟着走。马车的唯一用途是运输货物。这些马车虽小，但设计十分精妙，一辆马车能装下四五口人的行李，因此人们完全能带上足够的食物。行李中通常有桶、灯、脸盆、马笼头、备用轮子、炖锅、锁链、工具箱、锡盆和杯子，还有装着小鸡的鸡笼。食物则有面粉、咖啡、豆子、玉米粉、干培根、大米。马车像移动的垃圾桶一样“哐啷”作响，每碾过一块石头都会发出雷鸣般的可怕噪声。所以，那些带着诸如手纺车、做工精美的床和椅子、雕花银食盒等所谓传家之宝的人很快就发现，他们不得不将这些宝贝丢弃在路边。

人们通常会把牛、绵羊和山羊等赶在一支队伍里，让它们走在马车边上，以作为流动的食品储备。有人会带上一支来复枪，不是为了防范印第安人，而是为了打猎。早年的印第安人没有传说中那么难对付。那个时代，水牛还未被赶尽杀绝，还有羚羊、鹿、鹅、麋鹿，偶尔还会出现熊。

此外，人们还能捕鱼。西部的河流中有鲑鱼，印第安人喜欢贩卖这种鱼，也会在较远处的平原上出售土豆和其他蔬菜，这是来访的毛皮商人和牧师教他们耕种的。

尽管环境恶劣，但在一种豁达的情谊的鼓舞下，人们燃起营火、一同高歌，“慈善的撒玛利亚人”精神盖过了争吵、暴力和竞争。大部分人成功了，超过九成的人抵达了目的地。终点通常是威拉米特河谷（Willamette Valley）的农地，靠近今天的波特兰。

从 1840 年乔尔 · 沃克出发开始算起，到 1869 年普罗蒙特里波因特（Promontory Point）的铁路连接仪式为止，多达 40 万人前往西部。内战曾经一度阻碍了这一进程（尽管打仗的地方在远方）。沿着前往俄勒冈、旧金山、盐湖城、圣菲的道路，男女老少或步行前往，或骑马前往，他们只有一个心愿，用当时流行的说法是：去“看看大象”。他们踏上旅途，为的是获得一种超凡脱俗的情感体验，似乎只有参与非同寻常的历练才能获得这类体验。西行者的目标确实是西部具体的某地，但同时，这背后又有更重要的原因，那就是去看看这个世界上有些什么。大部分人成功了。只有少数人回头了，不过这些人也发挥了作用，他们将消息带了回去，让东部的人知道最有勇气的同胞情况如何。他们还将马车拆成零件，为前行的大军提供补给。

迁移大军曾走过的乡间，那是世上最荒凉也是最美丽的地方。但在经过时，西行者们并不能真正理解它。对迁移者而言，西部只是一片亟待穿越而非值得加以思索的辽阔土地。那些平原、山口和山峰，是人们不得不忍受的磨砺而非分析的对象——只有目的地最重要。

此外，当时的人们还不知道，他们走过的地方蕴藏着人们无法想象的财富。那些财富等待被发现、被揭露，与整个国家息息相关。当旅程的第一阶段告一段落，美国又不得不在内战中度过无暇自顾的可怕的 4 年之后，政府才做出正式决定。

人们已经赢得了西部，但西部到底是什么？这个秘密终于要揭晓了。

默默无闻的奠基者

在当时，每幅地图上都有巨大的空白尚待填补。今天的历史学家们将那一时期称作“大勘察”。为了揭示西经 100°经线和太平洋海岸之间的土地的秘密，人们投入了巨大的努力。受过科学训练的精兵组成了考察团，被官方命名为“地形工程师”，他们被派往国土最偏僻的角落，去辨别所有细节，探索并标记出所有河流、溪流、湖泊和被忽视的小山岗和峡谷，并对铺路的路线和建造桥梁的地点提出建议。为了进一步测量、整理、守卫新发现的地区，他们设立了要塞。

这些精兵来自西点军校，由上级派往全美各地。当时，西点军校还不是教授战斗、战术和领导能力的学校，而是全美最前沿的工程大学。在 19 世纪，工程师在军事界的地位极高，发现一条山道或者攀爬一座山峰并标记其高度，比开火和占领堡垒要受人尊敬得多。

无论目的地是北方雪原，还是南方的沼泽和荒漠，又或者是崎岖的落基山脉和内华达山脉，战场上的工程师收到的指令全都以一句简洁而极具威严的命令作结：“不要漏掉任何值得注意的东西。”怀着无比坚毅的决心，他们确实做到了，并在过程中制作了无数的报告和地图，描绘了他们发现的一切。然而奠定伟大建筑地基的建造者总是不如最终锦上添花的人。士兵中几乎没有人获得任何传世的美名。

相对而言，领导远征的史蒂芬·朗（Stephen Long）比其他人更有名。绘制密苏里河谷上游第一幅准确地图的伊莱基姆·斯卡蒙（Eliakim Scammon）中尉的名气远不如前者。不过在所有人当中，也许约翰·弗雷蒙的名字最令人耳熟能详。很大一部分原因是，弗雷蒙在加利福尼亚州刚建立时曾担任过最初的两名参议员之一。后来在 1856 年，他作为新成立的共和党首名总统候选人参与了竞选[①]。“伟大先锋”弗雷蒙并非浪得虚名，他的考察对打开国家不为人知的角落贡献良多。他时常声称，自己“一生的黄金时代”都“在荒地和印第安人中间度过”的。

军团工程师们的身影则消失在荒野中，一去就是几个月或者几年。他们默默无闻，甚至被遗忘，但他们并不在意。他们的经历就像其测量的土地一样多彩。在得克萨斯和西南的沙漠地带，地形学家们骑着骆驼行进，有数十峰骆驼在南北战争中被俘获，最终逃到荒野中死去。

在一次深入圣胡安山脉（San Juan Mountains）接近里奥格兰德河（Rio Grande River）水源处考察时，士兵们迷失了方向，被困于深雪中。他们眼看着骡子一头一头被冻死，后来食物也没有了，他们只好徒劳地尝试捕捉老鼠吃，最后 30 人的队伍中死了 11 人。当幸存者回到基地时，他们听到许多关于食人肉的谴责性传言。

地形工程师们与印第安人的关系经常差到极点，很多时候还会闹出人命。如果说与美洲原住民的小冲突还不够，那么一种叫作“贸易商威士忌”的酒倒是可以杀人。曾有一队工程师在内布拉斯加州与怀俄明州附近寻找恐龙遗骸时，被劝喝了许多这种诡异的酒，天知道这酒是谁酿的、酒里有些什

① 尽管弗雷蒙的竞选口号“土地免费，白银共享，人有自由”极为通俗，但他还是输了总统竞选，甚至在加利福尼亚州也输了。

么。他们在报告中说酒中加了各种材料，包括咀嚼烟草、红辣椒，有时还有响尾蛇头。

正是这些人组成的队伍确立了约4700公里的美墨边界。其中一人名叫威廉·埃默里（William Emory），他先前曾在美加边界上完成过类似的任务。与其他的“地形师”兄弟一样，埃默里的职责比制图师要丰富得多，他收集了成百种植物并为它们命名，还记录下沿途遇到的相对平和的印第安人。这些记录至今仍有人类学价值。得克萨斯州的一座山峰及后来的一个军事要塞都以埃默里的名字命名。

有的山峰以埃默里和其他5个人的名字命名，以缅怀“大勘察”的岁月。另外一些人则将姓名留在了他们曾在密西西比以西探索的土地的河流、城镇、县和山谷的名称之中。不过，和他的队友一样，如今埃默里几乎已被遗忘了。

内战开始时，单一的地形工程师军团已不复见，民间科学家肩负起描绘国土轮廓的任务。地形工程师创造的短暂辉煌凝聚为一幅地图，一幅意义重大的、整个时代都无法忘怀的地图。

在国家铸造的过程中，人们将铭记这一优美绝伦的制图杰作。1858年，一名好奇而倒霉到极点的士兵绘制了这幅地图，他的名字叫古弗尼尔·沃伦（Gouverneur Warren）。沃伦“有些神经质”，内战期间，在他身上发生的两个相互矛盾的事件，决定了他在军事上的名声。

第一个事件发生之后，沃伦被当作一名英雄。当时，受过地形学训练的他，在联邦军于葛底斯堡（Gettysburg）列队防御时发现了重大疏漏。沃伦勉强调动足够的兵力堵上了漏洞，救了所有的人，不过他在战斗中受了轻伤。为表示对他的敬意，人们称沃伦为“小圆顶救星”。“小圆顶”是他作战时的一座山岗的名字。

第二个事件发生在一年后。事发之后，一切都变了样，沃伦成了被唾弃之人。当时，一名竞争对手告发他在战斗时未在战场，于是沃伦被撤掉指挥官职务。这次撤职对他而言成了极大的侮辱。尽管这一决定后来被撤销，沃伦得到了平反，但他的军事生涯依旧遭受重创，最终也没能洗去污名。

不过沃伦绘制地图是在内战爆发前 6 年的事情，离混乱的军事生涯还有很长一段时间。1854 年，沃伦在测量密西西比河三角洲时，被召集回西点军校并受命加入一个新的政府机构，这个机构后来被称作太平洋铁路探索和测量局。沃伦的工作是到西部收集并整理有关西经 100°经线以西的土地的所有可获得的信息。

这幅地图覆盖了整个西部，为受到追捧的大陆主义政策呈现了一幅精美的肖像，并展现出整个国家未来的联结图景。沃伦收到的命令是，标记出 4 条主要路线，将太平洋各个港口用铁路连接起来，各个终点站则在密西西比河的河畔。

这一项目需要无比庞大的野心、巨额经费和大量的时间，要实现这一项目在当时仍是一个梦。但地图依然预示了美梦成真的可能性。当梦想成真之时，也就是所有的州实现互相连接之时。

经过 4 年的努力，沃伦最终绘制出了一幅无与伦比的地图，即 1858 年沃伦地图。在未来的年月中，这幅地图始终是美国西部的权威地图，它凝聚了那一历史时刻之前关于西部已知的一切。与这幅优美且精确的地图相比，沃伦后来受到争议的战场行为不值一提。

然而，这幅地图仍然称不上完整。在横跨科罗拉多州、新墨西哥州、犹他州和亚利桑那州约 34 万平方公里的所谓平原区，也就是地图中央以金铜色标出的、美国境内唯一一处 4 州相交的地方，沃伦所绘的地图呈现得相当含糊。模糊的线条和轮廓提示数据不足。有的地方甚至更糟，地图上仍有 8 个相当空旷的经度范围“未探索”。

后来，经过 4 名伟大平民的解析、认定和辨别，“未探索”之地才得以呈现于天下。

当时，西部本身有太多的传说需要澄清，太多的幻想需要否定，太多的泡沫需要戳破。为了满足公众永不餍足的欲望，一众幻想家虚构出光怪陆离的关于辽阔的未知国土的故事。其中一个人名叫威廉·吉尔平（William Gilpin），他来自特拉华州，是一个造纸工的儿子，他辞去军中职务加入了俄勒冈之路的拓荒者行列。吉尔平那不切实际的、夸张十足的宗教式热情，令他十分有名。

吉尔平多次在公开演讲中说，西部土地可以轻松容纳 200 万人居住，草原能够养活成百上千的牛群。他还宣称“我们的命运是征服这片大陆”，而对一切阻碍，无论是苏族人还是野牛，应该统统扫到一边去。当时，他坚信一个理论：开垦之后必有雨。不过这一理论在气象学上完全是胡说八道。带着这句广告词，吉尔平到处兜售西部不动产，策划了“吉尔平镇”和“中央城”等最终并未建成的城镇，并从容易受骗且满怀希望的人们手中骗取了上百万美元。吉尔平在丹佛去世时腰缠万贯。

江湖骗子塞缪尔·亚当斯（Samuel Adams）也得提一下，他差点儿就从国会手中骗到两万美元的赔偿金。他声称，考察科罗拉多河时遭到了天灾。考察期间，亚当斯发回许多荒唐透顶的报告。比如，明轮船能够从科罗拉多河河口上溯几百公里，其他人从远处观察到的危险和激流“在船到的时候几乎消失了”。当然，这纯粹是胡扯。作家华莱士 · 斯特格纳冷静地描述道：“与事实和逻辑不符。”然而，这些报告说出了 19 世纪许多报刊读者最想听到的话。他们无不渴望冒险和财富。这些报告令这位自封的亚当斯“船长”吸引了众多同盟者，“他们既不如他愚蠢，也不如他坏得透顶；但他们同样无可救药地坚持为一个并不存在的西部而辩护”。

当时，酒馆中谣言四起。旅行者讲述着低俗怪诞的故事，普通人则有更神奇的幻想要倾诉，而逃过屠杀、意外与不幸遭遇的幸存者添油加醋地谈起死前的灵光。各种各样的打油诗、蹩脚诗行和悲伤歌曲盛行一时。纵然一切都令人难以置信，但人们又不能彻底抛弃这些可能的事件。

1867 年，政府初次决定着手实施一项计划，揭示并界定西部的真实情况，以代替各种各样的西部怪谈。后来 4 次伟大的西部“大勘察”正是由此而来。政府拨出公共经费，安排适当的人员，将他们派去勘察。经过漫长的年月，人们最终发现了关于西部土地的真相。

其中的两次勘察由战争部安排：一次勘察基于自北向南的路线，另一次则基于自东向西的路线。测量师兼工程师乔治 · 惠勒（George Wheeler）中尉领命率领西经 100°经线的地理探索；毕业于耶鲁大学的志愿地质学家克拉伦斯 · 金（Clarence King）则负责与之垂直的另一条路线：北纬 40°范围的地理探索。两条路线的勘察地区有重叠。

另外两次勘察则由内政部负责，完成了从军队式测量到平民式测量的稳定过渡。地质学家兼医生费迪南德 · 海登（Ferdinand Hayden）接受了听上去极度繁重的任务，即必须完成所谓的美国领土地质和地理勘察。而其中最著名的则是约翰·韦斯利·鲍威尔，他被选中领导落基山脉地区的地质与地理勘察。

鲍威尔既是一名地质学家，也是一名军人，同时是第一个完整探索大峡谷的欧裔美国人。因为曾在希洛战役中被一枚米尼弹击中，在完成这项探险和后来所有的壮举时，鲍威尔只剩下左臂了。

发现大峡谷

鲍威尔身材高大，满脸胡须，性情审慎多疑，为人十分严谨。他的父亲是一个贫穷的英国“持证讲道者”，也就是流浪牧师。为了过上更好的生活，鲍威尔的父亲先搬家到了纽约，后来又在伊利诺伊州从事农耕。年轻时的鲍威尔由于其奇特的秉性而引人注意：他冷静沉着，独来独往，酷爱读书。一个在新哈莫尼的学校学过自然哲学原理的当地农民曾经帮助过他。

通常，人们叫他“韦斯·鲍威尔”。鲍威尔喜爱长距离漫游以及独自乘独木舟沿俄亥俄河与密西西比河航行。1855 年，他曾用 4 个月的时间在威斯康星州的荒野中流浪。写下《地质学原理》（*Principles of Geology*）的苏格兰人查尔斯·莱伊尔（Charles Lyell）在 20 年前也曾乘船沿这两条河流航行，并留下了两本记录自己探索之旅的著作。年轻的鲍威尔熟读这些书，效仿莱伊尔去探索、观察和收集，一路收集了大量的岩石样本和化石。他苦心收集的大量软体动物化石令他赢得了伊利诺伊州的奖赏。

鲍威尔从不对失去一条手臂露出困扰之情。华莱士·斯特格纳在 1954 年写道：“它（失去一条手臂）对韦斯·鲍威尔生活的影响，就如同一块石头掉进激流中对河水流向的影响。”这句话准确地道出了鲍威尔对失去手臂丝毫不放在心上的态度。

从查拉皮尼山（Charapini Hill）到维克斯堡（Vicksburg），鲍威尔参与了后来的 9 场对阵之后退役，拥有少校军衔，这在他后来的人生中发挥了作用。1865 年晚些时候，鲍威尔受聘于伊利诺伊州布卢明顿（Bloomington）一所大学，担任地质学教授。到圣诞节，他开始梦想着带领学生到落基山脉进行地质勘探。他甚至还想到西部更远处，寻找能放在学校博物馆中展览的东西。

1867 年是关键的一年。鲍威尔认定，他的探险计划应该得到政府的帮助。于是鲍威尔前往华盛顿，力压其他寻求联邦政府资助的人。用他的说法，这些人闹腾得像"发情的公鹿"。最后，鲍威尔曾经的上级答应为他的队伍提供军队式的配给。另外，如果鲍威尔同意带学生到达科他州"劣地"的苏族领地收集标本，上级甚至答应派军队护送他们。不过，鲍威尔没有接受后一个提议，因为他听从了他的老朋友，曾领导著名的"进军佐治亚"行动的威廉 · 特库姆塞 · 舍曼（William Tecumseh Sherman）将军的建议。他劝鲍威尔别去达科他州。已经厌倦战争的舍曼说，比起给北方平原的苏族人添乱，鲍威尔更应该前往南方，去探索科罗拉多州落基山脉中的奥秘。

舍曼的建议改变了鲍威尔的一生。这一选择令鲍威尔后来成了他那个时代最杰出的军人兼科学家和探险家。鲍威尔和他的队伍将沿着科罗拉多河而下，而这将是白人第一次完成的行动，第一次完整地探索大自然的伟大奇迹：大峡谷。

这趟史诗般的旅程有个正式的名称：落基山脉科学探索。它并不属于 4 次西部"大勘察"，尽管它最终的成功使得鲍威尔被选为其中一次"大勘察"的领队。实际上这次成功并非十拿九稳。在计划此次远征之初，资助者既没有特别热情，也没有特别的慷慨。先前答应的军队式配给仅是可以从西部军哨站领取 12 人的食物，如果食物不够，就会发放现金，此外，鲍威尔获得的半官方援助仅来自伊利诺伊州历史学会和当地的大学。

史密森学会则提供了一些科学器材，芝加哥科学院也提供了器材。除此之外，鲍威尔只能依靠自己以及那些愿意与他同行的人。同行者基本上是志愿者，后来没有得到任何报酬。

情况如此艰难，无怪乎鲍威尔和他的队伍花费了整整两个季度才做好准备。在第一个季度，鲍威尔和队员们进行了事先准备，与当地的乌特印第安人发展友谊。12 名队员①最终只有 6 名走完了全程。当他们考察科罗拉多河的主要支流格林河和怀特河时，乌特印第安人为鲍威尔起了一个名字："卡普拉兹"（Kapurats），这个名字并无特殊的诗意，就是"断臂"的意思。

远征队在寒冷的营地度过了第一个冬天，人人被冻得一个劲儿地咳嗽。其间，鲍威尔回了一趟华盛顿，以求获得更多的资助，然后又到芝加哥建造质量更好的船。随后，队伍出发了。

远征队选择的出发时间和地点充满了历史反讽意味。1869 年 5 月 24 日，星期一，鲍威尔的队员们将 4 艘船②放入格林河中。出发地点是格林河畔的村庄，不远处就是前一年建造的桥梁，上面有崭新的联合太平洋铁路路轨。

① 鲍威尔在《科罗拉多河探险记》（*The Exploration of The Colorado River and Its Canyon*）一书中提到的是总共 10 人。中途除后文提到的离开的 3 个人外，还有 1 人中途已离开。弗雷德里克·德伦博（Frederick S. Dellenbaugh）在《科罗拉多河罗曼史》（*The Romance of Colorado River*）中对此亦有描述。——编者注

② 4 艘船分别是"无名"（No-Name）、"艾玛·迪恩"（Emma Dean）、"峡谷少女"（Maid of the Canyon）和"凯蒂·克莱德的姐妹"（Kitty Clyde's Sister）。前两艘船未能完成全程。

铁路正是巧合和讽刺之所在。仅在两个星期之前，5月10日，星期一，再往西约320公里，就是犹他州的普罗蒙特里波因特。两部蒸汽火车头在那里碰上了，它们分别是联邦太平洋119号火车头和中部太平洋的“木星”火车头。它们所在的铁路将被著名的金色道钉[①]连接在一起。当时，跨大陆铁路已经完成。自那时起，火车定期往返于东西部城市之间，“哐啷哐啷”地驶过格林河畔的那座桥。在桥底下，鲍威尔和他的同行者即将踏入未知的世界。

载有餐车、钢琴、卧铺和其他各种物件的火车，就在鲍威尔一行人出发地点正上方驶过，以每小时48公里的速度经怀俄明州前往纽约州和加利福尼亚州，只需7天便可横跨大陆。鲍威尔的队员们将船推入桥下的水中，要到98天后才能结束这趟前所未有的史诗之旅。在这次旅程中，恐惧、饥寒和惊叹一直伴随着远征队。这座桥和它繁忙的交通也许证明了日新月异的新世界正在急速向前，但在桥下的水路中，显然还有诸多未被探索的内容。

鲍威尔队伍出发不久后进入锈红峡谷深处，溪流将利齿深深地嵌入平原。在扬帕河（Yampa River）汇入主流的地方附近，有鲍威尔所称的回声公园。它位于科罗拉多州极西处，靠近犹他州铁路。经过48公里的高速公路行程，之后再在蜿蜒的土路上驾驶13公里就能抵达。营地像一座小小的绿洲，而曾在河流交汇处的泥沙上建起的一处摇摇欲坠的农家，如今只剩下山艾树之间的废墟。农场过去坐落于213米高的由悬崖构成的圆形剧场中央，悬崖极其陡峭光滑，像被切开的乳酪，表面反射出赭色的光，如今被称为沙漠岩漆。雄鹰轻巧地飞过，乘着气流上升，翼羽锋利，仿佛能划破反射阳光的岩石表面。

---

① 参见本书第四章内容。

在这里大喊一声，会听到四五次回声（鲍威尔数的是 12 次），回声与回声相叠直到消失。其后只听到流水汩汩，在峡壁之间来回反弹。

河畔，一整块红、绿、黑相间的巨型石炭纪[①]砂岩矗立着，被称作斯廷博特岩（Steamboat Rock），水懒懒地在它的底部打着转。

在后来的回忆录中，鲍威尔谈到了攀爬这块岩石的经历。事实上，即使对一名双臂健全的熟练登山者来说，攀爬这块岩石也是了不起的成就。鲍威尔说他曾被顶峰附近的岩壁卡住，同行者乔治·布拉德利（George Bradley）当时就在他的上方一两米处。布拉德利十分有风度地脱去长长的内衣，用它缠在凸出的石头上，借此将鲍威尔拉了上去。这个故事是真实的，不过在地理位置上有一些差错。它实际发生在下游几百公里处，那儿的悬崖没有这么骇人。

在斯廷博特岩的上游，远征队碰到了一片极为可怖的水域。其中一艘船在洛多雷峡谷（Lodore Canyon）的漩涡和激流中倾覆，船上所有重要的海拔测量仪器也丢失了[②]。洛多雷峡谷及其下方的漩涡峡谷构成了“灾祸和艰难的篇章”。一行人很快就会体会到痛苦的滋味：天气冷得令人牙齿打战，肚子饿得直叫，剩余的食物全部腐坏。但鲍威尔不允许大家灰心丧气，他催促队伍一路向前，从回声公园来到科罗拉多河的交界处，随后进入一幅陡峭而惊人的壮丽画卷——如今所称的大峡谷。

远征队在航行了 865 公里之后，突然来到河流交汇处。在峡谷中，他们相对顺利地走完了约 500 公里的路程。他们为峡谷取的名字依次为“德

① 地质时期名称。——编者注

② 一天之后，远征队在船骸中找到了这些器材，但失去了所有的服装和食物。

瑟莱申”（Desolation，荒凉）、“科尔”（Coal，煤炭）、“格雷”（Gray，灰色）、“拉柏林斯”（Labyrinth，迷宫）和“斯蒂尔沃特”（Stillwater，静水），这些名字表露出探索者在当天或者发现当地独特地貌时的心境。如今，我们仍能看见科尔峡谷的褐煤层。在格雷峡谷的不远处，有一个印第安人出入的路口和一条西行的道路。河岸上散落着几只旧船筏和一些火坑及残骸，显示出山地人和骡车队的踪迹，也许其中一些甚至可以追溯到100年前。但有一点听起来令人脊背发凉：几十年前，据说铁路勘探者曾在西边离这里几公里的地方被杀害。鲍威尔一行人瑟瑟发抖，匆忙地往下游走去。

不久，一行人来到了平坦的斯蒂尔沃特峡谷。这里的地形发生了急剧的变化。河流两侧高高的悬崖降了下去，他们能远远地望见东方的地平线，还有露头的山谷雪顶。那很可能是“将河流染红的山峰”，即安肯帕格里峰（Uncompahgres）。河道变宽了，一支平缓的寒冷水流忽然从他们左侧开始逐渐融入。

这就是格兰德河（Grand River）。如今这条河被称作科罗拉多河，这是因为水文学者认为它不仅是支流，且是主河流的延伸。而在鲍威尔的地图上，仅在格林河与格兰德河的交汇处开始往下才算科罗拉多河。直至今天，除了名字改变以外，这条河流与鲍威尔在1869年描述的并无二致：冰冷、清澈而迅疾。

鲍威尔一行人在1869年7月中旬抵达这个交汇点。他们在这里设营驻扎了很短的一段时间，喘了口气，重新绘制了地图，把面粉中的象鼻虫筛掉，并思考了一个可怕的现实：也许从来没有白人来过这里。这里是三条幽暗峡谷的交汇点，其中有两条路重新回到北侧的上游和东侧，而几乎未被探索过的第三条路则通往南侧的下游。鲍威尔写道：

> 极目四望，这里只是一片岩石遍地的荒野；到处是深深的沟壑和奇形怪状的地表，河流在悬崖与山峰之间消失了。在它们的后方，山巅高耸入云。

远征队努力调整状态，并于 7 月 21 日再次出发。转过拐角，水流变得又快又急。不断接续的狂野激流往下坠落，与德瑟莱申峡谷相比，先前的洛多雷峡谷就如同水池中的小小涟漪。这里确实是极其骇人、极其危险的致命河道。

陡崖直入水中。没有边缘，没有缓冲带，没有河滩，没有任何能够着陆的地方。河水咆哮着，声音逐渐放大、扭曲……在每段长约几公里的航程中，人们只能依靠盲目的乐观精神，希望结实的木船和重力能将一切保护完好。仅剩的 3 艘船在忙乱之中呼啸驶过。后来，他们把最初碰到的激流咆哮之地命名为“卡特拉克特峡谷”（Cataract Canyon）。他们简直恨透那里了。

随后，事情暂时有了很大的转机。悬崖虽仍旧矗立，宏大而壮丽，色彩斑斓，但不再是坚硬的石灰石，而是由更低的地质层位、更软且更易被侵蚀的砂岩构成。由于河流的冲刷，形成了一片片沙地，探索者能够在那儿休息、修补东西和晾晒衣服。他们管这里叫作格伦峡谷（Glen Canyon）。峡谷很长，至少有 240 公里。与可怕的石灰岩通道相比，这里完全可以称得上乐园。

与所有伟大的河流一样，科罗拉多河既能赠予，自然也能夺取。一个星期后，远征队绕过了拐角，此时水流再次激荡起白浪。致命的石灰岩又出现了，这可怕而艰险的旅程还很漫长。后来，他们来到了马布尔峡谷（Marble Canyon），它在明信片上的景象美得令人难以置信，但欣赏这种美需要付出沉重的代价。绝少有人能穿过其中较大的激流[①]，直到今天，漂流者和乘船的人仍然有可能在马布尔峡谷的水中永远消失。

此时，队员们变得不安起来，开始抱怨这趟旅途太漫长、太痛苦，既寒冷又危险。不过鲍威尔只关心科学，一直在观察、收集和写作，对如何将队伍安全带往平稳的水流，并带大家回家，他似乎并不关心。

鲍威尔明白，旅程将会变得更艰难，他告诉所有的人还有更长的路要走，队员的不满在窃窃私语中暴露无遗。周围的悬崖很快越来越高，水流从左侧流入。很明显，那巨大的裂缝、从未有人踏入过的巨大峡谷，如今就在他们前方了。而当时，人们对它只有模糊的概念。此前的一切障碍和困难不值得一提，而眼前则越来越举步维艰。

鲍威尔在日记中写道：

> ……巨大的河流如今看来变得微不足道，它那愤怒的浪花冲击着直入天际的峭壁和悬崖；它们只不过是微弱的涟漪，而我们则宛若小矮人，时而奔走于沙间，时而迷失于石林之中。
>
> 前方的距离尚不清楚，还有一条未知的河流等待我们去探索。我们不知道还会出现怎样的瀑布，怎样的岩石和山壁。啊！我们也许都能够征服。大家仍然愉快地交谈着，今天早上大家都自在地说笑；但在我眼里，一切欢乐都显得阴郁，连玩笑也染上了恐怖的色调。

① 1927 年，一个名叫克莱德 · 埃迪（Clyde Eddy）的得克萨斯州探险者成功拍下了这处激流。

远征队来到地下深处，开始进入没日没夜的昏黑之中。再也没有格伦峡谷那软而斑斓、化石众多的砂岩，甚至没有像上方湍急的激流两岸那如镜面般光洁的大理石。河流深深嵌入地下，“插入”我们今天熟知的原岩，进入北美洲古老的“地下室”。

水流磕磕碰碰，穿梭在岩石之间。这些岩石中没有蕴藏化石，只有锋利的晶体，很坚硬，没有生命迹象，呈深色，它们隐藏在 1600 米高的悬崖中。这里暗无天日。一行人因幽闭恐惧而陷入沮丧，他们疲惫不堪，浑身湿透，冷得发抖。科学仪器早已不能使用，太阳和星星也很少看到。远征队当时的位置是今天的亚利桑那州，天气很糟糕，且雨水比预计的多。此时，没有人再想进行任何科学考察了。

不过，仍然有一些相对顺利的时刻。一条小溪为远征队提供了清澈的饮用水，他们也因此得以在溪边的浅滩稍做休息。后来，队员们满怀感激地为这条小溪取名为“光明天使”。花岗岩慢慢消失，随之出现了一个大理石洞穴，远征队点起篝火并扎营。此外，在高高的悬崖峭壁上方，他们还找到了被当地哈瓦苏派印第安人（Havasupai Indians）遗弃的居所，以及一座古老的花园。花园里生长着南瓜，远征队因此得以补充正飞快减少的食粮。

菲利普·拉金（Philip Larkin）有一首诗《初见》（*First Sight*）。这首诗描述的是一只在雪地中新生的羊羔面临的惊奇：在寒冷无情的雪白之中即将出现奇迹般的草地。其中一行写的是“大地的无限惊奇”，在未来的日子里，别有洞天的神奇等待着其他的生物。

鲍威尔和他的同行者一定也有同样的感受。

他们在位于地面以下 1600 米的深处，感到又冷、又湿、又饿。头顶的天空遥不可见，中午有隐约可见的星辰。他们可能不知道，再向上爬一两公里，漆黑就会摇身一变，成为金色、橘色、紫色；黑色熔岩那滴水的堡垒将化为砂岩构成的优美悬崖和山峰，它们层层叠叠，奇妙地进行自我重复，最终形成地球表面最令人惊叹的绝景之一。

尽管在被峡谷"吞入"之前，远征队曾见过附近的景色，但他们绝不可能猜到，在这"水牢"的上方有一个辽阔的锦绣世界，一个真正的奇迹。1908 年，西奥多 · 罗斯福在大峡谷国家公园的命名仪式上，简洁而坚定地说："我们不可能对这里做任何改善……我们所能做的，只有将它留给我们的子孙，以及所有的后来者。"

鲍威尔及其同行者完全无法想象这一切，他们并没有意识到头顶上方这"大地的无限惊奇"。远征队在南缘的悬崖下方无知无觉地经过。仅仅过了数年，便有千万人来到这里，满怀敬畏地眺望。

远征队面对的情形越来越严峻，一天比一天艰难。他们很快又进入了花岗岩地区，激流也变得更加骇人。有一次，他们没有看到任何能安全穿越的水域，也没有河滩能用来运送行李。当鲍威尔攀上悬崖寻找出路时，他被困在一处山岭上。由于残疾，他进退维艰。后来，几名队员艰难地爬上去，将他救了下来，士气和感情严重受挫。这次事件导致后来有 3 个人突然决定放弃前行，他们都是雇来的猎手。

这天"毫无疑问是旅程中最黑暗的一天"。一行人快速地经过下方的激流后，经过彻夜的讨论，那 3 个人决定乘着破旧不堪、有些漏水的"艾玛 · 迪恩"穿过河流到北方去，然后再弃船而行。这样一来，远征队就只剩下两艘船了。

3 个人勇敢而慷慨，决定不带走任何食物，只带两支来复枪和一支猎枪，还有要送的信（其中一封给鲍威尔的妻子），以及为其中一名队员的身在丹佛的姐妹带去一只怀表。短暂的告别仪式过后，3 个人爬上峡谷，到达悬崖顶端。他们计划去找一个据说就在相距不到 120 公里之处的摩门教教徒定居地。

剩下的 6 个人乘着剩余的两艘船顺流漂去。鲍威尔后来写到，他仍能看见那 3 个人，他们正从悬崖顶端朝下张望。由此，不难理解为什么他们会称那条河为塞珀雷申河（Separation，分离）。经过这条河之后，鲍威尔命令队伍停下，以便等那 3 个人能有机会回来。悬崖上仍有他们的身影。队伍似乎开了枪，“邀请”他们下来，但是他们没有下来，翻过悬崖之后便消失了。此后，再也没有人见过那 3 个人。他们未能抵达摩门教教徒定居地，一般认为他们被杀了，也许他们被误认为是不受欢迎的铁路勘探员。

命运开了一个大大的玩笑：远征队离开塞珀雷申峡谷之后仅两天——仅仅两天！考察就顺利地结束了！

在塞珀雷申峡谷下游 9 公里外的地方，有一道拉瓦瀑布（Lava Falls），据说是旅途中最糟糕的部分。离开拉瓦瀑布之后，远征队又经过了几处极其糟乱的急流，其中一处差点儿让一艘船报废。1869 年 8 月 30 日，两艘船与船上的 6 名乘客终于到达低矮的山谷，这里有平静水域，还能望见遥远的地平线。远征队终于逃出了多次被鲍威尔称为“牢狱”的地方，一切都结束了。

文明重新出现，祥和得多：在下游平静的河流中，远征队遇到了一个白人。这个人名叫约瑟夫・阿希（Joseph Asey），讲英文，为人友好和善，是摩门教教徒，当时他与两个儿子和一名印第安向导同行。阿希说，他们已经在河边等待了几个星期。盐湖城的杨百翰（Brigham Young）告诉他们在峡谷后半段的河边等着，看看有没有残骸或者尸体漂流过来。

结果阿希一行人等来的是活生生的、疲惫不堪的、获得胜利的 6 个了不起的幸存者：乔治 · 布拉德利、沃尔特 · 鲍威尔（Walter Powell）、杰克 · 萨姆纳（Jack Sumner）、比利 · 霍金斯（Billy Hawkins）、安德鲁 · 霍尔（Andrew Hall），当然还有此次远征的领队——约翰 · 韦斯利 · 鲍威尔。这个 35 岁的来自什罗普郡（Shropshire）的贫穷流浪牧师的儿子，如今正成为一名真正的国家英雄。

接下来的几个星期是会面、欢迎、狂喜和祝贺，至此，大峡谷之旅真正结束了。他们完成了一切，取得了圆满的成功。

鲍威尔要回到东部去，回到安全、舒适和喜庆的怀抱之中。在那里，他将得到政府的正式邀请，参与整个落基山脉地区官方地质和地理勘察。这次勘察属于 4 次“大勘察”之一，它们共同揭示了这片土地上的未知细节。

1876 年，鲍威尔初次写下“Grand Canyon”（大峡谷）这一名称。他认为，用“Big Canyon”（巨大的峡谷）并不足以表达他曾亲见并穿越的奇迹般的“裂缝”。于是，鲍威尔为它取了这个后来家喻户晓的名字。这个名字将继续在每个讲英文的人口中流传下去，歌颂着大自然的奇迹。

发现黄石的人们

1867 年夏天，费迪南德 · 海登正忙得团团转。他被公认为那个时代最负盛名的野外地质学家。由于他自认为有责任在联邦军队当一名军医，便在刚结束不久的内战期间暂时中断了自己的化石收集和研究工作。但既然战争现在已结束，国家的重建工作也如火如荼地展开，政府便派海登去完成新的任务：先是勘测并探索内布拉斯加地区的平原和荒地，直到它上升为州，能自行管理；然后在西部的剩余地区完成同样的任务，包括达科他州、蒙大拿州、科罗拉多州、新墨西哥州、亚利桑那州、犹他州、爱达荷州等地区。

这是一项极其艰巨的任务。从海登留存下来的大量地图、表格、报告和书籍来看，他以极敏锐的观察力和果断的决策力完成了任务。不过，假如这就是海登事业的巅峰，那么他充其量只会拥有一定的名望，与其他挥舞大锤的探险者没有什么不同，会渐渐地湮没于地质大发现时代的雾霭之中。是的，海登原本很可能会很快被人遗忘。在别人眼中，他是一个难以相处的人：冷漠、没有耐性，还是个好斗的“刺儿头”。海登 59 岁时死于梅毒，这在地质学界很罕见。人们免不了会感到吃惊，对他的崇敬之情也消退一些。

然而，费迪南德·海登今天仍然在史书中牢牢地占据着一席之地，至于个中秘密，只需一个在美国甚至全世界耳熟能详的名词便能揭开：黄石。

海登是第一个受命考察并记录黄石的人。他在遭遇一连串始料未及的状况之后，在那里发现了惊人的奇观。黄石，犹如一首对活跃地质环境的赞歌，空前绝后、宏大壮丽。尽管它泄漏出大量蒸汽，不断震动，时而喷射火焰、泥浆和浓烟，使若干公里之外的人都能感觉到，但在很长一段时间里，它那独一无二的地震、热运动和火山活动完全是秘密，不为世人所知。

地质环境令黄石与众不同，而地理环境则将它隔绝于世。黄石的地形如同梵蒂冈一般，被“高墙”牢牢围住。众多河流起源于这些山峰与湖泊之间，很多人喜欢称其为“世界顶点”。格林河从黄石开始，最终流入科罗拉多河。斯内克河的源头在临近黄石的地区，流入哥伦比亚河。加勒廷河、麦迪逊河与黄石河全从黄石发源，汇聚成密苏里河，再流入密西西比河。这里还有一座双洋高原（Two Oceans Plateau），小溪在此逐渐汇成小河，最终流入太平洋或大西洋。如此看来，黄石山峰的融雪滋养了整个国土。

可惜啊，走过俄勒冈之路的人们都与黄石缘悭一面。前往不远处的河谷建立盐湖城的摩门教先驱者也未能找到它，前往加利福尼亚的移民更是步履匆匆，远远地从它的南侧走过……

即使那些前往蒙大拿采金区的人，或者参加铁路勘探的人，也都在险峻而无从穿越的群山前止步。6 月底，山道上仍然白雪皑皑，人们只得驻足感叹，随后掉头远离前方未知的领地。当时，所有的地图都将黄石标为“未探索地区”或“未知区域”，甚至干脆连提都不提。到 1869 年，这里也许是最后一个仍然迷雾重重的重要地区。

到 1870 年，原本是一片荒野的蒙大拿，开始有人居住了。人们在那儿发现了金矿和银矿，海伦娜等小镇和弗吉尼亚城开始有人定居，居住区的规模也越来越大。随着人们有了闲暇和一定的金钱，加上强烈的好奇心，他们开始在未知区域的角落中四处嗅探。他们也许觉得，最好还是了解一下自己的家园，若是有幸，还能说服东部的铁路贵族让这里通上火车。

这群人都是富人，有银行家、货运公司合伙人、毛皮公司老板、律师和前收税员，他们组成了探索的队伍，为未来的奇迹提供了最初的线索。队伍里的一名将军担任探索队领队和勘探员，由第二骑兵队的一名护卫陪同，还有两名厨师。1870 年夏天，他们出发，沿着黄石河逆流而上，想看看令人生畏的未知区域深处隐藏着何物。在接下来的 6 个星期里，他们看到的一切都让人难以置信。

探险队中有一名来自明尼苏达州的队员，名叫纳撒尼尔·兰福德（Nathaniel Langford）。后来，他成了一名义务治安团成员，守卫着自己投资的蒙大拿采金区，因强悍而臭名昭著。他写下了自己的探险经历。在第二年，也就是1871年，署有“兰福德”名字的两篇文章出现在新办的《斯克里布纳月刊》（*Scribner's Monthly*）初夏刊上。

两篇文章记录下了惊人的奇观：有一处足足有30米高的喷泉，极为规律地喷发，他们将之命名为“老忠实喷泉”（Old Faithful）；还有深不可测的峡谷、巨大的瀑布、沸腾的温泉、野花遍地的芳草地、雪顶火山和巨大的泥池。文章还配上版画，画面上的山峰、瀑布和斜坡全都至为壮丽。

费迪南德·海登刚刚结束内布拉斯加的勘探回到华盛顿，正准备在夏天继续西行，进入落基山脉内布拉斯加的隔壁怀俄明。他在《斯克里布纳月刊》上读到兰福德的文章后，立刻被迷住了。不过，由于那些版画过于浪漫和夸张，海登虽然兴趣盎然，但认为它们很荒唐。然而，他不希望轻易地忽视它们，便咨询了同僚，同僚同样认为兰福德提供的图像纯属幻想。于是，海登做出了一个重要的决定：亲自前往，亲眼看看其中描绘的地形。

1871年，海登决定将队伍带到北部，利用这段勘探的黄金时间去探寻黄石鲜为人知的地质奇观。更重要的是，为了确保能充分记录自己所看到的一切，海登带上了创作《斯克里布纳月刊》中那想象力奇特的版画的画家，其中一位名叫托马斯·莫兰（Thomas Moran）。

时至今日，莫兰被称为美国最伟大的画家和色彩家之一，属于“落基山脉派”大师。1871年，他画下的一切以及海登在旅途中看到的一切，在瑰丽的自然风光画卷中留下了深深的印记！

这次新勘探是一项重任，并且牵涉了许多人，因此在政府内部掀起了不小的波澜。华盛顿同意提供约 4 万美元的资助，这一金额是内布拉斯加勘探资助金额的 8 倍；必要时海登还可以在附近的任何军队要塞调动物资；此外，两条新建的国家铁路的负责人也同意免费将 40 名队员送往犹他州的大本营。

从当年留下来的照片中可以看到，几乎望不到头的马队、骡队、货车、餐车和医护车沿着河谷东行进入黄石，还有健壮的骑兵控制着马或骡子。当时，一队隶属于军队的地形工程师与海登的队伍齐心协力地完成了大部分旅程。有时，这幅景象看上去好像一队大军正在“入侵”黄石一般。

此次征途留下的美丽图像远近闻名，然而，它的初衷却是严谨的科学考察。队伍中有两名地质学家（海登是其中之一），还有两名植物学家、一名动物学家、一名身兼农业统计员的昆虫学家、一名鸟类学家和两名地形学家。他们绘制的地图和撰写的报告均是经典之作。遗憾的是，它们如今正静静地“躺”在政府的档案库中，无人问津。

反而是那些并非科学家的人，捕捉到了此地的奥妙：威廉 · 亨利 · 杰克逊（William Henry Jackson）拍下了前所未见的摄影作品，托马斯 · 莫兰创作出极具激情的画作（所有见过画作的人们都为这些作品所震撼）。

映入人们眼帘的究竟是怎样的美景？地质变迁有何等摧枯拉朽的力量？在勘探队沿黄石河朝南溯流而上的同时，一切便在他们眼前展开了。正如兰福德所写的一样，那里确实存在着从地底冒出来的泥浆湖。一些悬崖上缀有带状石灰岩，仿佛被某种有着神秘力量的钳子夹成了宛如手风琴的褶皱；在几乎垂直的陡壁上，砂岩和石英岩交错，如同伸向空中的数百米阶梯一般。

探索者们从某处悬崖顶向下望去，看到了一座巨型山丘，山丘上的沸水“呲呲”作响，从顶端不断流出。然而，山丘看上去又像是被冻住了一样，巨大的半圆形山台铺满陶瓷般的明亮物质，仿佛水流在从山侧流下的同时凝固了。关于山丘顶的温泉水，报告中是这样写的：“清澈透明到了极点，人能够清清楚楚地看见山腹内的最深处……那里面有如同珊瑚一样的东西……从纯白色过渡到奶黄色。”那水烫极了，高达71℃，人们用它烹饪，晾凉后也可以饮用。杰克逊还发现，在温泉旁边，他的照相底片干透的时间缩短了一半，“记录”这惊人的景象更方便了。

还有很多不同的景观。由于队伍爬得足够高，因此能看到一直以来掩藏住黄石的山脉背面。从这个制高点，海登看到了处于中心的大湖，称它为“嵌在林立的高山中央的宝石”。下山走到湖边，景色变得更为摄人心魄，正如海登所称，“辽阔而沉静的水面，呈纯净柔和的湛蓝色，这是我见过的最美的景色之一”。

很快，勘探队听见一种声音，如同远雷的咆哮，足以与眼见的壮丽奇观媲美。随着勘探队稳健地跨过河岸的草地并沿着河岸前行，这种声音越来越响，直到他们见证了此次征途的高潮——一直向西的河水毫无预警地急转向南。与此同时，河流忽然冲过峡谷宽阔的边缘，倾泻而下，缓冲一次后，又再一次，冲向一两百米之下那片闪闪发亮的湖中。

流水的咆哮声充斥在空气中，雪白的激流、飞沫和巨浪如此壮丽，震慑了勘探队一行人和他们的马匹，也彻底迷住了摄影师和画家，尤其是画家。莫兰大为感叹：一年前他为《斯克里布纳月刊》绘制的那些幻想版画远不及眼前这惊人的景色壮观。海登作为一名地质学家则更加难以描绘这情景了，不过他还是尽了全力：

> 几近垂直的峭壁，在河水的两侧略微倾斜，从河流的顶点看去，它如同一根银线穿过岩床；两岸斑斓的颜色交相辉映：黄、红、褐、白，全部交织在一起；峭壁两侧伸出的每块岩石都有着变幻莫测的外观和惊人的色彩，任何人类艺术都无法与之相比。

艺术家们便在此处流连多日，他们准备好画架、画笔、油彩和照相机，那些在显像篷里搅动化学药剂的助手也一起全速进行工作。科学家们则快活地记录测量数据，用图表和观测结果填满一页又一页的笔记。但时间不等人。他们抵达湖岸时是 7 月下旬，清晨的空气中已透出了一丝凉意。勘探者乘着一艘小船，绘制了湖泊地图，探测了约 90 米的深度，记录下鱼类和鸟类生态，还有线虫和百合花。然后，他们继续行程，朝西而去，到达爱达荷，再到犹他的大本营。

就是在这里，他们脚下的岩浆源开始展现全部威力。泥浆池放肆地打着嗝、冒着泡，地缝中冒出来的蒸汽让整个地带看上去像工业区一般，跟宾夕法尼亚州俄亥俄河边的工厂别无二致。裂缝越来越多、越来越宽，在河谷的尽头，有一个比其他地方都要大得多的喷泉。喷泉从中间一层薄薄的、满是化学物质的泥浆中喷射出一股沸水和蒸汽，足足有 30 米高，它的规律性与兰福德之前观察到的一模一样。正因此，它才有了“老忠实喷泉”这个如此恰当的名字。

这里便是旅程的高潮。人们朝西跋涉时，不止在一个夜晚被频繁的小地震惊醒。这些地震仿佛在向他们作别，并提醒他们：嗨，伙伴们，所有这些惊人的景色很可能是剧烈的地震创造出来的艺术成果。早晨河面上开始结冰，白昼也越来越短。勘探队必须加快脚步，离开这海拔 1000 多米的高地，回到铁路的终点站，以便把人、装备、报告、照片底片和画作统统安全地带回东部。他们必须发表这一切，让整个国家知道他们亲眼所见、亲耳所闻、亲身所感的奇迹。

在后来的岁月里，海登总是喜欢对任何愿意听他说话的人讲述，将黄石开发为国家公园一事，全是他一人促成。然而事实上，这一功劳应该归于一个鲜有人记得的共和党众议员：威廉·凯利（William Kelley）。在海登前往黄石的同年晚些时候，凯利写道："让国会通过一项法案，将大喷泉盆地作为公共公园永久地保存下来。"

这一计划同样受到了前一年兰福德在《斯克里布纳月刊》中提到的那次探险中的队员的热心支持。可以很公正地说，早在海登探索之前，人们对于做出特殊努力保护黄石的奇特地震生态环境就充满热情了。不过，海登的支持仍很有必要。他最初的报告为纷乱的大众报道增添了权威性，议员们因此纷纷传阅。人们仔细研究了莫兰那天才的水彩画作和杰克逊惊人的摄影作品。这些作品显然打消了一些议员原本的犹疑。海登所服务的美国内政部表示同意该计划，并表示对监管这一新区域感到十分高兴。后来，国会通过法案，两议院的投票也一致同意：1872 年 3 月 1 日，经尤利西斯·格兰特总统签署，《黄石国家公园法案》生效。

一个月之后，托马斯·莫兰完成了他的巨幅画作《黄石大峡谷》（*Grand Canyon of the Yellow Stone*）。该画作长约 4.3 米，宽约 2.4 米。国会将其买下，悬挂在国会大厦的大厅中。它是当时挂在那里的画作中最大的一幅，在许多艺术评论家看来，这幅画作是最优秀的杰作。它还作为 1916 年成立的国家公园管理局的象征，曾被悬挂在内政部入口大厅。国家公园管理局的任务是管理及保护所有珍贵的自然遗产，黄石公园是第一处，在许多人眼中也是最美的一处。后来，为了让更多人一睹名作，内政部将这幅画借给了史密森学会[①]。多年以来，已有数百万人欣赏过这幅画。

这个故事还有一个美好的结局。通过《黄石国家公园法案》的国会很快向费迪南德 · 海登和他的勘探工作拨款 7.5 万美元。国会认定，由于海登为国家创造出许多价值，以后他能够在官方的支持下继续其工作。对于为科学发现做出努力的价值，海登的黄石勘探之旅提供了最好的答案。

钻石骗局

1872 年年初，两个外表古怪的男人“闯入”旧金山城区的一家银行，展开一出经典的“狂野西部”巧舌如簧的戏码。当接踵而来的怪事全部告一段落，同年秋天，往东 1600 公里处，在联合太平洋铁路沿线的一座孤零零的车站，有一个聪明人揭穿了这一骗局，因此立刻成了英雄，这个人就是克拉伦斯·金。克拉伦斯·金时年 30 岁，先后在耶鲁大学和哈佛大学接受教育，是一名地质学家兼登山家。不久，他被聘为美国地质调查局首任局长。

克拉伦斯 · 金本人不乏英雄气概，在东海岸社交圈中交游广泛，是一位善于交际、勇敢无畏的探险家。其中，他最亲密的好友是亨利 · 亚当斯（Henry Adams）[②]。与克拉伦斯 · 金在落基山脉度过一个登山假期之后，亚当斯这样描述道：“身体活力、社会地位、精神广度、思维训练、智慧、亲切感与科学思想在克拉伦斯 · 金身上完美融合，让他显得强大而令人难以抗拒。”

---

① 由英国科学家詹姆斯 · 史密森（James Smithson）遗赠捐款，于 1846 年创建于美国首都华盛顿，是一家半官方性质的博物馆机构。——编者注

② 著名小说家、历史学家，以自传《亨利 · 亚当斯的教育》获得普利策传记奖。——编者注

在那些令克拉伦斯·金扬名于科学圈之外的事件发生之前，他已经有了许多佳绩。22岁那年，他作为志愿地质学家参与了1864年的加利福尼亚"大勘察"。他骑马和乘马车与先驱队伍一起穿越国土，从密苏里河上的圣约瑟夫（Saint Joseph）到达内华达山脉，之后乘轮船沿着萨克拉门托河到达海岸边。与所有拓荒者一样，克拉伦斯·金见过那些著名的景色：南面山口、盐湖城和大盆地。

克拉伦斯·金抵达加利福尼亚后不久，考察队领队就发现他是一个有才华和韧性的年轻人，便立刻雇用他为地质学家，不过最初没有薪酬。在艰苦的旅程之后，他写到，这一决定让他再次成了"雷神之锤的后裔"。

克拉伦斯·金是一个果断的人，同行者难以跟上他的精力和干劲。他很快便攻克了高山，令上级感到又惊又喜。他完成首次攀登，并为山峰命名，他绘制的极其精确的地图足以让几代人使用。同时，他快活而又充满激情。

在加利福尼亚度过了一段严苛的学徒生活后，1866年，克拉伦斯·金回到了东部。如今既然已经完全了解了野外勘探的收益，虽然年纪尚轻，他还是制订了一个雄心勃勃的计划：考察跨大陆铁路沿线正在发展的代表性地区。1867年，美国政府突然决定要认真盘点国土资源，并决定为此进行"大勘察"。立法者与克拉伦斯·金可谓英雄所见略同：这样的勘察一定很值得。

在安德鲁·约翰逊（Andrew Johnson）总统签署法案的5天后，克拉伦斯·金被任命为主要地质学家，负责全部勘察中最具野心的一次——北纬40°地质探索。这次探索将由军队指挥，需要在7年内完成。用亨利·亚当斯的话说，它将成为"本世纪经典的科学成就之一"。

尽管克拉伦斯·金是当代最勇敢的冒险家之一，但如此年轻就被委以领袖之责，还是在华盛顿掀起了轩然大波。战争部长埃德温·斯坦顿（Edwin Stanton）将克拉伦斯·金拉到一边，对他说："金先生，您还是尽早离开华盛顿为好。您太年轻了，护不住的，有4名少将正觊觎您这个位置呢。"

带上政府承诺的10万美元，克拉伦斯·金及时出了城，去完成至少需时3年的任务。当时，世界各地最优秀的地质学家都热切盼望加入他的团队。尽管当时克拉伦斯·金才20多岁，他的智慧和个人魅力却总能在科学界激发出最明亮的火花。组好考察队之后，他便雷厉风行地开始工作。35人的队伍途经巴拿马抵达加利福尼亚州，之后穿过内华达山脉的通道。1867年夏天，他们开始在内华达州野外勘探。在接下来的一年中，他们沿着正不断扩张的铁路沿线周围的辽阔区域，在温尼马卡（Winnemucca）和夏延之间1600公里的路途上，悉心勘察和收集。

克拉伦斯·金在野外的发现不胜枚举。他和队员们绘制了无数地图；那些厚重的报告册以皮革装订，4开大小，其中绘制了许多精美细致的插图，近年来在收藏界变得十分抢手。不过，克拉伦斯·金的荣誉主要归于1872年发生的事。当时，他的工作正进入第5年。漫长的野外勘察即将结束，他与勘察队正处在落基山脉另一头的北美大平原的空旷之地。正是在这里，克拉伦斯·金第一次听说后来被称作"钻石大骗局"的事件，随后他成功地揭穿了这一骗局，几乎在一夜之间成为最著名的英雄地质学家之一。

诈骗事件在当年2月初露端倪。前述的两个不修边幅的男人带着一只鼓鼓囊囊的帆布包，来到旧金山城区加利福尼亚银行的办公室。他们声称自己是采矿者，要将这包东西放入保险库。出纳员要求查看包里的东西，结果看到的是成百上千颗未经切割的宝石，假如是真货则价值连城。出纳员立刻联系了银行创立者——行事高调的威廉·罗尔斯顿（William Ralston）。罗尔斯顿一定对此感兴趣，因为他正是从内华达州的银矿发家的。罗尔斯顿匆匆一瞥，认为这些东西相当不得了，希望知道更多的细节。

两名来访者自称菲利普·阿诺德（Philip Arnold）和约翰·斯莱克（John Slack），并表示他们是表亲，是来自肯塔基州的采矿者。他们看上去似乎吓坏了，一开始几乎不说话。但在迷人的罗尔斯顿不断地“施加压力”之下，两人泄露了一些细节：很长一段时间以来，他俩一直在离旧金山有一段距离的山区中搜索，但没有发现；后果他们偶然间发现了一座山，山上散落着许多珍贵的宝石，主要是红宝石、石榴石和其他彩色宝石，偶尔有钻石。

来访者说，珠宝数目极为庞大。在山上随便踢一脚，藏在其中的珠宝就会显露出来。阿诺德和斯莱克带去银行的包裹中仅有十分之一，剩下的还留在那儿，有人看守。看到罗尔斯顿完全被吸引住了，两人继续说，他们确信那儿还有大量的宝物，他们只是把用骡子能驮出来的量带走了。

两人拒绝透露宝石是在哪里找到的，但勉强答应带两名钻石专家到现场去，前提是蒙住双眼。两个星期之后，队伍归来，他们宣称找到的宝石比先前预想的还多。钻石从泥土中露出来，夹在岩石缝和干涸的河床中，闪闪发光。他们带回第二只包裹，与之前的差不多大小，与第一包并排放在罗尔斯顿的保险库中。这些宝石估价高达 25 万美元，在 1872 年这是一笔巨款。

很快，罗尔斯顿开始了行动。他组建了一家公司，取了个恰如其分的浮夸名字：旧金山与纽约采矿商业公司。他说服 25 位商业精英，每人投资 8 万美元，以获取估值为 1000 万美元的资本。消息一经传出，所有人都疯狂了。钻石梦如同一场森林大火，烧遍了旧金山的富人们。到夏天结束的时候，又有 25 家新公司成立了，总资本达 2.5 亿美元。

接着，罗尔斯顿又将一群良莠不齐的人拉了进来，包括一名曾在选举中败于林肯的律师，他就是当时的参议会议员兼探险者阿斯伯里·哈彭丁（Asbury Harpending）。此人后来写了一本书记录这件事，大部分内容都有些夸夸其谈。

罗尔斯顿让他的两名律师带上宝石样本去纽约，拜访当时最大的珠宝商查尔斯·蒂芙尼（Charles Tiffany），请示其意见。蒂芙尼的回应是：宝石全部是真的，价值连城；他所见到的小块样本至少值 15 万美元，如果还有更多，价值可能以百万美元计。

然而，有了蒂芙尼的保证还不够。为了一劳永逸地让未来投资者放心，罗尔斯顿又聘请了全美最好的采矿工程师，请他们进行高风险采矿业所需的所有调查并宣布其价值（毕竟许多人都曾在地质特征可疑的矿场赌博中买过教训）。其中一位工程师名叫亨利·贾宁（Henry Janin），在其职业生涯中已检查过超过 600 处矿场，没有出过差错。

贾宁在阿诺德和斯莱克的陪同下前往那神秘的场所。他们乘火车前往，车窗上的窗帘拉得紧紧的。经过一天半的行程，他们下了火车。离开铁路时，贾宁老老实实地戴上了眼罩，之后坐在骡子上，在炽烈的阳光下又走了两天。在受尽折腾之后，他们终于抵达了矿场。

钻石场位于一座不同寻常的圆锥形山峰北侧，在矮小树丛当中凸起的雄峰相当显眼。贾宁花了差不多 24 小时，走过了宝石满缀的山坡，最后宣布“一切都是真的”。贾宁向公司和资助者提供的专业意见是，他们将获得大量财富。而贾宁本人由于提供意见而获得的酬劳为 1000 股，加上 2500 美元现金，他也将变得非常富裕。

一听到这个消息，数以百计的人开始吵着要入股。旧金山与纽约采矿商业公司拒绝了高达 20 万美元的“应许之地”的购买价格。在数千公里之外的伦敦，尊贵的罗斯柴尔德勋爵也屈服于这一狂热，要求他在美国的代理直接将公司买下来。罗尔斯顿抗拒这一行为，但他接受了罗斯柴尔德勋爵入股。旧金山与纽约采矿商业公司对未来满怀信心，罗尔斯顿在市中心的知名大楼租了一间崭新的豪华办公室，并聘请 20 多名职员从事越来越复杂的商业事务。

而在此时，由于不适应会议室的午餐和公文包，阿诺德和斯莱克突然声称思念过去那没滋没味的日子，渴望带着骡子和地图去干体力活。他们决定兑现并退出。阿诺德和斯莱克留下了关于如何抵达神秘钻石场的秘密指南，之后通过协商，他们在新公司拥有的权益价格为每人 30 万美元。之后，两人带走了全部的现金，走之前还做了关于未来全部利益分配比例的指示。

事实上，最后这些指示完全是骗子“艺高人胆大”，因为根本不会产生效益，也没有什么公司。

克拉伦斯·金听说这个故事之后，察觉到其中存在的可疑之处。依他之见，这些所谓的钻石矿极度荒唐，因为根据最简单的地质学知识可知，只可能钻石出现在一处，蓝宝石在另一处，红宝石在第三处。不可能全部集中在一处（虽然在地质学上这并非完全不可能，但可能性极小）。

如果这个依据还不够的话，还有另一点：钻石场所在的方位同样十分可疑。很多人怀疑钻石场在亚利桑那州，然而克拉伦斯·金认为，前往亚利桑那州的任何地点都不可能需要乘坐 36 小时火车，还要骑两天的骡子。要找到钻石场的所在地，必须要询问最后一次陪同矿工前往钻石场的人，也就是那个所谓的采矿工程师——亨利·贾宁。克拉伦斯·金前往旧金山拜会此人，两人在一家餐厅见面了。克拉伦斯·金要求贾宁回答两个简单的问题：旅途中的天气如何？骑骡子的时候，贾宁认为自己前往哪个方向？

贾宁说，从阿诺德和斯莱克的谈话中，以及他透过眼罩感受到的一点光线来看，他认为他们基本上是在往南方走：天气十分炎热，他骑在骡子上感到极其痛苦。整趟旅程如同炼狱一般，他既口渴又疲惫，几乎无力支撑。

经典的福尔摩斯时刻即将出现。克拉伦斯 · 金十分清楚，唯一存在的沿着铁路走 36 小时的路线通往旧金山的东侧，比盐湖城还远。而贾宁通过的时候，盐湖城、犹他州及内华达州正下着大暴雨。只有当他们到更远的东侧，来到怀俄明州落基山脉的雨影区，雨才会停下来。贾宁说自己在温暖而干燥的地方开始骑骡子，那么他当时一定是在山脉的东侧靠近夏延镇，并从那里再往南走。

克拉伦斯 · 金乘上火车，前往夏延镇，当时他正好在为此地绘制地图。事实上，他对贾宁所说的“圆锥形小山”感到有点熟悉：很可能他的考察队已经遇到过它，甚至已经记录在地图上了。克拉伦斯 · 金怀着乐观的信念，和老朋友兼同学、当时已是勘探团队主要地形学家的詹姆斯·加迪纳（James Gardiner），一道往东边走去。36 小时后，两人来到了怀俄明州的罗林斯普林斯车站。仅几公里之外，就是鲍威尔初次前往大峡谷的出发点，即格林河上的那座桥。

线索越来越多。克拉伦斯 · 金和加迪纳向火车上的乘务员打听了许多看似无关紧要的问题，显然他们的方向是对的。两人以 24 公里为半径开始琢磨钻石场的位置。在车站听到的消息减少了他们的疑虑：几个星期前一小队骑马的人才来过，之后在炎热的天气中匆匆南去。由此看来，贾宁关于蒙眼旅途的回忆似乎没有差错。

但当时已经是 10 月了，天气寒冷。克拉伦斯·金、加迪纳与 4 名帮手组成的小队伍骑在马背上，带着扎营的工具、筛子和用于铲雪的长柄铲出发了。他们身穿几件法兰绒衬衣，戴着长长的羊毛围巾。他们注意到，每次蹚过一条结冰的河，冰粒就粘在马腿上，发出清脆的声音。伴随着猎猎寒风，经过 6 天沉郁的马上旅程，雪融化了一些，也可能是被吹走了。追踪者们看到了显然是新近才留下的马蹄踪迹，而在他们面前，一座山丘出现了，它看上去像一个矮小的圆锥。

追踪者们还看见一块简陋木牌被钉在树上，木牌上的文字声明了附近小河河水的所有权，有亨利·贾宁的签字。这里就是克拉伦斯·金推算出来的钻石场的可能地点。

不一会儿，追踪者们沿着锥形山丘下的山脊行走时，看到了一颗红宝石。大约一小时后，他们一共找到几十颗红宝石。那天夜里，他们又发现了 3 颗钻石。第二天早上，克拉伦斯·金一共发现了 42 颗宝石，不过几乎没有钻石。还有紫水晶、尖晶石和石榴石，事实上，这些矿物共同出现的概率与之前引起克拉伦斯·金怀疑的蓝宝石、红宝石和钻石共同出现的概率一样低。后来，克拉伦斯·金在一小块岩石上发现了一颗钻石，心中顿感疑惑：在钻石形成的漫长年月中，科罗拉多已经历了无数的狂风暴雪，这颗钻石怎么可能一直摇摇欲坠地待在这里呢？

有一则杜撰的故事说，队伍中的一名德国采矿工程师在地上找到了一颗经过切割的钻石，揭开了他们的疑惑：“金先生，你瞧！这座钻石矿似乎不仅生产钻石，还负责切割呢！”

其实，队伍中没有德国人，他们也没有找到经过切割的钻石，而是相当平静地进行了最终的确认。一行人注意到，山脊上几乎每座蚁丘底端都有一些小孔，约 20 厘米深，似乎是用棍子捅入柔软的土地形成的。而在每个小孔底端，均有一颗由钻孔的人放进去的宝石。

呵呵，终于水落石出了：整件事就是一个骗局、一场诈骗。用矿业的俗语来说，这座矿被人“做过手脚”，有人巧妙地放置了廉价宝石，以期有人投资，猛赚一笔。

阿诺德和斯莱克正在潜逃，他们的兜里装着 60 万美元。

数月前，他们在伦敦和阿姆斯特丹批购了这些原石。当时他们投资了 2.5 万美元，从欧洲不知情的宝石切割工与宝石商那里购买了几百颗边角料和废料，然后将这些各色各样的“宝石”塞入科罗拉多州与怀俄明州边界多风的沙漠和蚁丘底部，等待它们慢慢重见天日。

查尔斯 · 蒂芙尼将宝石废料当作宝贝一事被传得街知巷闻，后来他勉强修复了自己受损的声誉。阿斯伯里 · 哈彭丁打了一场诽谤官司，还了自身清白。亨利 · 贾宁听到风声，在骗局揭穿之前以 4 万美元卖出自己的持股，并与克拉伦斯 · 金缔结了一生的友谊。威廉 · 罗尔斯顿则将投资者的钱都退了回去，并将所有股权证压在玻璃板下面，以此警示自己日后要谨慎行事。3 年之后，罗尔斯顿的金融帝国坍塌，他的银行遭到挤兑。第二天，他的尸体漂在了旧金山湾中。

阿诺德在肯塔基州被逮捕并被指控，但他的家乡拒绝引渡，甚至因为这小子敢摸北部奸商的老虎屁股而流露出一丝骄傲。最后，阿诺德承诺退回一半的钱，指控撤销。阿诺德用剩下的钱开了一家银行，却被他的竞争对手一枪打中了肩膀，随后痛苦地死于并发症引起的肺炎。他的表亲斯莱克，则再也没有人见到过。

在余生中，克拉伦斯·金都因高智商和雷打不动的道德原则享受了盛名和好运，这都拜他这次侦探活动所赐。人人为他鼓掌。有份报纸总结得好："幸亏有一个头脑冷静、经过科学教育的人，将调查此事视为自己的义务，并以一种惊人的强大精神和常识完成了任务。由此，旧金山和国家的好名声才得以保存下来。"

成功揭露"钻石骗局"的同时，克拉伦斯·金负责的"大勘察"也圆满结束了。如今 4 次"大勘察"都已完成。在政府事务例行的喧嚣和竞争中，1879 年成立的美国地质调查局为一切画上了句号，如今调查局仍然还在。克拉伦斯·金是第一任局长；鲍威尔是第二任局长。政府之所以任命他们两人，是为了表达对他们的西部经历的敬意。黄石的探索者费迪南德·海登则获得了教授职衔。

1872 年，"大勘察"正式落下帷幕。19 世纪 90 年代，作为先驱体验的关键，边疆终于完整封闭。可以说在 19 世纪最后的 20 多年中，美国各州的地表及地表以下的种种已为人所知，它们已经紧密地联结在一起。

然而，还有一个组成部分亟待完成。

要让缅因州人与亚利桑那州人之间产生同胞之情；或者让纽约州人与俄勒冈州人或亚拉巴马州人能够同心共感；又或者让马萨诸塞州的工厂主将生产的鞋子或纺织物卖给加州或北达科他州的店铺……要实现这一切，就要求人们及其制造的东西能够便捷地从一地到达另一地。为了利用所有收集来的知识以达成目标，当下迫切需要做的，就是想出能够让人真正快速移动的方法，以便让人们及其货物能快速抵达国境内所有能想象到的角落。

这些方法必须靠国民想象，而且一定要比马车队、骑兵队和考察队的简陋方式复杂精妙得多。人们必须规划、发明、测试，然后制作和生产运输工具。同样重要的是，人们需要走的路线——水路、公路、铁路和空中航线，都必须进行识别、建造和改善，以便使它们更实用、更持久、更安全。

· The Men Who United the States ·

对于水路，它们本身就存在：河流显而易见，无须费用。在很长的岁月中，水路是主要的交通方式。然而对于一个极速发展的新兴国家而言，再庞大的水域网都不够。河流不够多，不够完整，也不够方便。人们必须为自己开挖新的河流，以便将全国的水路联系起来。事实上，人们的确这样做了。

THE MEN WHO UNITED THE STATES

第三章

润泽之水：破局者连贯西东

让我远离这密西西比，
让我远离白人工头；
让我看看那梦幻的约旦河，
那是我渴望渡过的地方。

老人河啊，
那条老人河啊，
它一定知道什么，
但是什么都不讲，
它只是一直流淌，
一直流淌。

——《画舫璇宫》(*Show Boat*)，奥斯卡·汉默斯坦（Oscar Hammerstein）

……这些大运河将使得我们之间的纽带变得更牢固、更多样，从圣路易斯、堪萨斯、圣保罗创造出新的密西西比河，通往纽约和波士顿。人们常说，表现方式各异的贸易联系单独看来微不足道，但结合在一起则坚不可摧。它们带来了共同的目标，共同的利益、智慧、情感、国家自豪感和社会责任感，还有团结人民和维系国家必不可少的相似的人口特征。这些运河连接东西部之后，将带来巨大的力量，任何狭隘的地域情感都无法摧毁它。

——《全美船舶运河公约》，1863 年，芝加哥

全新的造物：运河

最早一批勇敢抵达美洲大陆海岸的欧洲人，有挪威人、西班牙人、葡萄牙人、法国人和英国人，以及佛罗伦萨人、巴斯克人，由于长时间的航行，他们疲惫不堪，需要花很长时间进行休整。

拓荒的基本事务搞得他们忙乱而恐惧不安：建造房屋和栅栏、播种和种植作物、制订狩猎契约、与当地充满敌意的原住民打交道等，一切都极其复杂，费时费力，而且过程微妙且充满危险。因此，这些欧洲人并没有在第一时间探索离海岸较远的乡下，这也在情理之中。

1520年，情况开始有了转变。来自托莱多（Toledo）的一队水手上路了，他们的目的地是今属北卡罗来纳州的海岸低地森林。1535 年，法国探险家雅克·卡蒂埃（Jacques Cartier）探索了今属加拿大魁北克省的内陆地区。又过了半个世纪，英国探险家兼航海家亨利·哈得孙（Henry Hudson）进入了纽约州。这些探索者以及其他同样决心要将定居地扩展到内陆的人，偶尔可能会采取步行的方式。不过总体上来说，他们利用了大自然提供的最合理的通道：水路。他们沿着北美洲的河流航行。

尽管纬度、天气、野生动植物或当地居民的脾性可能有所差别，但几乎所有此类探险都有相似的规律。这些欧洲人制作了独木舟后，将必需品放在上面，然后与留在栅栏内部的人挥泪告别。在接下来的几天或几个星期中，他们谨慎地划船，沿河溯流而上，时不时停下来做做笔记、画画插图，或者小心翼翼地探索不同溪流中的动植物。

稍微出现异常状况，他们都不得不停下来，比如突然遇到瀑布、激流、巨石或急转弯，河流就会无法通航。这些探险家碰到的状况在大多数河流虽然都会出现，但在北美洲尤为频繁，而每一处此类状况对他们所探索的土地上的人文地理学内容都有着独特的影响。他们开始建立村庄，后来是城镇，甚至城市，不过都是在不得不停船的地方建立的，而这些都保留到了今天。也因此，这些乘独木舟的探险家将美名或恶名流传了下来。

不过，其中有一个人的出名理由与众不同。他高高的个子，直来直去，满脸胡子，颇有英雄气概，另外还爱捣乱，且十分有创意。这个人就是约翰·史密斯（John Smith）船长。地理学家对史密斯的了解源于他为自己将要探索和绘制地图的土地取名为“新英格兰”。不过，史密斯最有名的，还是在他担任弗吉尼亚州的领袖期间发生的传奇故事。

欧洲多姿多彩的经历令史密斯成了一个硬汉，他对北美洲探险有充分的把握：他曾经被俘虏，另外还做过短期的海盗。1607 年，史密斯登上了前往弗吉尼亚的船，但由于他实在太热衷于添乱，船长下令将他处死。就在他差点儿被处死的时候，一名船员打开了密封命令：派史密斯前来的商人原计划让他担任詹姆斯敦（Jamestown）殖民地的领袖之一。

1608年年初，史密斯绕辽阔的切萨皮克湾（Chesapeake Bay）航行了一周，之后遇到印第安人，随后被弗吉尼亚州的一名酋长抓住，差点儿被人按仪式棍杀，多亏了酋长的女儿以死求情救了他。酋长的女儿是一位十几岁的美丽少女，大家都叫她马托阿卡（Matoaka）。

马托阿卡正是波卡洪塔斯（Pocahontas）。她靠随机应变救了史密斯的命，而她自己从此便开始了一系列华丽的冒险，成了传奇故事的主角。一代又一代的小说家、历史学家和电影制作者被波卡洪塔斯的故事深深迷住。后来，波卡洪塔斯被英国殖民者抓住。她信了基督教，放弃了印第安人的生活方式，并与一个名叫约翰·罗尔夫（John Rolfe）的种植烟草的英国人结婚。他们生了一个孩子，搬到伦敦。在此期间，波卡洪塔斯和史密斯曾见过一面。一年后，他们又出发，计划回到弗吉尼亚……但是乘船到泰晤士河口时，波卡洪塔斯病倒了，随后去世，被葬在格雷夫森德（Gravesend）。圣乔治教堂为她建造了一座真人大小的雕像。

对于在历史和国家统一方面的实际意义，约翰·史密斯与波卡洪塔斯的史诗并无直接关系，他的主要贡献在于三次探险。第一次就是几乎被棍杀那一次，被释放后又进行了两次。在探险过程中，史密斯一直沿着向东的河流行进，短距离地进入过内陆地区。

其中一次尝试发生在1607年夏天。当时，史密斯刚从伦敦抵达北美洲不久，他正沿着詹姆斯河溯流而上。当时伦敦公司正做最后的努力，想要寻找金矿，寻找所谓的失落的殖民地罗阿诺克（Roanoke），同时也在寻找令当时所有探险家着迷的、传说中通往中国的水路。对此，史密斯什么也没有找到，不过他有其他的发现。而对于自己发现的东西的重要性，史密斯一开始并没有察觉。

沿着詹姆斯河向上游行进时，史密斯来到一个地点，从这儿能够看到西方远处的平原上方升起的一排淡蓝色的山影。此后不久，他发现自己已经无法再往前了，因为河流静静地停了下来，不再向前流淌，而是化为瀑布、激流和浅滩。今天的里士满市大体上就坐落在史密斯当时不得不停下来，掉转船头往回航行的地方。

史密斯至少在另外 3 条河中又进行了探索。由于往西推进的进度停滞，他变得很烦躁，于是他回到切萨皮克湾，按顺时针方向绕着它走，逐条进入这些最终汇入海洋的河流网：当史密斯沿着波托马克河（Potomac River）往上游去的时候，在如今是华盛顿哥伦比亚特区稍上的位置被激流所阻挡；在拉帕汉诺克河（Rappahannock River），史密斯在如今是弗雷德里克斯堡（Fredericksburg）的地方碰到了瀑布；在萨斯奎汉纳河（Susquehann River）上，他遇到了浅滩和瀑布，如今那里已成为马里兰州的科纳温戈镇（Conowingo），这个小镇的名字在印第安语中意为“激流”。

早在 16 世纪 30 年代，法国探险家雅克 · 卡蒂埃有过与史密斯几乎一模一样的遭遇。他也被出其不意的危险水域阻挡了路途。卡蒂埃沿着圣劳伦斯河向西航行时，被拉欣[①]急流（Lachine Rapids）挡住了。他掉转了船头。后来，决定绕过这一激流的探险家们在此处建立了中转站。营地变成了村庄，后来又演变成如今的蒙特利尔，其背后的地形学因素，与里士满、华盛顿、弗雷德里克斯堡等许多地方一样。

这其中包含一个规律，从十分粗略的地图上就能完全看出来：在北美洲殖民地的这个角落，一条参差不齐的线将一些河流突发剧变的位置连接了起

① 之所以取这个名字，是因为当时卡蒂埃正在寻找中国的路上，他也可能找到了。（La Chine 即法语中的“中国”。——译者注）

来。这种现象一再出现，而它带来的所有困惑和烦恼，最终导致一个工程阶段的开始——地表因而永远地改变了。

今天的地理学家们对这一现象都很熟悉，它就是瀑布线。在东部区域，这条线标志着阿巴拉契亚山脉的硬岩石转变为由泥沙组成的平原——由于侵蚀现象而产生。硬岩石构成陡峭的斜坡，窄小的水流直泻而下，因此无法通航。但当河流到达瀑布线时，会出现一个十分突兀的转折点：一处悬崖，这里成了激流和浪花最后的狂欢之处。随后，河流变得宽阔——平稳而沉静的水面如同出海口一样适宜航行。

当史密斯、卡蒂埃、哈得孙以及后来的逆流探索者们抵达瀑布线时，他们习惯停下来，将货物转移到更适于传送的工具上，然后过夜；或者待上一个星期，去寻找向导、商店、粮食储备。商人们则开始集中在这里为他们提供服务。每到探险季，这里就变得人满为患，城镇逐渐形成。

东部瀑布线所在的城市如今广为人知，如巴尔的摩、华盛顿、里士满、弗雷德里克斯堡、费城。人们可能已经遗忘了背后的地质和河流走向的起源。不过，我们还是能找到一些蛛丝马迹。在每座城市中定会有一座桥，共同跨过一条历史悠久的河流。几百年前，正是这条河将最早的船员带到这里。越过桥栏向下望去，很可能会看到下面快速流动的河水。第一批探索者在这里停留，正是源于河流的流速和“脾性”。

类似的分界线同样影响并困扰着在更远处登陆的英国殖民者。虽然导致分界线形成的地质学原因不尽相同，但地形却是相似的。等到新英格兰的所有定居地建造完成并开始运转之后，殖民者开始探索并向河流上游走去，就与约翰·史密斯在切萨皮克湾所做的一样。

尽管探索者们已被遗忘了，但定居地却被保留了下来，并逐渐发展为城镇。从经济和历史层面讲，意义最重大的可能是哈得孙河与瀑布线相交的地点。当时，受荷兰人所聘进行探险的英国人亨利 · 哈得孙到达这里后不得不停下来，因为他无法再往北去。他在这里短暂停留了一段时间，由此催生了之后成为纽约州首府的城市：奥尔巴尼。而哈得孙的发现还促成了许多其他事物的出现。

如今，人们需要在这些河流附近建造定居地了。而在上游，则屹立着等待被穿越的山脉。不过，在已经意识到另一边会发生什么的情况下，如何完美地完成这一任务，成了 17 世纪晚期人们最关心的课题。

这之后，在这一问题上产生极其重大影响的，就是勇敢者发现了令人敬畏的伟大河流，相比之下，东部的河流看起来就像小溪一般。同样在这一时期，人们开始迫切地需要将所有这些新发现的河流连接起来，令其成为一张巨大的交通、贸易和居住网络。他们想到的办法是，大规模地建造并利用一种在北美洲前所未见的造物：运河。

山那边的河流

令人感到吃惊的是，美国的大河很少有直接汇入海洋的。倒是许多小河直奔大海，如阿巴拉契亚山脉融雪流下来汇成的河流就直接流入大西洋，但这些河流的规模并不大。在 16 世纪发现的许多巨大河流当中，绝大多数河流远离海洋。

从这个简单的地理意义上来看，北美洲大陆的形成与其他地区有明显的区别。例如，大部分欧洲的标志性河流最终流入海洋，以罗讷河与莱茵河为首，还包括泰晤士河、香农河（Shannon River）、多瑙河和塞纳河。亚马孙河也一样，还有刚果河、尼罗河等，它们全部汇入大西洋或地中海。中国的长江流入东海。整片被河水浇灌的南亚地区，从印度河到布拉马普特拉河（Brahmaputra River）再到伊洛瓦底江（Irrawaddy River），它们汇入阿拉伯海或孟加拉湾。俄罗斯的勒拿河、鄂毕河、叶尼塞河、伏尔加河等也直接流入海中。加拿大的圣劳伦斯河与弗雷泽河（Fraser River）也一样。

而在美国境内，所有家喻户晓的大河，如俄亥俄河、田纳西河、密西西比河、密苏里河、科罗拉多河、阿肯色河、斯内克河、普拉特河与哥伦比亚河，只有 3 条河汇入咸水海域。东海岸较短的河流会流入海洋，而内陆的大河大部分不会直接流入海洋，它们仅汇入其他河流。通常这些河流是庞大的支流，又或者是支流的支流，汇入干流之后，才流入海洋。

美国的大河中抵达海洋的数目如此少，以致路过的航海者对不接海的河流毫无概念。尽管这些内陆河十分庞大，同时也极其重要，却在很长一段时间内未被发现。欧洲人最早发现的是 3 条直接流入海洋的河流：科罗拉多河[①]、哥伦比亚河、密西西比河。

密西西比河是其中最早进入人们视野的河流。早在 1513 年，西班牙的地图上已经标示出它的位置；6 年后的 1519 年，很可能是它第一次被正式观察到。又过了 20 年，埃尔南多·德·索托（Hernando de Soto）一路烧杀抢掠穿过北美洲东南部，之后站在如今孟菲斯正南方的一处悬崖上，惊奇地看着百米下这条庞大的棕色河流慢慢流过。这些最早见证美国著名河流的欧洲人，组装了简陋的木驳船，渡过了河。此处的河流几乎有 2.5 公里

① 盼望科罗拉多河汇入海洋像是在做梦。灌渠将水引出，再加上供给洛杉矶和圣迭戈的饮用水，这条河抵达墨西哥的加利福尼亚湾时，基本上只剩下一捧湿沙。

宽，一名西班牙征服者在日记中写道：

> ……如果有个人站在河对岸，此岸的人看不出来那人是男是女。河水极深，水流急促；河水总是掺杂着泥沙；还有许多树木从河上漂过。

另一条被发现的大河是位于2400公里以外的极西部的科罗拉多河。1536年，一名探索加利福尼亚湾的西班牙人在海上发现了它的三角洲。与探索密西西比河一样，对科罗拉多河的首次大型探索也是经由陆路进行的。弗朗西斯科·科罗纳多（Francisco Coronado）从当地印第安人那儿听到关于一条横越沙漠的大河的消息后，便起身前去，看到了大峡谷的下半部分，但不知出于何种原因，科罗纳多在离开时仍不为所动，也许其中部分原因是竞争意识。也许他疑心德·索托会抢先一步在东边穿越更宏伟的密西西比河。这两名伟大的征服者对彼此的了解有多少，一直是个谜：德·索托显然听说过科罗纳多的沙漠之行，但科罗纳多对德·索托了解多少，人们则不清楚。

在今天的俄勒冈州，进入大西洋的第三条大河——哥伦比亚河，则到整整两个多世纪后才被发现。此次的探索者不再是外来人，而是一个土生土长的本国人。

1792年春天，英国皇家海军军官乔治·温哥华驶过哥伦比亚河口；与此同时，另一名叫作罗伯特·格雷（Robert Gray）的毛皮贸易航行者则乘坐一艘叫作“哥伦比亚”号的商船来到此地。在靠近如今西雅图的地方停泊时，温哥华与格雷交流了一番。格雷坚称他见到浑浊的河水从失望角（Cape Disappointment）流入海中，染污了海水。环游世界的温哥华船长则表达了自己的怀疑。后来，格雷不知怎的又掉头去调查温哥华船长所怀疑的河水，最终找到了连绵的沙洲，它们维护着被他认为是河口的地方。格雷乘小船很快就穿过了沙洲，之后通过一条安全通道来到西海岸最重要的河流入海口。

格雷以船的名字为这条河命名，其中一条小小的支流则以他自己的姓氏命名。不久之后，温哥华使用格雷的图表溯流而上，在所有的地方都留下了自己的名字作为纪念。在加拿大和毗邻华盛顿的地方，各有一个城市被称为温哥华。这样的纪念对未能找到这一地区最重要地标的人而言，显得过于隆重了。

让我们再回到东部。17 世纪晚期，英国的探索者们勇敢地越过了瀑布线，他们采用的方式是陆路搬运，因为那时还未建造运河。他们开始攀爬、翻越阿巴拉契亚山脉，并对西部几百公里外的密西西比河的存在产生了十分强烈的意识。

法国人也同样意识到了。这边，英国人还在半试探性地从东部殖民地前沿出发前往密西西比河；那边，法国人已经从五大湖区的据点和定居地迅速上路了。他们的目的并不仅仅只是找到这条河，更重要的是占有它。

成功找到并正式获得它的是路易·若列（Louis Jolliet）与雅克·马凯特（Jacques Marquette）。他们先从休伦湖进入密歇根湖，之后沿着福克斯河（Fox River）溯流而上，越过如今的格林湾所在地；随后他们又穿过一片沼泽地，短途搬运了三公里，并发现了另一条向南流淌的河流：如今的威斯康星河。之后，他们沿着这条美丽的小河顺流而下，仅 110 多公里之后，一条滚滚而流的灰色大河——这个国家最大的一条河，在他们眼前徐徐展开。那天是 1673 年 6 月 17 日。法国探索者们在北部严寒的易洛魁湖畔曾听贸易商人谈到过这条河，如今它庞大的身躯就横亘在眼前。通过河水的流向和力度来判断，这条河终将把航行者一路带往墨西哥湾。

法国探索者们乘着小船，顺着翻腾呼啸的河水向下直行 700 多公里，途经与其他大河的合流——得梅因河（Des Moines River）、密苏里河、俄亥俄河和阿肯色河。突然之间，他们变得紧张起来：担心自己可能会碰到护卫地盘的极度凶悍的西班牙武装侦察兵。他们知道西班牙人已控制了这条河的下游河段，当地印第安人开始向他们报告关于这些人的事情。

于是法国人声明：在与阿肯色河交汇处以北，这条大河与它的分水岭都归新法兰西所有。在路易斯安那购地之前，这一声明一直被广泛接受。有一条河是个例外，即密西西比河东向的最大支流：俄亥俄河。

法国人同样热切地渴望得到这条河，但在若列和马凯特考察后的数十年间，他们在此地遭遇了英国人的坚决抵抗。个中缘由很容易理解：俄亥俄河的分水岭将阿巴拉契亚山脉另一面土地中的水排去，英国人正在那片土地上开始定居，大力开垦。

关于俄亥俄河所有权的巨大争议，在 1749 年达到了顶峰。一位名叫皮耶-约瑟夫·德·塞洛龙·德·布兰维尔（Pierre-Joseph de Céloron de Blainville）的法国海军军官沿着俄亥俄河顺流而行，以一种对欧洲人而言属于传统、但新世界的人则闻所未闻的方式，宣示了对这条河的所有权。在俄亥俄河几条支流合流处的一些显眼的大树下，法国海军军官悄悄地制作了一些特殊的牌子，正式宣布周边领土归法国国王所有。

这些牌子全部以金属制成，长约 30 厘米，宽约 18 厘米。每块牌子上都醒目地刻着一个甚为华丽的名字：罗兰-米歇尔·巴兰，拉·加利索尼埃侯爵（Roland-Michel Barrin, Marquis de La Galissonière）。牌子中间留有空白，用以标注每条被占领的支流的名字。如此铿锵有力的帝国宣言为世人所罕见。牌子上的内容如下：

1749 年，在法国国王路易十五的统治下，新法兰西总督拉·加利索尼埃侯爵派遣分队指挥官塞洛龙，与在此地带的印第安部落重建和平，并于 7 月 29 日将此铅牌埋于俄亥俄河与肖托夸河交汇处靠近俄亥俄河的位置。俄亥俄河又被称为"美丽河"，以示纪念占领俄亥俄河及其全部支流和河岸的土地。这些全部将由法国国王所有，并通过武装与和约予以保卫，和约包括《里斯维克和约》《乌得勒支和约》《艾克斯·拉沙佩勒和约》等。

对于法国人而言，这听起来可能十分中听，但对于阿巴拉契亚山脉另一端的英国殖民者而言，他们则不以为然。通过埋牌子占领土地不仅古怪，而且荒谬。一名后世历史学家曾对此举做过点评，说它十分类似于"在月球上插国旗"。由于这一事件，加之许多其他的原因，当地居住的法国人与英国人之间在一段时期内时常爆发小规模的冲突。

对其他地区而言，这次战争属于规模更大的"七年战争"的一部分。最终英国胜利了，但也为此付出了巨大的代价。1763 年 2 月，《巴黎和约》得以签署，国土边境线及其形状发生了变化，从印度到加勒比海则发生了土地交换。最重要的是，由于法国人在北美洲战败，加拿大最终归英国所有。

同时，这场战争也导致俄亥俄河谷同年正式被割让给英国。法国人本想将阿巴拉契亚山脉以西的新土地留作印第安人保留地，然而它们很快就成了英国的领土，因为许多渴望得到土地的英国拓荒者翻山越岭，在那儿建造了家园。而且，他们又将归属法国所有的土地边界向西推移了几百公里，穿过了密西西比河西岸。为了确保这些最新划定的领土的稳固和完整，英国人随后建立了一系列堡垒，其中第一座堡垒位于莫农格希拉河（Monongahela River）与阿勒格尼河的交界处，也是俄亥俄河的发源地，如今的匹兹堡。

此外，英国的胜利也令一位出生于弗吉尼亚州烟草种植园的 26 岁富家子弟声名鹊起，他就是乔治·华盛顿。他在俄亥俄河谷与法国人的作战中获得了胜利，40 年后华盛顿成为首任美国总统。同时，这一胜利之战对他还有更直接的影响。华盛顿做出了富有远见的决定，充分利用国家的河流，并建造运河，将新发现的辽阔的国土联结起来。

事情的起因是这样的：英格兰国王乔治三世对华盛顿十分感激，于是向华盛顿许下了俄亥俄河流域约 80 平方公里的最好地段的土地，以嘉奖他在战场上的表现。既然英国在俄亥俄分水岭赢得了控制权，华盛顿和他在弗吉尼亚的朋友兼同僚托马斯·杰弗逊灵光一闪，有了主意。为了鼓励人们来此定居，他们也许应该试着建立实质连接：将阿巴拉契亚山脉东部波托马克河与詹姆斯河河谷的定居者与西部新征服的土地上的居住者连接起来。

当然，连接完全可以建造道路，但在华盛顿看来，重新挖一条河流穿过中间的群山，用水路连接不同流域，这种方法更有效、更经济。欧洲曾经有过此类计划，并在商业上取得了相当大的成功，即通过运河连接彼此。

华盛顿获得的土地位于俄亥俄河与卡诺瓦河（Kanawha River）的交界处。后来，他买下了更多的土地，总面积达 240 多平方公里。卡诺瓦河的源头位于阿巴拉契亚山脉西侧，而波托马克河与詹姆斯河的源头均位于山脉的东侧，两者仅相隔 50 多公里。因此，建造运河连接这些河流，似乎十分合理。

美国独立战争结束之后，人们在建造一系列河道的历程上迈出了第一步：绘制出计划图。就这样，河道建造开始了。如今，国土东部与中西部在理论上能够通过 1600 公里的河道相连。乔治·华盛顿是第一个尝试完成此举的人。

梦想家奠定基调

无论是宽广、深邃、被潮水所影响的河流，抑或是冰冷、狭窄、因激流和瀑布而中断的河流，它们在华盛顿的成长过程中一直发挥着核心作用。长大成人之后，华盛顿的其中一次河流考察改变了自己对河流的看法。

华盛顿出生在流入波托马克河的一条小溪旁。他经常在切萨皮克湾的入口钓鱼、游泳。他骑马穿越阿勒格尼山脉，探索詹姆斯河与谢南多厄河（Shenandoah River）上游；又在野地中锻炼了勘察技能，学会了这门行当并获得了牌照，而这最终为他赢得了第一份工作。17 岁时，华盛顿被雇为库尔佩珀县（Culpeper）的测量师。

与法国人作战的过程中，华盛顿对俄亥俄河的流向有了充分的了解，还得到了俄亥俄河与卡诺瓦河交界处的土地。1776 年圣诞夜，华盛顿勇敢地横渡了特拉华河。这对独立战争而言是至关重要的第一步，也是美国历史上最著名的渡河行动之一。

到了 1784 年 9 月，在独立战争结束之后进行的一次航行中，华盛顿坚定了他一生不变的信念：水道对国家的扩张和巩固至关紧要。这时他已从军队退役，而辞去军务一举令世人震惊。华盛顿回到弗吉尼亚州，继续种植烟草。

但华盛顿并未就此沉寂。在俄亥俄河一战中打败法国人的美好回忆，再加上如今他已了解到拓荒者正沿河穿越群山、前往西部的新土地上建造家园，使他也动了踏上前往西部边疆的征途，亲眼看一看边疆的生活的念头。华盛顿计划沿河谷骑马前往由一座小堡垒发展而成的城市——匹兹堡。

一开始，华盛顿沿着波托马克河前行，途经众多小河。当他进入山中之后，森林开始从四周围拢，河流变窄、流速变快，并逐渐变为溪流，之后又变为小溪。到马里兰的极西处，大部分小河连独木舟也无法通行，变为泉水和涓涓细流。

再往前走，决定当地地理的关键出现了：前方一排矮山的对面，华盛顿和他的考察队发现，在一片斜坡上，所有的水流均不再向东流，而是改为向西流。这处山脊成了一个真正的转折点：他们正穿越东部分水岭，进入密西西比河水系，将大西洋盆地抛在了身后。华盛顿一行人进入的地方虽然在当时尚无正式的名称，但其实已经可以算作是“西部”了。

华盛顿一行人还发现了沿山脉向北流的一条河：约克盖尼河（Youghiogheny River）。它是唯一一条发源于马里兰州并流入遥远的密西西比河的河流。马里兰州属于最初的十三州之一，位于东部靠东。

考察队乘小船顺流而下来到一片静水区，发现这里的水域与莫农格希拉河相接。之后，他们又继续顺流而下，来到与阿勒格尼河的合流处，即匹兹堡的所在地。在此处，两条相当宽阔的河流合二为一，汇合成了俄亥俄河，从小小的定居地向下游逐渐展开，最终汇成辽阔的大河并向西南方流去。虽然那里的土地仍然相当空旷，但充满了希望，新的拓荒者已经开始前往。

合流处周围居住着少量的拓荒者，约数百人，但此地造船工的生意却相当兴旺。华盛顿带着考察队沿俄亥俄河往下游行进时，发现这里几乎成了一条高速水路，简直可以称得上拥挤。在匹兹堡新造的船与他们的船并肩而下，船上载着年轻人及其家眷。每条船的船头，总有一个男子站在那儿四处张望，仔细地观察着河流的两岸。偶尔，当看到一处不错的入口或平整的草地、有趣的树木时，男子会兴奋地喊起来，命令将船停到岸边，他自己则跳上去瞧一瞧、翻一翻。

就这样，其中的一些家庭留了下来。路过这里的人能够看见河岸上散布着考察队的旗帜或者其他粗糙的标记，这些均是用于表明土地所有权的。沿着整条河向两岸望去，能看到农场和小村落，不时还能看到小路沿着河岸逐渐消失在树林中。这些路都是人们开垦出来的，踏上征途，人们开始在更远处建造起农场。在俄亥俄河两岸，农场一个接一个建造起来。乔治·华盛顿见证了这一创造性时刻。

平稳地航行了约 320 公里之后，华盛顿一行人抵达了之前由英国国王赠予他的那片土地上。在这里，卡诺瓦河从左侧进入俄亥俄河。华盛顿便命令其他人从宽阔而平缓的俄亥俄河转入卡诺瓦河，继续逆流而上。他们进入深山，记录下河流变窄、流速加快及变为溪流的所在地，最终不得已又走了一段很短的陆路，穿过分水岭，抵达阿勒格尼山脉的高处。在下行的斜坡上，一行人遇到了詹姆斯河湍急的水源。之后，他们又重新向东漂流，穿过弗吉尼亚抵达里士满的瀑布线，由此越过冲积平原回到切萨皮克湾，进入波托马克河，最终回到弗农山庄。

尽管与后来的探索者相比，华盛顿一行人的这趟征途算不上很长，却很不寻常。

在华盛顿看来，在俄亥俄河遇到的那些拓荒者，其实正处于十分危险的位置。他们人很少，且被“包围”了：西边有法国人，南边有西班牙人，北边的加拿大地区则有英国保皇党。如果这些拓荒者无法与东边的同胞紧紧相连，那么他们只能选择让非美国人保护自己了。他们可以与西班牙人进行贸易，将农场收获的农作物沿着密西西比河运往新奥尔良。用这种方式维持生计比将货物搬到东部再往外卖更简单，成本也更低。

于是在 1784 年 10 月 10 日，华盛顿给弗吉尼亚州州长写了一封信，发出警告。他强调，通过个人的观察，他认为西部的拓荒者此时“好像处于一个枢轴上，一片羽毛轻轻一触就可能让他们转向任一方向”。

其中暗含的意义十分明显。这种微弱的力量如果导致拓荒者转向西班牙或者法国，与原本的殖民地为敌，那么华盛顿竭力保护的新生国家就会前景堪忧：国家将会变成一个小小的海岸国家，依附在辽阔大陆的边缘，而大陆本身将由摇摆不定的欧洲人（英国人除外）统治。华盛顿绝对接受不了这样的结果。

华盛顿知道有一样东西，能将这些拓荒者与同胞、市场和机构紧密地捆绑在一起：金钱。换句话说，就是利用商业贸易。

这些拓荒者敢于冒险，充满活力、信念和勇气。他们的本性能让群体也真正伟大起来。他们能选择自己的信仰，采用自己希望的任何政策，选择全然不同的新习俗和新使命。但华盛顿自信地断言，如果这些人能够与美国人而非与其他国家的人交易，且感受到自己在金钱上与祖上密不可分，他们便能够满足于成为联邦的一部分。而在新生的经济联系之下，国家将永久地结合为一体。

然而，拓荒者该如何与东部的人们相连呢？理论上答案只有一个：跨越阻隔的山岭，建立物质上的联结。

当时，道路已经存在：一些坎坷不平的小路沿着山道蜿蜒向前。不过，这些小路对偶尔骑马前来的人来说是个挑战，要想承载装满贸易货物的马车队更是天方夜谭。好在还有几条宽阔的水路，满满的货船能够便捷地在河上通行。唯一的问题是需要将这些水路与西边的河流连接起来。华盛顿和他的同僚从经验中得知，建造运河能够解决这一问题。

于是，华盛顿推行了两套方案。第一套，他成为 1785 年成立的帕托马克公司的老板，负责建造通往坎伯兰（Cumberland）的运河。第二套，几个月之后，华盛顿自封为詹姆斯河流公司的赞助者，旨在建造水路，继而使詹姆斯河与卡诺瓦河和俄亥俄河谷南段相接。如果这两条运河中的任何一条能顺利完工，华盛顿便能获得一箭双雕的效果：既建成了连接起国土的大型基础建设，又能将贸易和繁荣带到他所拥有的土地上。

这两套方案都无果而终。尽管杰弗逊是其中一套方案的早期支持者，仍然于事无补。“自然已判定了波托马克河的胜利，”杰弗逊在写给华盛顿的信中，提及这条河似乎与俄亥俄河相近，“另外……我们应当对它敞开大门。”但好兆头同样无果。一位来自英格兰、名叫威廉·韦斯顿（William Weston）的工程师，监督工程并担任顾问；华盛顿在 1784 年的旅途中结识的一位聪明而古怪的造船工，则在技术方面提供了帮助。但麻烦主要缘于经费：真的是花钱如流水。

仅仅修建了几公里，并在起点乔治镇以北的大瀑布附近造了 5 套水闸之后，人们对这一计划的商业可行性的信心就已经消失殆尽。运河远未能抵达俄亥俄河附近。之后，又经过 17 年的建造，它终于在马里兰州西部抵达了终点。

必须强调的是，华盛顿建造的运河最终确实让船员能从坎伯兰的山镇一直航行到受潮水影响的地区。顺流而下需时约 3 天，而如果将船一直撑到山的另一边，则需要两星期。对任何尚在发展与已发展成熟的社区之间的通路而言，这些小小的船上装载的货物十分典型：往下游航行的船上装的是原材料、面粉、威士忌、烟草和铁矿石；返回的船上装的则是制成品，如枪支、服装和五金器具。

对公司所欠的债而言，向船只征收的那点路费根本就是杯水车薪。1828年，帕托马克公司被切萨皮克与俄亥俄运河公司[①]收购时，共欠债20万美元。此时，华盛顿已经去世两年了，当时大瀑布的水闸仍未完成。华盛顿未能看到任何远景的实现，自然也不知道自己的梦想遭受了挫折。

此外，连接詹姆斯河与卡诺瓦河的运河也落下一个相似的命运。尽管华盛顿热心参与，但该方案还是失败了，资金用完了；加上1812年与英国打仗，战争阻碍了运河的建造；许多技术问题也未能解决。1851年，当该方案被放弃时，运河仅抵达起点里士满以西约240公里的布坎南（Buchanan）的一个山镇，修建者根本不知道如何让运河跨越山峰并进入俄亥俄河谷。

在建造运河这件事上，华盛顿更像一位梦想家而非实干家。对于通过水路将陆地联系起来这一想法，华盛顿的确是第一人，然而他实施的方案却在早期就遭受了失败，更为务实的人们设计并开挖了与他所想的路线截然不同的水路。华盛顿虽有远见，并奠定了基础，但他的梦想却没有实现。最终，国家由离华盛顿的家乡弗吉尼亚州很远的地方为开端的水路连接了起来。

开启“运河时代”

18世纪90年代，一系列运河建造工程开始如火如荼地展开。而在欧洲，建造运河的技术已趋向成熟，这不能不说是历史上的又一个巧合。在英格兰、法国和德国，工程师们已了解到如何挖掘隧道并建造能通航的人工水

① 切萨皮克与俄亥俄运河公司最终建造了自己的运河，长约300公里，直通坎伯兰。运河包含74个水闸和11条高架渠，总共上升约180米。不过，它在建成时几乎已经毫无用途：巴尔的摩和俄亥俄铁路已率先通到了坎伯兰。

路所需的水闸和排水渠。

难怪美国工程师要竭尽全力地学习这些新技术。在开始建造水路之前，他们需要掌握如何更好地测量土地，以确保计划建造的沟渠在远距离的情况下也能保持水平方向。而完成这一任务所需的设备仪器，如水准仪、特殊经纬仪和尤为重要的仰角测量装置回转水准仪，在当时的美国鲜有人知。

工程师必须掌握如何挖掘巨大的沟渠，搬走数以百万吨计的泥土，以及正确运用炸药处理沉重的障碍物，如树干和嵌在土中的岩石；他们还必须学会如何在沟渠底部填塞沙土以防漏水，以及如何以完美的成分比例制造混凝土，使之能够定型且在浸水的情况下维持强度，防止水渗入运河的侧壁。

工程师同样需要知道如何设计并建造恰当的水闸，以便将水拦在闸门中间，将驶往上游或下游的船只抬升或放低。木制闸门需要有足够的强度，以顶住数以吨计的水量；但又要足够轻便，使得路过的船员或水闸看守人及其妻子能轻松操纵。他们还必须知道该如何制造和操作，以便让水流入并流过水闸的阀门、斗门和水库，使船只能在运河穿过的山地中安全通行。

简单地说，为了开启著名的“运河时代”，工程师需要掌握各种知识和技能。当时，英国是运河建造的新中心，于是美国人前往伯明翰、曼彻斯特、格洛斯特、伦敦等地，向居住在那里的伟大的工程师学习。在所有前往英国的访客中，洛米·鲍德温父子（Loammi Baldwins）属于名气最盛者之列。在独立之后的美国所涌现的发明和实用的想象狂潮中，这对父子组成的运河工程师队伍发挥了重要作用。

有人将老洛米·鲍德温称作“美国土木工程之父”。而令人感到困惑的是，有人为他的儿子小鲍德温冠以同样的头衔。老鲍德温是马萨诸塞州一名木匠的儿子，从小对液压机械抱有巨大的热情，于是最初受雇于当地的一家水泵制造公司。不过，老鲍德温命中注定要做更伟大的事。在青年时代的后半段，他听了约翰 · 温思罗普（John winthrop）每周在哈佛大学的演讲，深受启发。温思罗普是一名数学家兼天文学家，也是第一位得到欧洲学界认可的美国知识分子。

老鲍德温从他的居所徒步行走 10 公里到哈佛大学听温思罗普的演讲。通常，与他同行的还有一名学者，即大名鼎鼎的英国发明家本杰明 · 汤普森（Benjamin Thompson）①。不过，独立战争导致许多事情中断了。老鲍德温接受了革命军的少校军衔，他所在的军团与乔治·华盛顿一起穿越特拉华河，并参与了著名的早期战役。

回归日常生活之后，老鲍德温暂时成了一名县区警长。但他很快又拾起对液压机械、物理学和数学的兴趣，而这些都是运河建造必不可少的。与早期的许多其他州一样，马萨诸塞州也曾见证过水运贸易的好处。因此，像老鲍德温这样的人自然要被召去建造巨型设施，而他们也将在未来的岁月中改变国家经济命运以及城市形态和规模。

远在牛津县或巴斯城外，或者在威尔士的河谷深处，由工匠、石匠和木匠合力打造的运河十分壮美，美国的运河无法与之相比。法国南运河那迷人的外观更非美国的运河所能匹敌。打个不恰当的比方，美国运河是由大城市和大公司打造的“工业怪兽”。如今存留下来的运河在外观上毫无改变：今日的运河图景中，充斥着生锈的铁闸、水泥墙壁、油腻腻的液压机关，四周

① 本杰明 · 汤普森在巴伐利亚获得“拉姆福德伯爵”封号后，迷上了热现象和热力学。他发明了更高效的壁炉、滴滤咖啡壶、洋薏米酸啤营养汤、发热内衣以及被称作“火焰雪山”的甜点，并因此留名于世。

均看不见石灰岩别墅、木制闸门和装满紫罗兰的花篮。然而，在大多数情况下，运河的运作倒是极为顺畅，每条运河不仅改变了当地的历史，而且改变了整个国家的地理环境。

关于哪条运河是国家第一条运河，人们一直争论不休。这在很大程度上取决于其定义，而不同运河的支持者则持有不同观点。1792 年建造的位于马萨诸塞州中部的南哈德利运河（South Hadley Canal）便是一个有力的竞争者。它仅有几公里长，被当作绕过康涅狄格河瀑布线的激流。但为了完成这一目的，人们运用了相当复杂的技术。如今，南哈德利斜面已在时光和锈迹中湮没。南哈德利河由一位名叫本杰明·普雷斯科特（Benjamin Prescott）的工程师建造，并无任何可供参考的前身或模板，由此可见，当时的制造者正以飞快的速度掌握制造复杂而庞大的机器。

位于弗吉尼亚州与北卡罗来纳州交界处的迪斯默尔沼泽运河（Dismal Swamp Canal），也是争夺“第一条运河”之名的早期运河之一。这条运河实际上是一条从沼泽中疏通出的通道，由于岸边的州界线上曾建起过一家酒店，因此它曾在短时间内声名大噪。18 世纪，富家子弟在那儿决斗，其中一人站在弗吉尼亚州内，另一人则站在边境线的另一侧，因此他们的罪行在法律上也就变得模糊不清。每当弗吉尼亚州的官员前来“砸场子”，赌客们便一溜烟地跑过酒店大堂，进入北卡罗来纳州境内躲避。

1793 年，桑蒂运河（Santee Canal）动工建造，将南卡罗来纳州的查尔斯顿（Charleston）与内陆深处的哥伦比亚市连接起来，而哥伦比亚市当时刚刚成为首府。这条运河由一名瑞典人设计，建造工程则由奴隶们在夏季充满热浪、昆虫和蛇的恶劣环境中完成。但由于它的建造工艺低劣，且又浅又窄，因此只能承载几吨重的货物。很快，这条运河就荒废了。

桑蒂运河的命运可以视为无数早期运河命运的缩影：为了绕过瀑布而建造的旁道运河以及完整的通航运河，都难逃这一宿命。尽管人们为了“第一条运河”的称号争论不休，事实上，在老洛米·鲍德温及其后继者规划的大运河前都败下阵来，即使由乔治·华盛顿这样的伟大梦想家所构思、规划的运河也不例外。这些运河虽然可看作眼界和雄心的心血工程，也有着极重要的象征意义，但它们从未产生任何效益，仅在概念上（而非实际上）将国土连接起来。

詹姆斯河运河（James River Canal）开工不久，老鲍德温等人便从梦想家和投机者手中接棒，长久以来顽固纠缠着先驱们的失败魔影终于开始消退了。有了专家的参与，水路开始飞快地显现其真正的价值，水路网也逐渐形成。

老鲍德温首先在波士顿附近的一个项目上初试身手。那是一条通航运河，虽然不能带来多少经济上的利益，但它在技术上将成为其他伟大运河工程的榜样。这就是米德尔塞克斯运河（Middlesex Canal），它将梅里马克河（Merrimack River）与波士顿港连接在一起。

老鲍德温在申请成为该项目的设计和建造负责人时曾经踌躇过。他向新成立的米德尔塞克斯公司董事承认：“我的确毫无经验。我确实研习理论多年，并且苦心孤诣地想要掌握建造运河的原则。但到目前为止，我从未见过哪怕有一英尺造得正确的运河。”

不过，老鲍德温还是被雇用了，且很快有了帮手。公司董事同意支付给他 2000 美元，并请来了曾为华盛顿提供技术建议的威廉·韦斯顿。韦斯顿从宾夕法尼亚赶来，将自己从英国学到的经验传授给老鲍德温。这对组合搭配得很好：经过 8 年的建设，米德尔塞克斯运河终于在 1803 年开通。从许多方面来看，这都是一项惊人的成就。这条运河是当时全美最长的运河，并很快助力波士顿成为一个商业城市，且使它暂时成了国家的一大港口。

建造米德尔塞克斯运河的初衷，是为了解决因梅里马克河上一系列急流和瀑布组成的瀑布线导致河流无法通航的问题，而它正好加速了洛厄尔（Lowell）的规划发展，并助后者成为早期的工厂中心城市之一。很快，在梅里马克河和康科德河（Concord River）的交界处，一排排纺织厂开始林立，水动力机器发出低沉的轰鸣。一捆捆棉花从南方运进来，数百万米成品纺织物运出去。这一切都是沿着米德尔塞克斯运河完成的。

这条运河建造得十分完美，也得到了兢兢业业的维护。它有20个水闸、7条高架渠，还有水泥壁，配置了当时十分新奇的浮桥技术。因而，运送货物的船只能在18小时内从洛厄尔到达波士顿，之后，货物便能够出口或者被运送到全美各地。一夜之间，运输费降了下来。从洛厄尔到波士顿的运输费用从8美元降至4美元，到内陆则从13美元降至5美元。工程建设如火如荼地进行，城市也在飞快地发展。尽管如今这里已不复昔日荣光，但仍然是一座拥有几十万人口的重要城市。

此外，还有许多出乎意料之事。19世纪30年代中期，洛厄尔出现了工会组织。来自爱尔兰的工人来到这里，他们在市内和城市周边挖掘水道；成千上万年轻的爱尔兰女性追随他们漂洋过海，与新英格兰贫瘠农场上的难民一起，在工厂永不停歇的机器轰鸣中工作。她们成了被历史所铭记的“洛厄尔工厂女孩”。后来，这些女性决定抗议骇人的恶劣工作环境。她们拥护女性权益，抵制付薪奴隶制。通过罢工、怠工和“按章怠工”（work-to-rule）[①]行动，她们赢得了改革，最终，由于对全美未来的工业和社会试验的

---

① 即为表示抗议而拒绝做超出合同规定的工作。——编者注

影响，洛厄尔闻名于世。

需要提醒的是，洛厄尔的工厂改革源自一个简单的事实：这座工业城市所在的位置，它制造的商品，以及它设计的目的，在极大程度上取决于一条通畅的人工水路，借此它才得以迅速而低成本地将货物运输到市场上。这条人工水路即米德尔塞克斯运河，运河绝不仅是某些历史学者所声称的“早期工程的顶点”，实际上它象征着新的趋势：运河正改变着整个国家的社会结构。

阿尔伯特 · 加勒廷（Albert Gallatin）曾将米德尔塞克斯运河称为“所完成的最伟大的一类工程”。加勒廷生于瑞士，曾是杰弗逊总统的财政部部长，带有浓重的法国口音。加勒廷留下的其中一个遗产便是纽约大学。他是在一份正式报告中做出这一断言的，这份报告同样阐述了加勒廷和美国政府相信这些运河具有重要意义。他说，运河与高质量的道路一样，在国家建设中占据着核心的地位。在需要建造运河时，政府必须提供资金予以支持。运河已经改变了国家的地理环境，甚至超越乔治 · 华盛顿未竟的梦，即将发挥更为深远的影响。

尽管米德尔塞克斯运河仍未获得商业成功，但它获得了前所未见的工业成功。参与建造工程的人们学到了许多能为往后项目服务的技术，而之后的大部分项目，其规模与米德尔塞克斯运河相比，不可同日而语。

短短的 23 年后，无论在象征意义上还是实际意义上，全美有史以来最重要的运河工程——伊利运河开工了。米德尔塞克斯运河是开路先锋，它全长只有 40 多公里，改变了东海岸制造业的面貌；伊利运河全长 580 多公里，它将改变整个国家的面貌。

从纽约到国家中心地带的水路连接

20 世纪 50 年代，美国中学生都听说过这么一个令人厌烦的地理问题：讨论哈得孙－莫霍克水道（Hudson-Mohawk Gap）的意义。

虽然如今的孩子对这个问题没有半点兴趣，也不再讨论这个问题，但哈得孙－莫霍克水道的重要性仍然无法被忽视，由于它是一个特殊的地理特征，两条相交的河谷“切开”了东部山脉，并为大西洋和中西部水域提供了一条显而易见的通路。

这条水道的一端位于纽约市。19 世纪早期，纽约只是一座规模不大的港口，虽然很繁忙，但远非世界级大都市。水道的另一端有尼亚加拉瀑布和逐渐西行的五大湖群，而五大湖南岸则是内陆辽阔的乡间地带。

国土东部能够连接两端的唯一自然通路，便是哈得孙－莫霍克水道。可以说，纽约作为世界级大都市的地位全仰赖这条水道以及人类对它的开发和利用。

从大海和冰碛形成的长岛出发，直流向北的哈得孙河在此段成为一条宽广而雄壮的河流，深邃而宁静。而从特洛伊与奥尔巴尼到入海口，超过 225 公里的河段受到潮汐影响。从特洛伊沿着哈得孙河继续溯流而上，河流忽然缩窄，变成一条狭窄而湍急的小河，其源头是阿迪朗达克山脉（Adirondacks）中的云泪湖（Tear of the Clouds）。不过，哈得孙河上游最重要的区域并非它的源头，而是河流忽然变窄的地方，因为从此处往上，河流将不再受大西洋潮汐的影响；从此处往下，一条庞大的河流从西岸汇入其中。

这条庞大的河流就是莫霍克河，其宽度虽不及哈得孙河，但它仍算一条大河。不过，两条河流的方向不同，哈得孙河是从北向南流的，莫霍克河则是从西向东流的。穿过隔开两片山区的河谷，北面是阿迪朗达克山，南面则是卡茨基尔山。这条河谷朝着伊利湖延伸了 240 多公里，但未抵达湖区。河谷所在的盆地十分辽阔，在地形上引人注目。由于古代冰川的影响，河谷曾延伸到比今天的河流源头更远的地方，沿着伊利湖南岸一直抵达尼亚加拉瀑布的断崖边。

从入海口到奥尔巴尼的哈得孙河下游的南北向河谷，与从莫霍克河溯流到纽约康斯特布尔韦尔（Constableville）附近水源地的东西向河谷，两者相交，便形成了著名的哈得孙－莫霍克水道。

莫霍克河最早是在 16 世纪被欧洲探索者发现的。这条西行河流的两岸风景优美，但由于过于偏远，令人心生恐惧。在当初有人提议建造一条运河时，这个地段尚少有人居住。河谷中密布着阴暗的森林，还有多处巨大的瀑布和无数条河流的支流。在河流两岸，少数勇敢的拓荒者建起了小木屋，并清理出几千平方米的土地。而在几处孤立无援的前哨站中，一直瑟瑟发抖的士兵驻守在此。

莫霍克河河谷粗暴地在山脉中“割开”了一个缺口，但就哈得孙河而言，这是唯一打开阿巴拉契亚山脉的主要缺口。它毅然决然朝西边流淌，因此或许可以对它进行改造和保护，为人所用。

这就是梦想的起源。对 19 世纪早期的拓荒者和建造者来说，沿着河谷建造一条运河，将货物和乘客一路带到伊利湖，突然变成了一个势在必行的任务：它在商业上显得精明谨慎，在政治上也能发挥作用，最终或许还能盈利。哈得孙河将通过这条运河与五大湖相连，纽约也将拥有一条通往国家中心地带的直达路线。

最终，以内陆目的地为名的伊利运河建成了，它汇聚了多方的努力。除了当地最热心的史学家以外，大部分人无从得知最初具备如此远见的人姓甚名谁。其中，有一对名字押头韵的爱尔兰人：地理测量师卡德瓦拉德·科尔登（Cadwallader Colden）和污水管发明者克里斯托弗·科利斯（Christopher Colles）。他们彼此不相识，但两人很早就有利用莫霍克河提供水路联结的想法。

在上层社会，出身名门的政客古弗尼尔·莫里斯（Gouverneur Morris）是一个大梦想家和坚定的乐观主义者，他始终不屈不挠地支持这一计划。埃尔卡纳·沃森（Elkanah Watson）则从契约用人一步一步英勇地向上爬，他可作为底层社会的代表。埃尔卡纳到弗农山庄做客时，乔治·华盛顿曾亲自为他端茶。1788 年，埃尔卡纳踏上了一趟充满危险的旅程，一直走到莫霍克河的源头。归来之后，埃尔卡纳不惧异议，断言“在五大湖与哈得孙河之间，迟早会有运河通航”。

埃尔卡纳毫不含糊地指出：“纽约州的人有权通过政策的改变，将安大略湖及其北部的其他湖区未来的贸易，从亚历山德里亚（Alexandria）与魁北克转移到奥尔巴尼和纽约。”换句话说，美国必须果断而坚决地展开行动，否则加拿大和英国将夺走原本属于美国的未来。

伊利运河的早期支持者中，一位名叫杰西·霍利（Jesse Hawley）的面粉商人为人十分风趣，他或许是运河得以建造的最有力的影响者。

霍利来自纽约州北部的一个名为卡南代瓜（Canandaigua）的小镇，这里原本是塞尼卡人（Seneca）的主要定居地，卡南代瓜在塞尼卡语中意为“被选之地”。

1805 年，霍利极力抱怨自己无法从家乡附近的工厂将面粉以便宜且高效的方式运到纽约市的面包作坊。他抱怨道路状况太恶劣，简直糟到极点。印第安人留下的老路几乎没有改进，夏天一到，尘土飞扬，令人窒息；而地势较低的湿地地段则蚊虫乱飞。要想通过，离不开横铺在沼泽上的木条，这令人极度不适，难怪这些道路被称作“灯芯绒路”。一到冬天，这些道路常被大雪封锁；到了春天，又是另一番窘境：马车车轮总陷在漆黑的泥淖中，造成交通大堵塞。

对霍利这样的贸易商而言，第二选择只有水路。然而，当时的一家公司在莫霍克河上的激流处设立的水闸，收费惊人。霍利声称，若盘活纽约州这块盛产农产品的区域，只有一个办法——建造运河。只有建造一条完善、大型、为货运而设的类似米德尔塞克斯运河的水上通路，直切入莫霍克河河谷下方到它与哈得孙河的交汇处，纽约州北部的农产品才可能以合理的价格被送到市场，当地的农民才能过上丰足的生活。

19 世纪早期，在纽约州北部，河谷的居民或多或少会谈论这个话题，但只有霍利切中了要害。他将报怨写成了令人印象深刻的文章。由于债务过高，霍利曾获刑两年，自 1807 年起，他进入卡南代瓜债务人监狱服刑。霍利的大部分债务是欠通航公司的费用。他原本打算逃出镇子前往匹兹堡，试图逃脱债务，但后来他鼓起勇气回来承担后果，于是只好坐牢。在囚禁时期，霍利以笔名“赫尔克里士”为当地报纸《杰纳西信使》（*Genesee Messenger*）写了 14 篇文章，呼吁建造一条新的水路。

这些文章绝非只是抱怨或愤怒，它们都关系到这一地区的未来。这些文章构思精妙、文笔优美，既有说服力又有先见之明。霍利写道，只要建造了运河，“北美几乎所有湖泊周边的贸易都将以纽约为中心，纽约将成为公共市场。这个港口……除新奥尔良港以外，将没有任何竞争对手。不到 100

年，岛屿上将高楼林立，城市的人都将搬到那儿居住”[①]。

霍利在文章中巨细无遗地罗列出关于运河路线的建议，并预测了按推荐路线水位上升所需水闸的数目。伊利湖海拔 172 米；在莫霍克河河口处，哈得孙河的海拔只有 1.5 米。霍利认为，要攀升 170 米，必须在 585 公里的路线上建 36 个水闸。

此外，霍利还以一定的精确度预测了运河可能的收入。他甚至准确无误地描述了运河水的来源、建造的成本，以及设计方案——参考他所熟悉的欧洲的大运河。最后，他声称，像这样的伟大工程，只有政府有建造的资本；而一个好的政府既要肩负责任和道德义务，又要有实际的商业考虑。文章结尾铿锵有力：

> 造物主已通过尼亚加拉瀑布为伊利湖提供了水源，让它通过莫霍克与哈得孙的通道以及圣劳伦斯的通道流入大西洋。造物主只留了最后几笔，等人填上，这一切就完成了！对此，还有什么可抱怨的呢？

许多人读了这些文章，且对此深信不疑，其中最热心的当数当时的纽约市长德威特·克林顿（DeWitt Clinton），他后来也成为最受爱戴并为人所纪念的纽约州长之一：15 个美国城市、6 个县以“克林顿”的名字命名。人们本应铭记德威特·克林顿，但如今已经很少有人记得他了。《牛津美国史》（*Oxford History of the United States*）一书中这样写道：“克林顿竭力建造的基础设施让人们的生活发生了变革，并提升了人们的经济机会、政治参

① 霍利不同凡响的预言能力远不止于此。1808 年，他在出狱后不久写的一篇文章中写道：“一条海洋运河，运河中最伟大的一种……将跨越达里恩地峡（Isthmus of Darien）。”他在巴拿马运河建造前的一个多世纪就预见到了。

与度以及文化意识。”而在将一切连接统一的基础建设中，伊利运河是点睛之笔。

德威特·克林顿说服纽约州参议院，预留 700 万美元为建造基金。要从国库中拨出这么大一笔钱，自然会有批评和反对的声音。例如，有人称这个项目为“克林顿的愚蠢”或“克林顿水沟”，但这些声音被驳回了。1817 年 7 月 4 日，杰西·霍利的文章首次发表 10 年后，在纽约州罗马镇建造的运河动工了。这一地点选得很妙，因为它几乎正好位于伊利湖和哈得孙河中间。建造工人将朝东西两侧分开作业。

动工仪式非常壮观。全纽约州的高级领导齐聚一堂，军乐队、巨大的早餐桌、色彩斑斓的飘带和旗帜，还有滔滔不绝的致辞。那一天，人们的兴奋和激动并非仅源于运河建成后对西部乡间地区的影响，更是因为它将对世界产生重大意义。在动工仪式上，某政要预言，尚未出生的百万人将使用这条“伟大的高速航路”，“与全世界所有沿海国家进行有效且有益的往来”。

在罗马镇军火库顶上，发令枪声响起。地方法官放出了公牛队。负责运河建造的长官德威特·克林顿一声令下，公牛象征性地拉动犁头，挖出最初的几十厘米河沟：运河正式开工。

人们很难相信这条运河最终能够建成，因为参与的人员全是门外汉。规划路线的不是测量师，而是法官；主要建筑师之一，是一名数学教师。另外，尽管有许多官员读过关于米德尔塞克斯运河的事迹，但在伊利运河建造的早期，几乎没有人有任何相关经验，甚至没几个人知道如何使用经纬仪、测量链或建造蓄水闸门。

尽管如此，经过 8 年的奋斗，运河终于建成了。建设者们用成千上万条红桩标记出 18 米宽的通道，穿越远离人类居住地的森林。之后，他们不畏蚊虫滋扰，又在森林中清理出一条道路。鉴于用斧头砍树太耗时间，工人们将绳子固定在树顶端的枝条上，再用力拉扯，直至树干被折断。他们又用链条和巨型铁轮组成的简陋自制机器清理树桩，将树根从泥土中拔出。接着，他们开始挖掘 12 米宽但仅有 1.2 米深的沟渠。早期还没有能刮到运河底部的螺旋桨，因此船只能由驴子等牲畜拖。挖出来的泥土堆在沟渠的北侧，被建成纤道[①]，牲畜能够在此拉动运河上的窄船。

建造工作极为艰苦，但这毕竟是工作。当时，托马斯·杰弗逊总统一口回绝了联邦出资的请求[②]，即由纽约州政府提供早期资金。也就是说，尽管当时金融危机肆虐，但这里的工人能够一直有工作。这些工作岗位向任何有能力且自愿加入的人开放，于是成千上万爱尔兰人漂洋过海，加入建造运河的大军。运河工人当时的薪资是“一日 50 美分，全包”，在薪酬之外还提供免费食物、饮用水和简陋的宿舍。他们每人每月能净赚 12 美元。

边建边学，建设者们的效率逐渐提升。1819 年，以尤蒂卡（Utica）为终点的第一段完成了。仅 24 公里就花了两年时间，如此看来，要完成整个工程可能需要 30 年的时间，但事实并非如此。随着越来越多的人参与进来，进度加快了。遗憾的是，上千人因各种热病身亡，最有可能染上的是疟疾，因为路线西侧穿过蒙特苏马湿地（Montezuma Marshes），靠近今天的锡拉丘兹（Syracuse），即雪城。

雪城在运河建造中发挥了重要作用。多年来，雪城的制盐业十分繁荣，当

① 旧时河流沿岸由马等拉驳船所走的路。

② 杰弗逊当时声称，考虑建造运河“简直是疯了”，还说让支持者们 100 年后再回来，到时候可能更合适。

地的盐业大亨连同杰纳西与卡南代瓜的面粉商，很早便已经在为建造运河而据理力争。在工程建造的早期，他们很快如愿以偿，连通尤蒂卡之后仅过了两年，水路就抵达了雪城。但并非全无代价，当装满一袋袋盐晶的船只沿着水路航行时，反应极快的纽约税务局开始征收税费：每蒲式耳[①] 12.5 美分。后来，雪城建立起一座精心建造的称重站。船从水中被整个抬起，在空中停留的短暂时间内，税务官会算出船上有多少吨盐。尽管其他地区从来没有征收过这种税，但雪城的人们对此并未心存怨恨。他们对这一工程表示认同，认为它最终能让所有的人获益。如今，雪城已成为一个拥有 50 万人口的大城市，不过当地人还时常提醒访客，伊利运河是“由盐建造成的”。

1825 年秋，随着最后几个水闸成功建在尼亚加拉断崖，将水路抬升最后的 24 米，抵达湖水满溢的伊利湖，建造工程全部完成。而这段工程的建设尤为困难，工人们用镐和铲子，靠着健壮的肌肉人工完成，因为当时还未出现所谓的“山地榴弹炮”，即几十年后在建造巴拿马运河时使用的蒸汽动力挖掘机。工人们用的是大量极度不稳定的黑色炸药，所以在终点前的最后几公里，有人因此丧命或缺胳膊断腿。

当时，布法罗（Buffalo）还是一个湖边小镇，当地居民发起了一次短暂的运动，来清理当地的同名河道，领头人是一名法官。这次运动的目的是让运河工程师将伊利运河路线划到不远处的终点站。通过耐心地游说，配合溪流清理工作，他们最终成功了。工程师同意了他们的请求。如今，仍有超过 100 万人住在布法罗及其周边地区，尽管那里的气候极度恶劣：由于大湖效应，该城每年冬天都会被大雪严严盖住。

完工之后便是庆典。由于天公作美，从 1825 年 10 月 26 日早晨开始，

---

① 计量单位，用于固体物质的体积测量。——译者注

庆典整整持续了 12 天。在这之前，从未有过这样夜以继日的狂欢。运河所经过的全部地点都加入了这一庆典。

狂欢之后，致辞开始了。第一个发言的是杰西·霍利，他彬彬有礼地发表了一番感言，大意是“我早就说过了”。而之后其他人的发言则显得冗长且乏善可陈。随后，人们驱赶拉船的马，小型船队随之漂离岸边，船一只接一只慢慢朝东面的大海驶去。

在其中一只船的甲板上，德威特·克林顿看管着两只华美的、充满象征意义的橡木桶，桶里装满了伊利湖的湖水。这两只木桶将参加一次“婚礼”。

整整一个星期之后，船队抵达奥尔巴尼。随后，船只穿过运河第 83 个，也即最后一个水闸①，进入辽阔的哈得孙河。在这里，船队解开马匹，一队精美而装饰豪华的汽船接手并将其向前拖行。整个船队载满了达官贵人、梦想家、政客和逢迎者，还有那两桶珍贵的湖水，乘着与海潮一同跌宕的河水浩浩荡荡地顺流而下。河岸上所有的居住区礼炮轰鸣、焰火纷繁，经过一天半的航行和狂欢，船队抵达纽约的大西洋沿岸。

那天是 1825 年 11 月 4 日，星期五。早晨天气清爽，阳光灿烂。“婚礼”仪式被安排在中午举行。由于运河的窄船不宜进入海面，于是，一行人手里提着桶、箱子和瓶子，登上了汽船。船驶入大海的时候，大部分乘客略有不安地注意到，船越过了加弗纳斯岛（Governors Island），并通过如今的韦拉札诺海峡大桥（Verrazano-Narrows Bridge）穿过海峡，驶入广阔的下纽约湾。

① 今天只剩 53 个水闸，其中 36 个有编号。为了提高通行效率或改道，其余水闸被摧毁了。

在海湾南端，两小块陆地打断了原本平滑的海平线。从汽船上看去，左边是纽约“微风点”（Breezy Point），右边是新泽西州桑迪胡克（Sandy Hook）。如果在它们之间画一道线，即为纽约港和海洋之间的界线。汽船慢慢停下。在许多画家挥毫之际，德威特·克林顿提起一桶水，拔出塞子，将桶身倾斜，将桶里的伊利湖水倒入滚滚海水中。他的一位朋友则带来了13 瓶水，并声称里面分别装的是泰晤士河、塞纳河、莱茵河、多瑙河等 13 条大河的河水。这些河水也一同被倒入海中，没有人解释这样做的原因。

水上“婚礼”就此完成，从头到尾经过精心的设计和编排，只为了将这一特殊时刻留在历史中。

对此，言辞无法表达其万分之一，但许多人进行了尝试。老威廉·利特·斯通（William Leete Stone Sr.）是一名颇受欢迎的记者，两个星期之后，他从纽约州的角度写了一篇极长的回忆录，这也许是关于那一天的最清晰的记录。当时，布法罗的市民也依样画葫芦，将一桶海水倒入他们的湖水中。

斯通宣称，整个欧洲已经开始歆慕，整个国家决计不能忘记，那些规划和建造伊利运河的人“在最短的时间内，以最少的经验和花费，建造了世界上最长的运河，为公众带来最大的福利”。

如今，在纽约中央莫霍克河河谷的利特尔福尔斯（Little Falls），有一座纺织厂，它最初是一家面粉工厂，不过大多数时间，它被用来制造军服的布料。

而在由玄武岩组成的陡峭悬崖的裂口处，河水变成了瀑布和激流。当年，第一批拓荒者来到上游时，他们不得不将独木舟和平底船搬运到更平静的水域。后来，他们选择走付费的河堰，绕开了激流。

但自 1820 年之后，伊利运河如同一把刀将利特尔福尔斯切为两半。平缓而宁静的水流代替了莫霍克河的激流，许多年里，大型船只能够毫无阻碍地穿过城镇。19 世纪中期，整个水道经历了扩张、加宽、加深以及强化，以满足庞大的商贸需求，数以百万吨计的货物从中西部的工厂运往下游的纽约。从 20 世纪开始，铁路和高速公路开始分食利润。

如今，这里早已失去商贸用途，河面几乎被游船所垄断。然而利特尔福尔斯宽阔且顺直的伊利运河河段仍在正常运转。

就像在世界其他地方一样，此后火车终结了国家大部分运河的商业用途。

芝加哥运河的成和败

在关于运河的故事中，自然也有更为粗暴和野蛮的一面，芝加哥环境卫生与航行运河（Chicago Sanitary and Ship Canal）就是其中一例。正如其名，作为一条工业化的水路，这条运河仅关注实用性。而我们将会了解到，如今它带来的后果就连当初最坚定的反对者都不曾想到。最初构思的时候，它只是一座畸形的建筑。建成后，它与铁路网一起将芝加哥生生抬到了美国第二城的地位。

建造这条运河的最初目的十分简单。19 世纪中期，五大湖腹地的贸易货物可以通过圣劳伦斯河（依靠拉欣急流）运输到大西洋北端，也可以在伊利运河到纽约码头的几百公里路途上进行分派，或者南下密西西比河、经新奥尔良运输到墨西哥湾。

这三条路线中，第三条最合理，尤其对中西部密歇根湖和苏必利尔湖附近的货物而言。但这其中存在一个问题：五大湖与密西西比河支流之间没有任何物理连接。途中甚至还有烦人的地理障碍：一座宽阔的低海拔高原。这座高原的海拔虽然只有十几米，其宽度却有几公里，将正在发展的湖岸城市芝加哥与西部河流隔开了。

后来，多亏了两个人，才将这处高地夷为平地，如今他们几乎被忘却，其中一个是自学成才的工程师威廉·古丁（William Gooding）。他曾在伊利运河建造中小试牛刀，帮助挖出一条绕过尼亚加拉瀑布的旁道。另一个人则出身高贵，与杰弗逊家族有血缘联系。他叫艾沙姆·伦道夫（Isham Randolph），是弗吉尼亚州的林务官，最初受雇为修建一条小型乡村铁路砍树。两人的成就在时间上相隔了半个世纪，几乎无人纪念。曾经讨人厌的山地隆起之处，如今已被据说是世界上最大的污水处理厂所占据。

1673 年，探索密西西比河上游的路易·若列第一个指出，跨山挖掘一条小运河十分方便，尽管在当时那里还算不上是山，只是一处丘顶沼泽。当时，若列和同行的探索者们正走在由密歇根湖西行的探险之路上。若列后来写到，通过这条运河，贸易商能够从大西洋的湖泊直达墨西哥湾的密西西比河。

若列对人工水路已经有了一些了解。他虽是土生土长的加拿大人，却知道当时法国正建造一条巨大的运河：法国南运河，全长约 240 公里，将地中海与大西洋相连；不过要等到 8 年之后它才建造完工。工程十分艰难、繁杂，被延迟了许多年。但若列说，在美国，连通这样的两片海，只需建造不到半里格[①]长的水路。按他的意思是，这简直轻而易举。

尽管这一工程符合常识，表面上看起来也很简单，但实际上过了很长一

---

① 里格，长度单位，1 里格约等于 4.83 公里。——译者注

段时间，若列的梦想才能成为现实。在英国和法国分别统治管辖这片殖民地期间，挖掘工程并未启动。直到美国独立之后，在 1818 年，伊利诺伊成了伊利诺伊州，人们才开始认真讨论这一事务。当时，当地的印第安部落迈阿密族要么迁移，要么被迫签订有利于拓荒者的条约。其中一份条约承诺让出如今的芝加哥所在地的定居权，另一份条约则承诺割让将来有可能建造运河的土地。接下来，只需进行地理测量、绘制工程蓝图并确保资金到位，就万事俱备了。

不过这一切都需要时间，而且工程师和测量师很快就会发现，若列过分乐观地宣称只需半里格的说法完全错了，因为可用的水路至少得有几十公里长。然而从经济层面来看，这一主意仍然合理。于是，1836 年 7 月 4 日，伊利诺伊与密歇根运河公司成立，雇用了曾参与伊利运河建造的威廉·古丁，联邦政府也送来了出售伊利诺伊州的 1200 多平方公里农田得来的一大笔钱，以作援助。不久，运河开工了。

运河一开挖，芝加哥的未来已显而易见：将湖泊与密西西比河相连之后，此地的贸易将得到前所未有的发展。于是城市开始吸引大量移民：在建造运河的 12 年间，芝加哥的人口从零上升到 2 万，6 年后上升到 6 万；1890 年之前，人口已经达到 100 万。这一切多亏了威廉·古丁、从纽约和其他各地前来的几千名爱尔兰人及其他工人 12 年间不辞辛劳的工作。

建造工程之所以用了这么长时间，是因为运河的规模比若列当初提议的要大得多。它是一条完整的水路，起始端宽约 18 米，末端宽约 11 米，深约 1.8 米，长度约 155 公里，有 17 个水闸、4 条高架渠、1 座从附近的水域抽水的巨型抽水站，以及供驴拉驳船的纤道。由此，船舶可以毫无阻碍地从密歇根湖一直驶向伊利诺伊河沿岸的新城市拉萨尔（La Salle）。从那里开始，它将一路往下，被伊利诺伊河带往远方与大河的交汇处。

1948 年 4 月 19 日下午，一艘名为“桑顿将军”（General Thornton）的汽船来到芝加哥中部，船上满载新奥尔良产的糖。自此，一系列此前无法想象的事件发生了：芝加哥拥有了第一条电报线，贸易促进会开张了，湖畔码头上最早的蒸汽动力谷物升运机开始运作，第一条铁路也开始建造。突然之间，这座城市注定要成为贸易和商业的焦点，毕竟它正好坐落在东西部的中间位置。在这之前，皮毛贸易商人需要 3 个星期才能通过这条路；而在 19 世纪，农民需要 10 天；现在，只需不到一天的航行时间就能抵达。贸易货物如潮水般涌入：木材、小麦、玉米、石材、盐，还有待宰的家畜，它们等待着被运往罐头工厂和各家各户的餐桌。

人们突然发现，进入内陆变得十分便捷。西部开拓、淘金热、增加西部人口……既然前半段水路变得如此方便，一切就简单了许多。旅行者们只需乘船，经过伊利运河、五大湖、新建成的伊利诺伊与密歇根运河、密西西比河、密苏里河以及普拉特河即可。简单地说，在“桑顿将军”抵达此地之后，中西部开始发生深刻且不可逆转的改变，并迅速与全美其他地区连通，此地的文明也逐渐开化。

要是这样该多好啊！半个世纪之后，艾沙姆 · 伦道夫，这个出身高贵的弗吉尼亚林务官，如同白马骑士一般冲入欣欣向荣的图景中，将原本已十分优越的水路改造并拓宽，让它变成一个伟大的奇迹。今天的绘图师和船员称其为“伊利诺伊水路”。然而，尽管从今天残存的构造上来看，它的确拥有不容置疑的高贵气质，但现实总是更丑陋一些。

19 世纪晚期，芝加哥被自己的成功所俘虏，在某个特定方面扩张得过了头：这座城市拥有太多下水道，已完全无法摆脱其魔爪。而由于通过下水道扩散的病菌，人们一个个死去。

不时出现的暴风雨也将这种混乱推向城市饮用水的水源——密歇根湖。人们对以水为传播媒介的可怕传染病感到恐惧，好在这些恐惧最终并未成为现实。后来，这座炎热而拥挤的城市因时常发臭且致病的河流而臭名远扬：这是一个疫病蔓延、正在慢性自杀的地方。为了改变芝加哥河的流向，国家花费了巨款，将废物冲到别处，远离湖泊。但更大的暴风雨导致这一切前功尽弃，尤其是 1885 年的一场暴风雨，最为骇人。最后，人们决定建造一条新的、庞大的水路代替原来的运河，并为它起了一个冷冰冰的名字：芝加哥环境卫生与航行运河。这条运河应为船只提供更好、更宽敞的新通道，同时必须让芝加哥河扭转流向，将正在发展的城市污水带到西方，远离湖泊，送入密西西比河的激流，从此再也不管了。

艾沙姆·伦道夫是通过之前的新铁路计划熟悉芝加哥的。他并非建造新运河的最佳人选，但从最终结果看来，他拥有完成美国历史上最大规模动土工程的远见和气魄。伦道夫建造的这条运河虽然只有 45 公里长，无法跟伊利运河和伊利诺伊与密歇根运河相比，但它在其他所有方面都如同巨人一般，直到如今仍保存完好。

后来，大量游客涌来参观正在建造的铁制庞然大物。人们抱起孩子，边看边听，空气中传来炸药爆破的巨响。一天天过去了，人们看着由石灰岩筑成的运河壁慢慢成形，笔直地延伸到数公里以外；看着前方新峡谷的形成，就像西部游客常常兴奋地谈起的深邃峡谷一般。这里将会成为芝加哥的大峡谷，只不过它是人造的。

1900 年 1 月的一个严寒的日子，伦道夫和队员们完成了最后的工作。《芝加哥论坛报》的一名作者写道：

> “开通了！开通了！”几百人齐声高呼，水终于……沿着滑道流入

运河。瀑布……高 7.5 米……“它是芝加哥的尼亚加拉瀑布。”……夹杂着冰块和漂砾[①]的水流顺着斜槽流入宽广的运河中，水面开始泛起红木般的奇妙褐色……

伦道夫工程师站在一旁，得意扬扬地挥舞着手中的帽子。上涨的水流将水花溅到码头上人们的脚背上，“威胁”着要将人们连同码头和所有一切全都卷入运河中。建造运河的官员们挥舞双臂大喊大叫，像极了放暑假的小学生。

芝加哥人满是自豪，商人们满怀信心，坚信运河将带来更多的生意。人们放心了，因为废物终于能被送走，被抛到遥远的南方棉花田和贫穷的乡镇……

然而，人们的美好愿望落空了。在同一处河谷建造的铁路“抢走”了绝大部分的货物运输生意。虽然船舶每年从湖泊运送到密西西比河谷的谷物、煤和铁矿价值高达 15 亿美元，但这个数字并没有多么惊人。此外在许多年间，运河大小麻烦不断，官司缠身，常牵涉每年从密歇根湖抽走的水量。

100 多年间，这条运河在城市基础建设中被忽视了。它仿佛是藏在水泥壁之间一片灰色的、了无生气的臭水，从城市西侧的砖厂和处理厂背后静静流过。

近年来，它虽重回大众视野，却是出于最糟糕的原因：它最终并未能如承诺一般带来许多货物，成了不受欢迎的访客的入口。艾沙姆 · 伦道夫引以为豪的作品成了极不光彩的新战场。20 世纪 70 年代，渔民在密西西比河下游引入了一种极具侵略性的非本地产的亚洲鲤鱼，希望用它们来帮助清理

---

① 经冰川搬运、远离产源地的直径达数米至数十米的巨石。——编者注

养殖鱼塘。这种鱼有一些特性，如能够高速跳出水面将人吓一跳，还能毫不客气地与本地鱼类竞争。

此举取得了惊人的成功。在接下来的 30 年里，亚洲鲤鱼大举迁移到密西西比河上游，进入伊利诺伊河和德斯普兰斯河（Des Plaines River），之后又来到 3 个世纪前路易·若列和雅克·马凯特到达的俯视密歇根湖的矮山之上的水域。但如今，由于运河已经通过了此地山岗，它们有了进入湖泊的通道，唯一的屏障就是水闸。这些鲤鱼如果穿越这一屏障，它们带来的环境威胁将不可估量。

此后，人们做出诸多努力，将这些鲤鱼阻挡在外。已存在 110 多年之久的芝加哥环境卫生与航行运河，如今成了最后一道屏障。水下安装了两道电栅栏，作为高压电屏障。但到了 2011 年，密歇根湖出现了具有鲤鱼特征的可疑鱼类。人们担心这些栅栏没有完全发挥作用，湖泊也许很快就会受到污染，五大湖和更多水域也将遭受无法预测的危害。任何人都没能预先想到这个问题。它提醒人们：强制统一也是一把双刃剑。

驯服大河

在美国，曾有 16 座名为“乐园”的城镇散乱地分布在宾夕法尼亚州到内华达州之间。为什么当初的拓荒者会给新城镇起这个名字呢？如果这些城镇建造的时候真的如同乐园的话，如今还配得上这个名字吗？每座“乐园”都是真正的乐园吗？

其实，只有一座城镇能真正配得上这个名字：它隐藏在中西部的麦田深处。不过，最令人难忘的，是阿肯色州的一座曾叫作“乐园”的荒凉社区。它是一个破败的小村落，坐落在密西西比河西岸的山崖上。

从官方角度来说，阿肯色州的乐园如今已不复存在。它的名字曾经稳稳地占据着《美国国家地图册》（*National Atlas of the United States*）上关于阿肯色州那一页的德鲁县（Drew）正中央。但那是尼克松年代的事情了，在那之后发生了许多变化。如今，在关于阿肯色州的一些道路地图上，德鲁县已无关紧要：县里没有列出任何地名，包括乐园镇。也许今天它已经荒废了，因为甚至连很多当地人声称没有听说过这个名字。

1984 年我拜访那里时，那儿曾有一片槲树，下面有一小片破旧的棚屋。当时一起聊天的人回忆说，在 20 与 21 世纪之交，这座村落还相当繁荣，是一处轧棉花的地点。马匹和小车驮着一包又一包棉花，运到附近的河口处，之后通过汽船送往新奥尔良。后来，更有能力的人沿河北下，大部分人则去了底特律。随后，由于佐治亚太平洋公司买下了这里的土地，建造起松树种植园，并用树木来制造纸浆，乐园开始走向没落。与我聊天的人都说，再过一年左右，它将会接近完全消失，被永远从地图上抹去。

事实上，在槲树下面是一处河口，沼泽、牛轭湖和溪流交织成一张复杂的水域网，在烈日下如锻钢一般闪闪发亮。远处则是沉默的“庞然大物”密西西比河，它宽广的身躯懒洋洋地在河谷中蠕动。

想象一下，当山上已经热得像蒸笼一样会是怎样一种情境。当初的拓荒者们从孟菲斯或稍近的蒂尼卡（Tunica）、克拉克斯代尔（Clarksdale）来，他们在河上划着小船经过很长的一段路，拖着沉重的身躯和补给，在潮湿闷热的天气里，穿越蚊虫乱飞的沼泽和泥浆……然后他们看见了这座小山，一座矮矮的山岗，刚好能捕捉到一丝微风，山顶还有一些树荫。他们爬上山，开始在树荫下休息。太阳下山后，微风吹拂。他们点燃雪茄，接着感叹道：“这儿真是天堂啊！辛劳过后，这里简直就是乐园。让我们安顿下来，歇一会儿吧！”

或许这就是小镇名字的来源，又或许不是。不过，阿肯色州的乐园镇确实就“躺”在《美国国家地图册》上，它的位置是北纬 33° 32'、西经 91° 47'。

马克·吐温曾将密西西比河描绘得如一块魔毯一般。但在一些人的经验中，密西西比河毫无浪漫之处：污水和泥浆混合在一起，黏腻而荒凉。

比如查尔斯·狄更斯曾说，他“找不到这条河的一点儿宜人之处”。特罗洛普夫人则写道，她“从没见过如此萧瑟的景象”。密西西比河的确很伟大，也很重要，也许是全世界最重要的河，但它并不美。

当年的拓荒者们来到阿肯色州那座凉快的山崖上，声称他们终于找到了“乐园”。之所以叫这个名字，并非因为阿肯色州有多么美，而是他们之前的那段旅程太痛苦了，稍微有一丝改善就成了乐园。

总体来说，国家统一的故事都是在一条东西向的轴上演绎的，正应了那句话：从海到光辉之海。但这个国家最显眼的特征——灰绿色的、油腻腻的密西西比河完全不在这条轴上。它几乎从正北向正南流淌①，因此它看上去并未联结国家，倒更像一条分隔线：至少在象征意义上，它将美国的东西部分开了。对于一个新生的国家而言，任何维度都必须连接起来，于是连接明尼苏达州和路易斯安那州，或连接北达科他州和得克萨斯州，跟连接缅因州和加利福尼亚州，或连接弗吉尼亚州和俄勒冈州一样重要。

密西西比河的源头位于明尼苏达州北部的桦木林中的一个小湖。1820 年，地质学家兼探索者亨利·斯库克拉夫特首次发现了水源。他给自己发

① 从源头到大海，密西西比河流过约 3700 公里，经度仅偏离了 5°多一点，几乎完全笔直。

现的地貌起了一个伪印第安风格的名字，将这片小湖命名为“艾塔斯卡湖”（Itasca）。这个名字其实跟印第安毫无关系，只不过是将拉丁文 veritas（真相）与 caput（源头）强扭在一起。其实，流入小湖的其中一条河流才是密西西比河真正的源头，但一直以来人们为了方便，将小湖北端一处溢出的水流看作源头。那里有一条石道和一座大型停车场，标志着这条伟大河流的官方起源地。

冰冷而狭长的水流从这里开始，向北绵延数公里，并在当地印第安人获准栽种的稻田之间蜿蜒，之后掉头向南流去，河面越来越宽，河水也越来越深。由于人为的干涉，河流被限制在堤坝之间，于是它又迅疾地向前奔腾了800 多公里。离开北部各州之后，密西西比河逐渐变得稳定，混着泥浆在和缓的一道道河湾中流过 1100 多公里后，经墨西哥湾汇入大海。

因此，密西西比河确实将整个国家串联了起来。河流的源头靠近一侧边缘，而终点则靠近另一侧边缘。它从加拿大附近一路流淌到墨西哥附近，也从靠近北极之地来到亚热带地区。河流淌过了极度辽阔的河谷，那里有数不清的支流。河流在流经之处也留下了无数牛轭湖，而部分标记的州际边界线如今早已过时。最终，密西西比河在一个狭长、布满泥浆的三角洲慢慢舒缓下来，在上面留下许多分支的“刻痕”。尽管这条河的河道时常左右不定，但大体上还是倾向于“走”直路，从北流向东南。最后，在黑兹帕斯（Heads of Passes，下半河段测量距离的起始点[①]），密西西比河呈鸟爪状分成三条泥沙俱下的可通航河道后，汇入大海。

---

① 密西西比河有两套编号系统，都是越往上游（非下游）数字越大。从黑兹帕斯到伊利诺伊州的开罗镇，沿岸位置从南往北以 RM（rood mile）编号。但到了 RM953.8 的开罗镇，整套系统又从 0 开始，开罗镇为 0，到圣路易斯、圣保罗和艾塔斯卡湖同样有 RM 编号。其他河流（如俄亥俄河）则是从源头往下游编号。编号以白色标记在通航河道的浮标或灯光处。

密西西比河盆地经过国土 48 个州中约三分之二的州，其中的 31 个州以及加拿大的两个省，都有水流汇入。这片 320 多平方公里的楔形流域横跨多个地区，从蒙大拿州到马里兰州，从新墨西哥州到肯塔基州，从威斯康星州到俄克拉何马州，从爱达荷州到艾奥瓦州……密西西比河无心插柳，却营造出独特的一体感。

黄石河畔的农场主、莫农格希拉河上段乘独木舟的人、明尼苏达州北部钓鲥鱼的钓翁、路易斯安那州的种植园主……还有数百万人，都能从密西西比河所塑造的一体感中寻到些许安慰。它如同叶脉或羽根，在人们心中留下充满想象的结构感，并带来一种来自地理的力量以及某种程度上的确定性和稳定性。世事流转，这条河未曾停歇，一直为人们提供淡水、货物、补给和商贸，令人感到安心。

有人非常享受由这种联系带来的浪漫感受，大萧条时期的电影制片人兼诗人佩尔·洛伦茨（Pare Lorentz）就是其中一位。他在 1938 年拍摄了一部短片《大河》（*The River*）。该片由政府出资，它让人们意识到人类对河流造成的损害。后来，这部影片在威尼斯电影节获奖。

200 年间的大半时间里，人们住在这条河及其支流附近，通过商业和贸易进行联系。从这个意义上讲，密西西比河与中国的长江最相似，两者在国家的发展中都发挥了巨大的作用。另外，密西西比河的商业用途也与长江相似，但规模更大。

如今，密西西比河上的客船比过去少了许多，汽车和飞机已成为主要的交通运输工具。河面上停靠着一些复古的明轮船，船上有汽笛风琴、爵士乐团和鸡尾酒酒吧。但它们仅服务于一小部分游客，且并非为必要的出行所设。大部分河船是体形巨大但几乎没有乘客的驳船和拖船，船上装载着物资。南行的船舶中的主要货物有小麦、玉米、大豆、煤和木材，这些货物被卸到新奥尔良与巴吞鲁日（Baton Rouge）码头的货船上，之后被送往全世界。

密西西比河将许多产物一直送到大洋边，几乎将国家整个儿翻转了过来，尤其是在大萧条时期。除了佩尔·洛伦茨之外，其他人也曾记录过那一时期的悲剧。

几百万吨的表层土曾在艾奥瓦州、路易斯安那州和密苏里州被铡犁挖走，从南方种植园沥滤出，之后被冲入大海。仿佛国家的心脏被生生地挖了出来。在“黑色风暴”发生的20世纪30年代，无望的人们被迫迁徙。在那些年里，国家最伟大的河流仿佛要将从它身上诞生的自然环境毁灭掉。后来，经济危机结束了，战争也结束了，为河流争取权利的运动开始了。今天，密西西比河不仅仅是一条为人们热爱和敬畏的河流。它受到了仔细的照料和保护，在很大程度上又恢复了原本的功能：运输、灌溉、提供养分和支持生命。

另外，艾塔斯卡湖官方标志河源的垫脚石，其实是由平民保育团的年轻人铺设的。这个组织是在大萧条时期成立的，旨在为当时失业的年轻人提供工作。

河流的更下游处，美国陆军工程兵部队占据了最有利的位置。它的前身——地形工程兵部队完成了早期很大一部分测量和地图绘制工作，而它今天所发挥的作用堪称恰如其分。从19世纪20年代起，该部队就负责维持河流通航和防止河流泛滥的任务。当气候恶劣、险象环生时，这两个任务甚至毫无关联。部队受命维持3条通路：一条位于明尼阿波利斯（Minneapolis）和维克斯堡之间，深度约为2.7米；一条通往巴吞鲁日，深度约为 3.7 米；一条专为入海的大型船舶所设，深度约为 12.2 米。

控制洪灾则完全是另外一回事。河流两岸建起了高大的防洪堤，以防止河流庞大滞重的身躯“乱跑”。不过，落基山脉融化的雪水通过密苏里河流涌进来引发大水时，不让河流“乱跑”并不容易。防洪堤建设起来很困难，很大一部分原因是缺乏强度足够的材料。工程师尝试过采用混凝土、草垫、铰接混凝土铺块和编条构架，还有大量的岩石。实际上，密西西比河河谷地区没有岩石。千万年间，该流域都是由冲积土和黏土构成的，举目四望，不见石崖或任何真正的硬物。可以说，如今在防洪堤、河流两岸甚至河床上的石头，全是美国陆军工程兵部队的士兵用双手和机械通过船运来的。

正是这个如今试图控制密西西比河的机构，建设了卡纳维拉尔角（Cape Canaveral）、华盛顿纪念碑、巴拿马运河以及五角大楼。密西西比河上段 20 多个水闸和堤坝也都由美国陆军工程兵部队拥有和掌管。该机构还利用其中一部分堤坝进行发电，与主要的公用事业公司竞争；此外，它还建造了许多分流、溢洪道和抽水站，并对其进行管理，为的是防止蕴藏可怕力量的密西西比河给两岸居民带来危害。

密西西比河曾一次又一次经受严峻的考验。2005 年，卡特琳娜飓风来袭，河水漫过并摧毁了许多河段的防洪堤；2011 年，密西西比河暴发大洪水，巨大的莫甘扎溢洪道（Morganza Spillway）35 年来第一次被打开，以将洪水排入阿查法拉亚河（Atchafalaya）——对新奥尔良和巴吞鲁日的人们来说，这个名字令人胆战心惊。

这与水文学有关。与其他所有河流一样，密西西比河仿佛拥有自己的思想。今天的水文学家认为，密西西比河最近仿佛厌倦了经过新奥尔良流入海峡，希望将入海口往西移动几十公里，沿着短而深的分支，即阿查法拉亚河流入海洋。水道如此这般“自然”[①]移动将会给路易斯安那州的两座大城市新奥尔良与巴吞鲁日带来灾难。到时候，所有的码头、装卸区、河滨旅店以及商业中心，全部需要移动。它们很可能移动到一个鲜为人知的港口城市：摩根城（Morgan City）。此地的座右铭是“一切正中”，十分有先见之明。美国陆军工程兵部队听取了密西西比河委员会的意见，在 1954 年建造了长约 1200 米的莫甘扎溢洪道，又在 1963 年建造了“旧河道控制工程”，以防止灾难发生。这些巨大而精密的铁、混凝土、机械臂和大门，都是为了防止河流的改道。

改道是一种自然进程，河流突然之间“放弃”一条路线，找到了另一条对它而言更合适的路线。由于阿查法拉亚河能够提供更深、更直接的入海渠道，所以对密西西比河有着巨大的诱惑。大部分水文学家认为，无论人类付出多少努力和代价，总有一天密西西比河还是会走上这条路。

马克 · 吐温在 1883 年发表的《密西西比河上》（*Life on the Mississippi*）中曾发出警告，人类与河流改道的威力抗衡无异于螳臂当车。他告诫我们不可傲慢：

> 所有了解密西西比河的人都会同意……即使设立一万个河流委员会……人们仍然无法驯服这条无拘无束的大河，无法对它加以修整或禁锢，也无法命令它何去何从并让它俯首听命：人类拯救不了已被它

① 不完全是自然的。人类的贪欲也应为此负责，罪魁祸首是亨利 · 施里夫（Henry Shreve），他是路易斯安那州什里夫波特市（Shreveport）的创建者。他最著名的成就是设计了巨型蒸汽明轮船，并在密西西比河的一条支流中清出了长达 240 多公里的浮木阻塞。但在 1831 年，为了让汽船更快地溯流而上，施里夫在一处十分不便的牛轭弯挖出一条深道，改变了整条密西西比河的流向，也因此大大增加了河水流入阿查法拉亚河的可能性。

宣判死刑的河岸；若要阻拦它的去路，障碍物终将被它毁掉、绕过并加以嘲笑。谨慎的人不会将这一切付诸言语；没有人比西点军校的工程师更了解深奥的科学了，而既然他们认为自己能够为大河戴上手铐和脚镣，相信科学的人们所应秉持的智慧应该是什么也不做，俯首听命与等待。

什么也不做，俯首听命，等待。这也许是明智的、具有科学精神的人会做的事，但对19世纪晚期的人来说，他们显然对喧嚣和野心更熟悉。缺乏耐心几乎成了人们新的美德，火烧眉毛的迫切感逐渐淘汰了旧有的静谧生活方式。步行、大篷车和运河船远远不够，在统一进程中，人们必须控制能源，运用各种各样的机器。

· The Men Who United the States ·

无论蒸汽机、河船和火车使用的外燃机，还是汽车、卡车、公交车使用的内燃机、电动机、喷气发动机等，所有这些机器都需要燃料提供原动力，通常是热能。各种各样的热能以巧妙的方式为人们所用，人们运用各种热能，使得一切以前所未有的速度运行。而从根本上来说，它们都以火为动力。

THE MEN WHO UNITED THE STATES

第四章

迅猛之火：
智勇者追逐极速

2005 年 4 月 27 日，联邦铁路管理局……颁布了高速公路和铁路道口火车鸣笛的最新规则。该规则自 2005 年 6 月 24 日起生效，要求火车在进入所有公共铁路道口 15 ～ 20 秒之前、距离不超过四分之一英里处鸣笛。

鸣笛规律仍为两次长声、一次短声，之后再加一次长声，如有必要则可重复直至火车完全通过道口。驾驶员保有其在靠近的多个铁路道口按需改变规律的权力，且可在紧急情况下鸣笛。

——联合太平洋铁路公司对最新鸣笛规则的阐释

我轻松愉快地走上大路，
我健康，我自由，整个世界展开在我的面前，
漫长的黄土道路可引到我想去的地方。

从此我不再希求幸福，我自己便是幸福，
从此我不再啜泣，不再踌躇，也不要求什么，
消除了家中的嗔怨，放下了书本，停止了苛酷的非难。
我强壮而满足地走在大路上。

——《草叶集》[1]，沃尔特·惠特曼

① 楚图南、李野光译，人民文学出版社，1994。——编者注

国家大道，速度的起点

发动机发明之前很早的一段时间里，这片土地上就已经有了成千上万公里的道路。国土上铺着错综复杂的大道，其中许多是由士兵规划和建造的，它们主要用于邮政。早期大部分道路的建造者是英国殖民军，不过他们在建造时遇到了不少困难：辽阔无垠的乡间土地，时常出现的极端气候，还有残酷而复杂的地形。森林幽暗神秘，河流宽广湍急，熊或美洲狮等野兽时常出没。对英国人而言，他们在自己的国家很少见到这些动物。此外，还有一群原住民不乐意让陌生的道路在代代相传的土地上纵横交错。

建造者并未在困难面前屈服。1660 年，开始建造国王大道（King's Highway）：从波士顿到查尔斯顿全长约 2100 公里，将 13 个殖民地中的 10 个连在一起。1670 年，从波士顿到纽约的第一路段开通，供邮政骑手使用：两地之间送一封信邮费 9 便士，价格与送信到伦敦一样。信件送达需 2 个星期。

附近还有许多类似的道路。在瀑布阻碍向上游航行的路线的东部河畔城镇，建造者修建了瀑布线路，将这些城镇连接了起来。在佐治亚州的奥古斯塔（Augusta）与亚拉巴马州的莫比尔之间，修建了老联邦路；在费城与北卡罗来纳之间，大河谷路像一把弯刀插入阿勒格尼河谷；从奥尔巴尼到伊利湖则有莫霍克之路。后来，人们还修建了连通西部的俄勒冈之路、摩门之路和加利福尼亚之路。拓荒者们听说西部的山里有金银，还有无穷的沃土可供耕种，便前赴后继地踏上了征程。

东部的大部分路线是印第安人留下来的老路。波士顿上段的道路多年来由于走的人太多，路变成了浅沟。到了南方，如今作为古迹由国家公园管理局维护的纳奇兹古道（Natchez Trace）已经凹了下去。不过“磨损”这条路的主要不是人类，而是更为健壮的四足动物：水牛。每年夏天，水牛都要向北迁移，到田纳西州西部舔舔盐碱地。心满意足之后，它们会在寒冬降临之前返回。它们定期一来一回，导致出现了长约 650 公里、宽约 6 米的凹槽，当地印第安人便对此加以利用。后来，法国和西班牙殖民者也开始利用起来，再后来是英国殖民者和拓荒者，一直到如今的游客。

大部分关于早期道路的故事大同小异：先是印第安人，然后依次是军队、邮差、拓荒者、商人，最终半永久地固定了下来。到 18 世纪中期，由土路构成的道路网将国家东部的一半松散地连接在一起。这些道路绝大多数无人维护，在上面长途跋涉极其困难。通常，人、马、篷车和装满干草的牛车，在路上只能缓慢地挪动。

最早期的这些道路被记录于 1789 年出版的一本地图册《美国道路勘测》（*A Survey of the Roads of the United States of America*）中，作者是克里斯托弗 · 科利斯。这本地图册包含一系列带状地图，上面只显示出道路、路口和沿途的主要地点，对当时毫无章法的道路建设进行了图解，甚是有趣。另外，它也为之后无法避免的发展埋下了伏笔：20 年后，在托马斯・杰弗逊的总统任期内，大道建设规划终于开始有序地进行，联邦政府将正式参与到道路网的设计、建造和维护之中。当刘易斯和克拉克远征归来并报告了他们的发现之后，杰弗逊决定修路。当时的计划并不是修建道路网，而是只修建一条高质量的大道，贯穿全美。

马里兰州的坎伯兰镇被选为理想的起点。当时，它仅通过一条简陋的运河和乔治・华盛顿时代使用的道路与大海相连。1811 年夏天，国会正式批准之后，坎伯兰路第一段的建设开始了。其中很大一部分资金来自联邦政府的土地销售所得。到 1825 年，这条大道最初的 960 多公里修好了。杰弗逊的这一计划也有了一个更庄重的名字：美国国道。

首个签约建设坎伯兰路的人是亨利・麦金利（Henry McKinley）。1812 年 1 月，合约由当时的财政部部长阿尔伯特・加勒廷起草。这份合约的细节也令人吃惊。从最简短的章节便能看出政府对此事是多么地重视。当时所有人都知道，即将建成的道路会对国家将产生持久而深远的影响：

> ……根据上述第四节，须将 66 英尺宽度范围内的树木砍倒并清理；清理树墩，使路基平整且宽度为 30 英尺；将山丘推平，并将泥土、岩石、石块搬走；填平所有下陷、凹地以及桥墩、沟渠，完工时应保证道路整体在上述 30 英尺宽度范围内，道路抬升不得超过地平线上 5°或超过道路修建专员设定幅度的坡度。地面如需提升，两侧倾斜角度不能超过 30°。

1811 年 5 月，合约尚未正式签署，在坎伯兰镇威尔斯溪（Will's Creek）与波托马克河北部支流的合流一处已标记地块：修建开始了。第一步是清理树墩。测量师从此地开始，按英里或杆[1]一路向西进行测量。而根据合约中的内容，每建造一杆，麦金利可获得 21.25 美元。

这是一项巨大的工程，而且直到后期才获得动力机械的援助。经过 28 年的辛苦劳动，道路的最后一段终于在伊利诺伊州万达利亚镇（Vandalia）落成，5 任美国总统参与了这一耗时漫长的项目，在伊利诺伊州中部最后一段路铺上碎石时，时任总统是马丁 · 范布伦。

这条道路的历史意义还体现在，它是第一条以一种能够持续运作的方式修建的道路。当时，战争部门也开始对修建高质量的道路感兴趣。他们想通过道路输送部队，以便在短时间内将士兵派遣至各地。将军们运用政治影响力，说服道路建造者在修建大道过程中采纳一些越洋而来的新理念。其中，苏格兰贵族兼道路建造者约翰 · 麦克亚当（John McAdam）的理念，尤其引起了广泛的关注。

这个苏格兰人被看作救世主。对此前修建的道路，委婉地说，人们并未花费太多的心思，因此质量十分低劣。麦克亚当之所以在英国声名鹊起，正是由于他能比前人做得更好。政府发出命令，此后不得再建造诸如俄亥俄河东侧那类劣质的道路。同时，要想得到联邦政府的资助，必须采用太平洋另一边越来越受欢迎的最新成熟技术修路。突然之间，约翰 · 麦克亚当就成了一位英雄人物。

对这个了不起的人来说，修建道路最初只是他年少时的兴趣，直到后来才让他着魔。麦克亚当年轻时曾被委任为苏格兰南部一条收费道路的受托人，之后就迷上了修建和维护道路。他坚持一定要按照自己的主意改进

① 美国旧时用来表示道路的长度单位，1 杆约为 5 米。

这些收费道路，他简直太有想法了。1816 年，麦克亚当出版了一本小册子，传播他的思想。在接下来的 10 年间，这本薄薄的小册子又被印了 9 次，麦克亚当所提倡的理念被人们奉为圭臬，就连他的名字很快也成了一个常用词①。

传统观念认为，道路应该用大块的石板来修建，石板越大越坚硬越好。麦克亚当则抛弃了这种观念。他创建的新观念是压实。据他所说，若想要道路能够存在得久一些，最顶上的两层应该由碎石组成，且碎石应小到足以塞进一个人的口中。

这样一来，修建道路就十分简单了。受雇的工人能够轻易地量度所使用的石块的尺寸：他们坐在路旁的一大堆石块旁边，用小锤子把较大的石块敲成大致的球形，其重量不超过 170 克；然后他们把打磨完成的石块塞进容器中，确认大小合适后，将所有适用的石块放入一只篮子，最后铺在道路的最顶层。

在至关重要的最顶层下面的第二层，可以使用相对大一些的石块，直径约为七八厘米，而非更早期所使用的巨型石块。麦克亚当规定，在碎石路中不应加入任何黏合剂、水泥、石子和沙土。路过的交通工具会将石块挤压在一起，相互嵌入，从而能使路基更坚固。

此外，道路使用者有经济因素的考虑，他们必须保护路面完整：路费经过巧妙调整后，对道路影响较小的使用者更受惠。通常，羊的脚步很轻，所以每 20 只羊穿过宾夕法尼亚州，从布朗斯维尔（Brownsville）到惠灵

① 由 McAdam 演变而来的 macadam 即为“碎石路”的意思。而“马路”一词则是“马卡丹路”的简称，与马无关。“麦克亚当”旧译为“马卡丹”。——编者注

（Wheeling）收费 6 美分；牛的蹄子更尖锐，对路面造成的损坏更大，所以收费 12 美分；4 匹马拉的车收费则为 18 美分。

这种道路唯一的缺陷是尘土多，尤其在有轮子的交通工具经过时，缺陷更加明显。马车飞快地在路上行驶，由于车身下方气流压力降低，会扬起呛人的尘土。在杰弗逊到范布伦时代，国道及其许多后继者只能忍受麦克亚当式碎石路的缺陷。不过虽尘土飞扬，但这种道路十分耐用。这一问题经过大半个世纪才得以解决。20 世纪 20 年代，一个名为埃德加 · 胡利（Edgar Hooley）的威尔士人决定在麦克亚当式的碎石路面上喷柏油。就这样，胡利发明了柏油碎石路，当时也叫作“黑顶路”。

在长约 1000 公里的坎伯兰路建成之前，国会已同意资助修建延长部分，以穿过密西西比河，沿密苏里河直达杰弗逊市。最终这条路线断断续续跨越了全美，开始是根据各地的需要进行规划，到后来则是国家来规划。尽管夏天一到，1600 公里的道路上尘土飞扬，挡住视线，但国道仍然是 19 世纪一项了不起的成就。正如伊利诺伊州的相关指南所说，这条大道很快便成了——

> ……全国最常用的通道……车马络绎不绝。大型载货马车在这条漫长的道路上艰难前行，满载生产商品驶向边疆，返程时则装满东部海滨城市所需的原材料。在路旁的酒馆和表演厅里，旅行者吃喝、高歌或咒骂……东西向的邮政通过坎伯兰路完成。1837 年，从华盛顿到圣路易斯需时约 94 小时。

很快，赶路时间大大缩短。

蒸汽时代的口令：前进！前进！

自 11 世纪起，人们将无形而灼热的气体称作蒸汽。众所周知，在质量相同的情况下，气态水的体积约为液态水的 1600 倍。体积的改变正是关键所在。

于是，发明家通过各种方式尽可能地利用这一点，继而创造出许多蒸汽动力装置。这些机械再加上杠杆、连杆、曲柄、活塞，能够推、拉、转、压，完成各种任务。在陆路和水路方面，蒸汽动力很快就淘汰了传统的牲畜牵引。只要找到合适的燃料给机器点火，任何劳动都能交给它们，且很快便能大功告成。

美国在工业蒸汽应用领域涌现出许多名人。最早也最著名的一位，正是 1789 年绘制全美第一幅道路地图的爱尔兰人克里斯托弗・科利斯。1774 年，科利斯抵达费城后不久，就为一家酒厂建造了一台蒸汽泵，之后又为纽约城的抽水系统建造了更巨大、更复杂的动力机械。不过这两个成果都不理想：前者只能断断续续地运作，后者建造到一半就因独立战争被放弃了。科利斯的名声在很大程度上来自他绘制的道路地图，他同时还在鼓捣一种即将诞生的机器，而这种机器在以蒸汽为动力的火车发明后将暂时葬送早期的道路体系。

科利斯最早建造的机械无法进行运输。事实上，类似的装置已有一段历史了。1765 年，詹姆斯・瓦特发明了蒸汽机，打开了一扇大门，让人们能够以更复杂、更灵活的方式设计燃烧柴或煤的锅炉，来产生蒸汽，从而推动活塞、转动曲柄、驱动各种转子发动机，让物体沿着陆路、水路或特殊设计的路轨（铁路）移动。

蒸汽的物理性质被发现之后，最早受惠的是水路交通。康涅狄格州的纽扣工匠、修表匠兼银匠约翰 · 菲奇（John Fitch）很早就对关于水运的一切感兴趣。1785 年，他提出“有一种以蒸汽主导的力”的理论，且很快建成了一艘以瓦特式蒸汽机为核心的明轮船。1787 年，菲奇开动这艘船并沿着特拉华河行驶，而此时离乔治 · 华盛顿渡河的年代才 10 多年。但菲奇始终未能吸引投资者的兴趣，他逐渐被人们遗忘，成了可怜的笑柄。1798 年，他服用过量鸦片药丸自杀，深信总有一天他的创举会得到认可。

不过，菲奇所想象的奇迹并没有发生。如今，人们将荣誉归于一个人脉更广、更受喜爱同时也更有野心的宾夕法尼亚人：罗伯特 · 富尔顿（Robert Fulton）。富尔顿从瓦特的公司购买了蒸汽机，将其安装在他自制的一艘汽船上，用以转动一对长约 4.5 米的船桨。1807 年，他驾驶着汽船到了哈得孙河上。他将这艘船命名为“克莱蒙特号北河汽船”，后又缩短为“克莱蒙特号”。富尔顿邀请乘客上船并收取费用，在纽约城和奥尔巴尼之间定期往返。这段路程坐船只需 32 小时，且不受风向和天气影响。

富尔顿建造的船在一夜之间获得了巨大的成功，引领了一种全新的水路交通方式。10 年后，另一艘汽船成功地沿密西西比河溯流而上，之后向右转，又沿俄亥俄河继续驶向上游，最终抵达辛辛那提。由此，以蒸汽为动力在河流上航行，很快便引起了所有人的莫大兴趣。两年之内便有超过 60 艘明轮船在圣路易斯与大海之间往返，人们将生意做得热火朝天。

就这样，水路上的蒸汽技术迎来了飞速发展时期：1817 年，从大海到肯塔基州路易斯维尔需要 25 天；10 年之后，不到一个星期便可抵达。船只设计得越来越时髦，也更适于航行。许多船吃水极浅，有人开玩笑说，这些船甚至可以漂在露水上。

尽管命运残酷，但康涅狄格州的手艺人约翰·菲奇还是应该作为真正的先锋被铭记。

在罗伯特·富尔顿取得成功之后，已经没有什么能够阻挡蒸汽了。它带来的变化日新月异。15 年之内，汽船与之后的蒸汽火车这两种全新的运输方式统治了一切货运，尤其是原材料运输。不过，由于高压蒸汽存在危险，有人因此而丧命，1838 年查尔斯顿的一次巨型锅炉爆炸就是一例。当时有人记载，时代的口令是“前进！前进！”——不计后果，也不惜付出生命的代价。

蒸汽动力的蓬勃发展暂时终结了高速公路系统的概念，转而成为铁路业一系列全新竞争的肇始。到了 19 世纪中叶，这些明争暗斗对连接东西海岸至关紧要：人们要走的不是碎石路，而是钢铁之路，以热能和火为动力的新造物将飞驰其上。

铁路让“中间地带”不复存在

1825 年 9 月，在英格兰东北部，第一列能够运行的火车从车站驶出。同年，一名富有的纽约老者约翰·史蒂文斯（John Stevens）制作并运行了美国第一节蒸汽火车头。然而它没有名字[①]，既没运过货，更没载过人，哪里也没去，只在新泽西州霍博肯（Hoboken）的小型圆形铁轨上跑过。如今，它已经湮没在历史的尘埃之中。

① 英国的火车头被命名为“1 号”火车头，并在其具有历史意义的初次亮相中搭载了 700 名乘客。人们坐在 33 节煤车里，花了两小时走完了煤矿镇斯托克顿（Stockton）和港口城市达灵顿（Darlington）之间约 19 公里的路程。

在听说了约翰 · 菲奇的忧伤故事和 1787 年他那可怜的小蒸汽船在特拉华河上的经历后，史蒂文斯被菲奇的念头深深地迷住了。根据官方传记所述：“从那一刻起一直到死，史蒂文斯将自己的生命和财富全部投入到推动蒸汽动力水陆交通运输的进步事业中。他一心钻研蒸汽科学，绘制锅炉和蒸汽机的蓝图。他完善了垂直蒸汽锅炉的设计，改良了早期蒸汽机，这都是为汽船而设计的。他还把蒸汽动力运用到风箱上。”换句话说，蒸汽成了史蒂文斯的信仰。

一开始，史蒂文斯并不比菲奇成功。他对从曼哈顿旁流过的哈得孙河有一种特殊的忠诚。他做了一个试验：在新泽西州和纽约州之间的哈得孙河上运行渡轮。这一计划无果而终后，史蒂文斯又计划建造桥梁和隧道以穿过哈得孙河。

后来，随着年龄的增长，史蒂文斯对汽船及其他船舶的热情逐渐冷了下来。与不同竞争对手之间的无数争端令他疲倦不堪。于是，暮年的史蒂文斯将兴趣转移到竞争没有那么激烈的铁路事业上，而当时铁路还未完全被发明出来。史蒂文斯曾猜想，挖掘伊利运河在经济上不及沿哈得孙－莫霍克河谷建立纽约与伊利湖之间的铁路有效。这一猜想后来得到了证实。大约在 1815 年，史蒂文斯构思了一条木制轨道，让装有法兰轮[①]的马车与货车在上面行驶，“由蒸汽提供推动力”。他对自己的主意有足够的信心，希望获得政府的许可来建设轨道，然而当时疑心重重的立法机关拒绝批款。

这令史蒂文斯十分懊恼。当时他已经 76 岁了，性情暴躁易怒。他在霍博肯有一处房产，从那里可以俯视曼哈顿下域快速增加的楼房。史蒂文斯命人在此处修建了圆形轨道，又建造了他所提案的火车头工作模型，并让它在

① 一种带有凸缘的轮子。——编者注

轨道上打转。他最后做此次尝试，是想说服政府建立蒸汽动力轨道。但那些在他看来保守且眼界狭隘的立法者丝毫不为之所动。

然而，史蒂文斯的演示和理念还是获得了赞许，很快便激发了几十位模仿者。他本人也许没能带来多么深刻的影响，但这一理念无疑并未消失。在他演示火车模型后仅过了两年，一系列大型轨道开始在东部各地涌现，且全部以蒸汽为动力。而这一狂热即将席卷整个国家。让距离消亡，让“中间地带”不复存在，成了这个国家最优秀的工程师和最有抱负的大亨的全新使命。

史蒂文斯在 1838 年逝世，而此时铁路梦正快速成为现实。

1828 年 7 月 4 日，最后一名仍健在的《独立宣言》签署人查尔斯·卡罗尔（Charles Carroll）曾受邀参与巴尔的摩与俄亥俄铁路的破土动工仪式。他说：“我认为这是我一生中最重要的行动之一，其重要性仅次于签署《独立宣言》——甚至未必次于它。”

后来，史蒂文斯的两个儿子[①]最终成了一条铁路的董事，这条铁路垄断了纽约和费城之间极其繁忙的路线，大大增加了家族财富。史蒂文斯曾有过一句名言：“只有通过在大众中普及知识和信息，国家才能拥有良好的品德和合格的政府。”他的一个儿子曾留下遗书，将包括土地在内的遗产捐出，建立了史蒂文斯技术学院。如今，青年学子们在这所学院的草地上漫步，学习最前沿的机器工程的知识。而这块草地正是 1825 年第一列蒸汽火车跑过的地方。

从 1828 年开始，在接下来的几十年中，变化席卷了大地。内战过后

---

① 其中一人发明了排障器，成为美国独特的铁路标志。

是1873—1879年的经济大萧条。这次经济大萧条的部分原因正是内战后蔓延的铁路狂热。在那之后，铁路继续引发狂飙突进式的变化。有一个例子很好地概括了铁路早期的情形。1828年，来自田纳西州的安德鲁·杰克逊（Andrew Jackson）当选为总统。他是乘马车到白宫去的，当时全美只有不到32公里的铁路；而仅仅8年后，当他卸任时，则是乘蒸汽火车回的家，那时，全美铁路总长度已经几乎有5000公里了。

1828年年底，当巴尔的摩与俄亥俄铁路正式开通时，火车头还未造好，因此车厢必须由马拉动。早期的火车头大部分是从英国进口的——英国已经早一步进入了铁路狂热之中。不过在10年内，美国工厂就掌握了工程原理。1839年之前便已建造了超过300节不同的火车头。当时有6种不同的轨距，直到1886年，经典的标准轨距（1435毫米）才得到正式普及。

铁路的流行令经济规模突涨。到1870年，铁路行业已成为全美第二大雇主，仅次于农业。主要铁路公司很快就成了全美规模最大的公司，其中有许多公司在起步时获得了巨大的政府贷款或拨地。

早期铁路背后的资金几乎一半来自公众的腰包，这成了一种极为明智的投资。铁路输送着一车车金属矿石和谷物，矿业和农业因此受益。火车开始用煤取代木头作为燃料后，从马里兰州到田纳西州，新矿井如雨后春笋般涌现。随着供应铁路线、信号、客车和货运车厢的新工厂建立，铁路无疑巩固了国家东部的工业革命。

铁路同样对社会带来了长远的影响。由于当时的公司有严格的时间要求，因此员工乘坐火车会携带怀表，由此时区得以确立。使用铁路出行的人必须配合铁路所在的时区。宾夕法尼亚－纽约中央铁路采用阿尔图纳

（Altoona）[①] 时间。匹兹堡车站的时钟能显示 5 种其他时区的铁路时间。而美国东部线路共有 50 种不同的铁路时间。

铁路甚至推动着人们学习全新的技能，从而有机会成为技工、锅炉工人、铸造车间工人以及土木工程师等。正是这些人建造了桥梁、挖出了运河，而铁道如今正在跨越运河的大桥上飞驰。人们开始尝试全新的商业管理理念和模型，测试之后便投入使用。

铁路的创建还滋生了“度假”这一概念。突然之间，人们到其他地方变得更方便，也更便宜。人们开始建造度假胜地、矿泉疗养地和幽静的乡间小屋，而火车站就建在附近。

在更广的层面上，城市的选址以及繁荣发展受到了铁路建设的极大影响，芝加哥就是一个例子。在所有的接合处、转换中心以及编组场，运货车厢经过准确分类后被送往各自的最终目的地。除此之外，人们的生活、服务、饮食和居所等，无不受其影响。

而铁路没能抵达的地区则无可避免地受到了不利的影响。早期，这种影响在南部地区最严重。

北部和东部的建设一日千里，人们很快就意识到，中西部制造商将货物运送到纽约、波士顿或巴尔的摩的时候，利用不停站的货运列车比利用向南流的运河更经济，也更有吸引力。南部早期铁路的规模很小，仅限当地运行，与东部主要铁路线没有连接。与日俱增的隔绝感和距离感最终导致了南方邦联的建立和内战。规模庞大且运用精密技术的北方铁路网是奠定战争结

① 位于美国宾夕法尼亚州的一座工业城市。——编者注

局的因素之一，因为能够迅速移动军队的联邦将军有着巨大优势。所以说，铁路除了在联结国家上厥功至伟，在 19 世纪 60 年代爆发的内战中同样扮演了不可忽视的角色。当时，国家分崩离析，手足相残，深陷耻辱和恐怖的内战泥沼中。

之后的几十年里，从缅因州到查尔斯顿，从芝加哥到辛辛那提，从新泽西州到内布拉斯加州，全部陷入修建铁路的狂热之中。仅用了 30 年，东部和中西部就被 4.3 万多公里的铁轨连接了起来。后来木轨改为钢轨，其耐用程度提高了 17 倍。一位热心的诗人 R. C. 沃特斯顿（R. C. Waterston）在波士顿向听众吟诵："滑行的车厢，如流星狂奔。/ 熙来攘往，将各州结合为一。"

但此时，"结合为一"的仅仅是东部和中西部的北方，即位于大西洋与密苏里河之间的区域。要想锻造完整的连接，就离不开团结一心的行动、具有现实意义的路线、巨细无遗的计划、大量金钱以及前所未见的艰苦劳动。由此一来，一条横跨大陆的铁路即将铺展开来。届时，仅需数天而非数个月，就能够从一侧海域抵达另一侧海域。

1838 年，即巴尔的摩与俄亥俄铁路开通 10 年后，最早横越国家的铁路方案被提交上去了。1853 年，国会成员进行最初的正式测量，而出于政治原因，他们没有选择任何一条事先预测的路线。当时的政治争论大体围绕着"新西部"各州的奴隶问题。大部分南方议员要求新州中一半准许奴隶制，并希望通过铁路将奴隶制推广出去。事态混乱而复杂，令人难以忍受。等到最终共识达成，他们才开始修建这条长 4800 公里、从一侧海岸到另一侧海岸的铁路。在很大程度上，我们需要感谢一位卓尔不群的人物：西奥多 · 朱达（Theodore Judah）。不过，这位来自康涅狄格州的梦想家，同其他的先驱者一样，看上去就是一个"疯子"。

第一条横贯北美洲大陆的铁路

西奥多·朱达是康涅狄格州一名牧师的儿子。1860 年，朱达勘测了令人望而生畏的内华达山脉，花了整季的时间登山和制作地图。经过长期的深思熟虑，他认为唐纳山口（Donner Pass）是跨大陆铁路的一条理想穿越路线。唐纳山口海拔 2000 多米，常年积雪。1846 年，有西行的先驱者在此地被困在提前到来的暴风雪中，几乎一半人丧命。这里也因此令人生畏。

西奥多·朱达的生活完全被铁道所围绕。他在纽约州特洛伊学习工程学，学校就在特洛伊－斯内克塔迪铁路（Troy and Schenectady Railroad）的货场边上。朱达最开始曾在佛蒙特州建造铁路桥，之后又对哈特福德和纽黑文铁路进行测量，并参与了尼亚加拉瀑布与安大略湖铁路的建造，以及测量并修建了沿尼亚加拉河谷的铁道线路。他还被指派为布法罗与纽约市铁路的总工程师，而在这之后，重头戏来了：他又受邀到西部去规划一条新的铁路并监督其修建工作。这条铁路将沿萨克拉门托河进入加利福尼亚州的高原采金区，它将成为密苏里以西的第一条铁路。不过，修建这条铁路只是为了给淘金者提供铁镐、铁铲和岩钉等。这些商品将由蒸汽轮船从旧金山运到河源。

初出茅庐、24 岁的新英格兰人朱达，第一次见证了内华达山脉边疆的力量。他只用了很短的时间便确信，穿越这道阻隔贸易、旅行者与铁道的巨大地理屏障，既是一种能力的体现，也是一种义务：它的背后蕴藏着加利福尼亚的魔法和财宝。而他无疑正是完成这一使命的人。朱达为之着魔，甚至可以说接近疯狂。他确信，国家将来绝对需要跨越大陆的铁路。

朱达认为，旧金山与萨克拉门托是西部的关键城市。横越内布拉斯加州的普拉特河谷则可作为一条可选的路线。当货运列车朝西驶去时，怀俄明州南部山口无疑是一条最方便的路线，它穿过了落基山脉和大陆分水岭。在盐湖城则能获得并能储存食物、燃料，还可提供机车乘务员。现在只需要找到一条路线，穿过内华达山脉，再从内华达的沙漠进入加利福尼亚的平原。朱达细心规划了这一路线，并考虑了全部的可能性。他还撰写长文不遗余力地推广他的观点。他的一个朋友为当地的一家报纸工作，于是耐心地、一遍又一遍地为他刊登文章。

朱达成了人们口中的“狂人”，他很快成了加利福尼亚羽翼渐丰的社会中一个大名鼎鼎的人物。1859 年，他被选为代表，参与太平洋铁路会议。这说明人们对他很尊重。当时，旧金山当地人已因采金场赚得盆满钵满，渴望以更便利的方式与纽约连接起来。那时候，人们通常先乘船到巴拿马，坐上“蚊满”为患的火车穿过海峡，再经过漫长的海上旅途到曼哈顿下城东河的登陆点。

太平洋铁路会议十分成功。雄辩、热情、博学、疯癫且迷人的朱达，毫无疑问便成了这个项目的官方代表。他被派回东部之后，以激昂的信念不断地向国会山的立法者施加压力。他向所有的人都传达了同一个信息、同一个要求。然而由于他的附加条件，在接下来的数年内，这一计划迟迟未能执行。朱达的附加条件是，加利福尼亚和新的铁路线路不允许进行邪恶的奴隶贸易。在当时，这有悖于国会中部分人的意愿。在内战一触即发的形势下，这部分人人数不少，且大部分是南方人。这些人顽固地争辩，使得计划延迟了许多年。

朱达的游说、劝诱和演说都很优秀，但他实际上做的最重要的事情是带着驴队、测量链和经纬仪到现场测量。1860 年的一个夏日，最重要的时刻来临了。朱达收到了一封信，寄信人名叫丹尼尔 · 斯特朗（Daniel Strong）。斯特朗想让朱达看些东西。他在东北方 96 公里远的山脚小镇达奇弗拉特（Dutch Flat），经营着一家药店。

当时，只有 9 年历史的达奇弗拉特是一座狂放的矿镇。镇上有一家邮局，配有酒吧和商店；一名医生，再加上隔壁斯特朗的药店，应付着频繁出现伤病的淘金者。一条马车道从山的正面通往萨克拉门托。①

镇上的淘金者采取的是一种粗暴的水力采矿方式，利用极高压的水流喷射，将贵金属片从矿沟中冲洗出来。水流将山崖"撕裂"，筛出金子。直到矿藏枯竭，价值数百万美元的黄金从此地的试金者的柜台上流过。这种快速而粗暴的采金矿法曾一度盛行，如今已经被法律禁止。它给加利福尼亚的乡间环境留下了难以弥合的创伤，这种创伤经过一个半世纪仍未完全恢复过来。

但斯特朗想让朱达看的并不是这个，他想让朱达看一处他认为摄人心魄且极度重要的景象。斯特朗很清楚，年轻的工程师朱达渴望建造一条通往芝加哥和纽约的铁路——朱达的文章几乎隔天就刊登在当地的报章上，斯特朗怎么可能不知道呢？斯特朗住在山中，他很清楚要找到一条穿过山岭的路有多么困难。也许他找到了答案，于是便带朱达到山上观看他几天之前曾见到的景象。也因此，朱达得出了在斯特朗看来无可争辩的结论。

两人租了两匹强壮的马便启程了。一路上几乎没有看到什么人，只有 15 年前到过唐纳山口那一行人和营救者留下的痕迹。他们花了几小时挤过

---

① 数以千计的德国人（被当地称为"荷兰人"）在发现沙金之后，搬到达奇弗拉特定居。1848 年，这是继在萨特磨坊发现金子的著名故事之后，内华达山麓附近众多发现金子的地方之一。公平地说，这一事件导致旧金山突然扩张，加利福尼亚的经济状况也随之完全扭转。（达奇弗拉特意即"荷兰人群落"。——译者注）

散发甜香的松树林，蹚过小溪。海拔不断升高，空气变得越来越清凉，风也越吹越大。最终，他们来到约 2400 米高的山顶。斯特朗比了个手势，示意朱达向他所指的方向看去——准备大吃一惊吧。

朱达确实为眼前的一切感到吃惊：呈锯齿状的山脊高耸，在南北两侧绵延不断，面前则是一条低矮的通路。陡崖从右侧直通亚美利加河（American River），左侧则通到尤巴河（Yuba River）与贝尔河（Bear River）。山崖之间有一片地势较低的平原，向下延展，尽头处是波光粼粼的湖面。斯特朗说，湖水通过一条小溪流入特拉基河（Truckee River），之后绕过山直通洪堡平原（Humboldt Plains），进入内华达领地。因此，铁路自然也能走这条路线。

朱达顿时就明白了。之后，两人在一处被牧羊人废弃的房屋中住了一宿。第二天早上，朱达早早地起床，又爬到了唐纳山口，以确认自己的双眼没有欺骗自己。当时正在下雨，朱达站在陡峭的山脊线上向东望去，看到恍如新生的清晨之景在他面前展开，能见度也相当好。他坚信这里能够且即将拥有前往东部的铁路。只要这一任务完成，缺失的一环将被嵌入紧密而永久联结整个国家的钢铁网中。

一回到华盛顿，朱达就着手进行计算。为了向国会提供证据，他绘制了一幅关键位置的大型地图，高约 27.4 米，图上显示出计划中的所有切割、路基、界线与隧道。从萨克拉门托到唐纳山口的距离约为 164 公里，到内华达山脉则约为 225 公里。朱达设计的路线要求火车头平稳地爬升到 2000 多米的唐纳山峰，坡度均不超过百分之二。当时费城的大工厂制造的鲍德温火车头能够轻而易举地“攀爬”上去；但穿过阿勒格尼山脉的部分山道几乎同样陡峭。在另一侧，沿着特拉基河河谷下行 21 公里的道路状况十分糟糕。建造这条铁路虽然可能十分困难，但绝非不可能。只要铁路建造完成，哪怕相当长的火车要穿过山口也能轻而易举。

接下来，建造第一条横贯大陆铁路的壮举已成为众口传颂的美谈。有两家大型铁路公司参与其中：由私人资助、总部设在旧金山的中央太平洋铁路公司，以及由政府扶持的联合太平洋铁路公司。此外，还有另外一件事值得一提，即1862年7月1日林肯签署生效的一项议会法案:《太平洋铁路法案》（*The Pacific Railroad Act*）。当时邦联大军在华盛顿外围集结，林肯的心思完全放在守卫首都以及正在起稿的《解放宣言》上。三个星期后，林肯便将在内阁会议中讨论此事。

《太平洋铁路法案》冗长而繁杂，其中不乏为铁路筹措资金的详细计划，辅以时间表以及对参与者的奖惩规定，参与者将参与“从密苏里河到太平洋的铁路与电报线的建设”。其中的第一节、第九节与第十节三个关键段落，为人们所铭记，时至今日仍然适用：

> 第一节　谨此授权……联合太平洋铁路公司……自格林威治以西的第一百条经线上的一点开始，以里帕布利克河河谷为南部边界，以普拉特河河谷为北部边界，到内华达州领土的西部边界……设计、定位、建造、提供、维护及拥有一条连贯的铁路和电报线……
>
> 第九节　谨此授权……加利福尼亚中央太平洋铁路公司从太平洋海岸……到加利福尼亚东部边界……建造一条铁路和电报线……
>
> 第十节　谨此授权，加利福尼亚中央太平洋铁路公司在完成建造横贯该州的路线之后，继续建造横贯国土至密苏里河的上述铁路和电报线……直至上述路线连接起来……

中央太平洋铁路线的建造工作率先展开，因为尽管它相对较短，但建造朱达提议的路线却极为根难。1863 年 1 月，天气寒冷，动工仪式在萨克拉门托举行，人们基本保持乐观的态度。城镇以东、沿着河边平缓的冲积平原的最初几公里轻易地就完成了。但当伐木工、挖土工、劈石工、造桥工和设置铁路垫板的工人来到山麓后，一切开始变得极其困难。他们即将面临各种挑战。

首先，所有的装备必须绕过合恩角（Cape Horn）沿海路运输过来。朱达订购的 5000 吨重的铁轨、8 个火车头、8 节乘客车厢和 4 节行李车厢，以及 60 节运货车厢，全部需要在纽约装船，经过几千公里危险莫测的海路抵达旧金山，再运输到乡间的工地现场。至此，真正的问题才刚开始。

地形、地质和天气构成了可怕的“铁三角”。攀爬悬崖几乎不可能，因此必须通过坚硬异常的火山岩修建隧道。最终，2000 人花费了 18 个月才终于完成了 800 米长的越岭隧道。而此地积雪厚度超过 4.5 米，足够埋掉驻扎地点 10 次有余。随着铁路一天一天艰难而缓慢地向东推进，人们必须为火车建造特殊的雪犁。一些地方甚至用手都不可能挖出铁路，于是建造工人制作了巨大的铁罩置于铁路上方，希望能抵挡频繁的雪崩。

此外，人手极为有限。尽管薪金丰厚，但就连旧金山最能吃苦的爱尔兰人和斯拉夫人，也不愿意在如此极端恶劣的环境下长期从事艰苦而危险的工作。与在山里一连数月忍受饥寒和危险相比，淘金或者为新来城镇的人们建造房屋简单得多了。

最终有人提醒工头，中国工人的个子和体魄有一定局限性，但中国人建成了伟大的长城。没过多久，来自中国南部渔村的两万名移民乘船进入湾区。这些人秉性坚忍，无畏艰难。人们不会忘记他们的成就：中国人的工作方式极其英勇，他们完成了难度极高的越岭隧道；而由于钻头不堪用，他们首次采用了硝酸甘油炸药。最令人难忘的情形则出现在附近的合恩角悬崖，其中一部分工人同意坐在用绳子悬吊的小桶中，被放入垂直的悬崖，然后在300米高的陡峭表面凿出一条通道，爬进去将它扩大，直到宽度和深度足以承载火车。工人们使用了黑火药和硝酸甘油，但由于对这些强力炸药不够熟悉，大量工人死亡。直到今天，此地仍然散落着一些寂寥的坟墓，提示着这些工人当初坠落的地方。

当队伍沿着特拉基河深入内华达州炎热而干旱的平原地区时，在中央太平洋铁路建造中遇到的问题得到了极大的缓解。工人们铺设铁轨的速度极速提升，每天能够完成若干公里。一队队工人将经过粗凿并晒干的三角叶杨枕木放在平滑的碎石路床上；接着，后来被称作“甘迪舞者”的铁路工人将长约4.5米、重200多千克的铁轨与枕木垂直摆放，每次两条。紧随其后的大群工人用锤子将长钉锤进去，拧紧螺钉，固定好鱼尾板。当时，工人们每天需要完成16公里。为了达到这一目标，他们每12秒就需要将两条铁轨以1435毫米的标准间隔①铺好并固定。

1863年12月2日，在东部，联合太平洋铁路的铺设工作也开始了。在理论上，铁路的起点是位于康瑟尔布拉夫斯对面、内布拉斯加领土内的奥马哈，可乘渡轮抵达。在此地举行的动土仪式比萨克拉门托更隆重：士兵齐鸣枪炮，乐团吹响喇叭，千名奥马哈精英人物则准备一醉方休。

然而在实际操作过程中，这边的情况与中央太平洋铁路一样令人不胜其烦。工程队伍从奥马哈开始铺设铁路，根据设计原本将抵达西海岸，但当时

① 关于轨距的争端用了一年的时间才得以解决：1863年，林肯签署了一项铁路法案，将轨距固定为当时英国利物浦与曼彻斯特铁路线使用的轨距。

奥马哈与东海岸之间没有物理上的连接，更别说西海岸了：密苏里河上连桥都没有。几百吨重的铁轨、枕木、道钉、工具、铁铲、车厢和火车头等所有建设材料，都必须用船运送。此外，许多工人也必须坐船。更糟的是，密苏里河的东侧同样也没有铁路连接。直到后来，芝加哥和西北铁路公司才将路线从芝加哥延长至康瑟尔布拉夫斯。

联合太平洋铁路雇用了许多爱尔兰人。成千上万人乘坐移民船跨过大西洋到纽约，他们还带来了威士忌。内战结束后，曾加入两方军队的爱尔兰人退役，遂到西部寻找联合太平洋铁路的工作。他们通常能够得到工作，但随之而来的是无法避免的酗酒斗殴和犯罪。

在修建铁路的过程中，人们还建造了特殊的工人用火车，火车上面设有供住宿与开杂货店的车厢，还能提供鲜肉。而火车最后跟随着的，是如城市一般的、被称为“轮上地狱”的车厢，上面设有赌场、舞厅等，工人每晚精疲力竭地回来后，能在那里找到所需要的一切。

就这样，联合太平洋铁路的工人们穿过了草原、高草地和北美大平原。通过南面山口时，他们尽可能将铁轨铺设在和缓的斜坡上，之后穿过分水岭进入怀俄明。在中央太平洋铁路的中国工人向南方推进的同时，爱尔兰工人正向西推进。1869 年初夏，在一个重大的日子里，两支队伍彼此遥遥相望。他们停了下来，挥手、喊叫、派人侦察、打招呼，并为庆功宴做准备，接着继续稳定地推进。

永载史册的一天终于来临！ 1869 年 5 月 10 日，星期一，两条铁路线会合。由于气候原因，会合时间延迟了，按照计划，原本应发生在两天之前。从那一刻起，连贯的铁路横贯北美洲大陆，将太平洋和大西洋连接了起来。两条铁路的终点在相隔一两米处停下。

位于落基山脉与内华达山脉之间的盆地与山脉区海拔约 1500 米，平坦而干燥。由于附近的山脉，这一地区后来一直被称为普罗蒙特里。这里是犹他州的领地，主要由来自盐湖城的摩门教教徒掌管。这些人对外界的侵入心存疑虑，没有人关心铁路线会合那天的仪式。

庆典相当盛大。来自东部的人花了一夜时间建造了一座小车站。许多围观者、官员、工人及前来祝贺的人们乘火车抵达这里。联合太平洋铁路线那亮黑色与黄铜色相间的 119 号火车停在东部铁路最西端；中央太平洋铁路线的庞然大物“木星”号则停在联合太平洋铁路的最东端，上面装饰着彩旗。当地成千上万人在等待着，更多的人则在各地等待着电报传来的好消息。

加利福尼亚的工头命令一群中国工人站到两段铁轨之间的泥土上，画线并确保地面平坦，以放下枕木。有人注意到枕木的质量有所不同：中央太平洋铁路使用的枕木锯面整齐、经过打磨抛光；联合太平洋铁路雇用的爱尔兰木工制造的枕木则切得非常随意，还残留着一些树枝原本的样子。最终使用的枕木是加利福尼亚的存货：月桂树木材，长约 2.44 米，截面是边长约为 20 厘米的正方形。来自旧金山的一名台球桌制造工人将它打磨得闪闪发亮。

人们准备了一些仪式用的道钉，以便将铁轨最终固定在枕木上。其中一根道钉由一位富有的旧金山商人提供，它由约 28 克的纯金打造，上面刻着“愿上帝永远保佑国家统一，正如这条铁路连接世界最大的两大洋”。这根道钉和另一根纯银道钉，再加上一根由贵金属合金制作的道钉，它们将一同被安置在预先钻好的洞中，然后被按下去。但即使实施者下手很轻，也只有铁制道钉才经得起敲打，用软合金、纯银和纯金制成的道钉则容易变形。这位实施者是当时的加利福尼亚州州长兼参议员，也是斯坦福大学的创建者：利兰·斯坦福（Leland Stanford）。尽管这次仪式被称作“金色道钉仪式”，但最终所用的实际上是铁制道钉。

铁制道钉的顶端连接着一枚小铜片，两根细细的电线与电报线相连，一端通往东部，另一端穿越西部直达旧金山。斯坦福用镀银的锤子将道钉轻轻敲打至正确的位置；而锤子的把手上同样有两根细线，也与电报线相连。当锤子碰到铜片时，连接就完成了。全美的电报局此时正屏息以待。当地当值的电报员提醒远方的上级说，锤子和道钉的连接信号可能会由于过弱而无法传递，因此一旦看到锤子敲下，他会立刻在自己的线路上敲下三点，以确保锤子和道钉真正连接。

“木星”号与 119 号在最终完成的轨道上正朝彼此缓缓滑行。人们在这一刻拍照，互相握手致意。由纯金、纯银与合金制成的道钉各自被放在相应的洞中。工人们将两枚铁制道钉插入木头，使其垂直竖好，包括顶端有铜片且电线与纽约相连的那一根。一切就绪，只差最后的敲打了。一位来自马萨诸塞州皮兹菲尔德（Pittsfield）的部长发表了最后的祷告辞。

联合太平洋铁路公司的高层托马斯・杜兰特（Thomas Durant）随即跪下，准备敲下那根没有电线连接的铁制道钉；斯坦福同样采取跪姿，并举起锤子，回头望向电报员。接着，两人同时屈臂，向下挥动，将铁制道钉轻轻地敲入木头中。与此同时，电报员敲下三点，向两名西装革履的人报告说：“完成。”瞬间，这一消息传遍了各地成百上千所电报局，随即爆发了一阵短暂的狂欢。这一难忘的时刻终于来临：铁路线路连接了起来，从今以后，从纽约到加利福尼亚原本需要花费 6 个月的陆路旅程缩短至一周以内，且价格适宜。

人们沉浸在欢呼声之中……巨大的声响甚至在太空都能听见。杜兰特与斯坦福握了手，发表了演说。而两列火车则缓缓向前挪动，排障器互相接触。人们打开香槟，开始痛饮。火车司机们则越过灼热的金属板，拥抱彼此。

许多人偷走了那些代替粗糙枕木的月桂枕木，人们开始担心铁路无法连接起来。最后，为了解决这一问题，在铁路旁设置了守卫。而这些枕木，最终将会进入展览会或博物馆的玻璃橱窗中。

在此过程中也有一丝特别的辛酸。西奥多·朱达在这条路线的建造中参与了立法及包括资金和技术在内的各方面的安排，如促使国会通过《太平洋铁路法案》；又从多疑而毫无耐性的银行家那里获得大量资金（仅在犹他州一段就耗费 1200 万美元）；他还登上唐纳山口精确计算出坡度，又计算出隧道的曲率及特拉基河所需的坡度。然而，朱达本人未能活着看到这一梦想成为现实。1863 年，在通过巴拿马时他被蚊子咬了一口，当年秋天就死去了，所以在庆典仪式中人们没有看到他。由于参加者的逐利本性，人们只是半敷衍地提及了朱达的名字，草草地给予了肯定。人们记住的是斯坦福、杜兰特和林肯。尽管后来唐纳山口顶峰的一座山以朱达的名字命名，萨克拉门托的一座公园中也有一块他的纪念碑，然而在今天，西奥多·朱达几乎湮没在人们的记忆中。

人群终究散去了，山中回归清静，剩下一片荒芜，直至第一列火车驶过。虽然，火车最开始不在纽约与旧金山之间行驶，不过至少将奥马哈与萨克拉门托连接了起来。事实上，从纽约直通旧金山的梦想，还要再过一阵子才能完全实现。再过 4 年，密苏里河上才会建起一座桥；接着再过 6 个月，旧金山与萨克拉门托之间才开始建造铁路线。在 1873 年 3 月之前，要想从一侧海岸到另一侧海岸，人们必须在康瑟尔布拉夫斯下火车，乘坐渡轮前往奥马哈的火车站，再经过一段不间断的旅程才能实现。桥梁具有至关重要的象征意义。如今这列火车的第三任“后继者”仍在河上；只有慢速火车拖着煤、小麦和玉米穿过“大马迪河”，同时发出嘈杂的响声。总是晚点的国家铁路客运公司列车也会从这里穿过。

很快，全美将建立更多铁路线，北部比南部多一些。犹他州的仪式结束 50 年后，40 万公里的铁路线似乎足以将所有小镇和村庄全部连接起来，即使最不起眼的地方也有火车抵达。在 19 世纪晚期，几乎所有的美国人出门都会坐火车。

今天的美国铁路主要用于货运。不难猜到，在奥马哈与康瑟尔布拉夫斯，再加上附近环绕着的平原，此地货运业最为繁荣昌盛。

贝利编组站（Bailey Yard）是全世界规模最大的铁路编组站，长约 12.8 公里，总面积约 12 平方公里，汇聚了数百公里长的铁轨和调车线。来自各地的载货车厢经过分类并与原列车分离之后，被接到其他列车上，之后列车将沿着长长的、平缓的人工山峰滑入远处的轨线。列车在这里经过重组后，来自怀俄明州的运煤车被摘钩，一部分被送往佐治亚州的发电厂，一部分被送往亚拉巴马州的冶炼厂，还有一部分则等待前往韩国的运煤船。来自芝加哥的集装箱下，运货车厢发出哀鸣，它们的终点是西雅图等待卸货的货船。来自中国的 200 块风轮机叶片借道旧金山，正要被送往弗吉尼亚州的山巅；来自艾奥瓦州的车厢装满几千吨玉米，将要被送往加尔维斯敦（Galveston）；来自蒙大拿州的铁砂正被送往内华达的新冶炼厂……车厢中装载的这一切，组成了庞大的经济体。一切在这里进行，转移、旋转和搬运等，它们在计算机的控制下犹如在跳一支复杂的舞蹈。根据所有者和顾客要求的时间表，软件从业者已安排好一切，尽可能让任务能够准时地、快速高效地完成，最后进行核算。

这就是贝利编组站的运作方式。它的创始人埃德 · 贝利（Edd Bailey）曾是夏延镇一家载货车厢检修店的铁匠，后来成了联合太平洋铁路公司的总裁，这个巨大的设施便是以他的名字命名的。

这一占地 12 平方公里的编组站的规模被誉为世界之最。奥马哈的哈里曼街控制坑道被称为全世界最大的铁路运营中心；从全球规模来看，联合太平洋铁路的一切都庞大无比。人们还将贝利编组站称作每日检测国家经济健康度的“石蕊试纸”：此处越繁忙，代表国家的财务报表越正常。

它将北普拉特镇（North Platte）完全包围。而在 20 世纪 30 年代，这里还只是一个“没有红绿灯、人和车都不受约束、自在畅行的小镇”。当时，几乎每栋建筑物中都有一幅“水牛比尔”· 科迪（“Buffalo Bill” Cody）的肖像，他是北普拉特的守护神。而如今，几乎每栋建筑物上都有联合太平洋铁路的红白条纹盾形标志。这是一个名副其实的铁路小镇，它和铁路的财富共存亡。

通常，火车只能将乘客和货物载到固定的地点：它们从车站开到车站，并不能从一所房子直接进入另一所房子。后来，亨利 · 福特创造了 T 型车，能将乘客从家里送到不同的地方，这是一次颠覆。火车在载人方面只享有了短暂的辉煌，之后由于汽车的出现，它突然变得暗淡无光。

然而，早期的汽车出行并不轻松。在汽车发明后不久，它就成了爱好冒险之人的最新潮玩物，但由于当时的道路状况很差，这种冒险更像是一种艰难的探索。

当公路网大范围展开后，乘着早期的汽车前往这些公路，在爱冒险的人中开始成为流行。他们并非想当先锋或拓荒者，也并非屈于宗教或黄金的诱惑，而仅仅是为了体验旅行的快乐。在当时，针对这些人的忠告有许多，主要是关于诸如装备、行车注意事项、饮食和生活用品等。

当然除了这些以外，即将涌现的百万车主最需要的还是道路。作为争先者，道路也必须是最好的。1919 年，德怀特 · 艾森豪威尔曾沿着华盛顿与旧金山之间时断时续的高速公路出行。30 多年后，他担任总统时，为司机们带来了他们盼望已久的公路系统，直接导致铁路黄金时代的终结。但与此同时，艾森豪威尔也让国家更紧密地联结在一起。而这一次，他通过汽车实现了这一点。

州际高速公路系统的奠基之旅

在盖茨堡，一个大雨滂沱的漆黑傍晚，我小心谨慎地保护着身上携带的公路地图，以防其被雨淋湿。借着晦暗的光线，我从小镇中心广场的酒店出发，向右转进入钱伯斯堡街（Chambersburg Street），在行驶了 1.6 公里之后抵达与西街相交的路口，之后又向北走了一小段路，接着向西一路前进。

如果像这样慢慢开车行驶几个星期，大约 5100 公里后，就能抵达太平洋海岸。也许，1919 年夏天某个炎热的星期二午后，年轻的艾森豪威尔也曾这样对自己说过。而在 90 多年后的这个秋日傍晚，我携带着他的日记复制本，开车上路。

艾森豪威尔的这本简短的日记仅有 30 页，文风基本上是短促的军人风格：精练、冷静，有大量缩写、简称和术语，毫无人情味。而他的历险在许多人眼里却称得上是浪漫的巅峰：通过公路横穿国土，从一侧海岸到另一侧海岸，在当时的人看来完全是异想天开。

1919 年，机械化正快速发展。与此同时，人们爱上了出门远游。社会正在发生变革，而大量资金以及新的交通运输技术也添砖加瓦。格特鲁德 · 斯泰因（Gertrude Stein）写道，在当时，时间即是空间，空间又转化为时间，一切都处在永恒的运动之中。

导致这一现象的原因很多。第一次世界大战结束后，退伍士兵从前线回家，手握丰厚的现金。当时一辆福特 T 型车或者雪佛兰 490 的价格还不到 400 美元，略少于 3 个月的薪水。因此路上已有 400 万辆汽车了。福特公司每年销售 60 万辆车，每 8 个人中就有 1 人拥有汽车；到了 20 世纪 20 年代，则变成 6 个人中有 1 人拥有汽车。农夫购买小卡车将农产品拉到集市上，并从火车站提走肥料，在 1916 年，这种小卡车已经有 25 万辆。驿马车几乎消失，尽管仍有 2000 万匹马用于载人或载货。没那么富有的人们通过公共汽车在城市之间穿梭。出租车里程表也已经发明出来，许多城市中已经有了出租车。兜风在当时还是一件新鲜事，人们满怀热情地尝试着。工业区开始在铁矿、煤矿或者水源旁边兴起，工人则从各地赶来，挤满工厂，政府也鼓励迁移。人们都说“咆哮的二十年代”，这“咆哮”既是内燃机全力的轰鸣，也是舞池中爵士乐队发出的乐音。

当时，美国的道路虽然十分落后，但数量很多，加起来约有 500 万公里。1919 年，只有约十分之一的公路铺设了持久的路面。余下的都是土路，状况令人咋舌：有的满是深深的泥浆；有的穿过破损的桥梁；有的是难以通行的岩石山道；还有的尘沙飞扬，不知所措的旅行者很容易迷失其中。

公路需求的增长极度明显，完全赶不上国家的发展速度。公路的糟糕状况对贸易和农业造成了阻碍，也给民众出行带来了极大的不便。当时，美国农民运输 1 吨农产品所需的成本几乎是法国农民的 3 倍。一篇国会报告平铺直叙地表示，将一只桃子从佐治亚州的果园通过公路运输 32 公里到亚特兰大，所需成本一点也不少于从加利福尼亚州通过铁路运输 4800 公里到纽约。

热心的汽车司机和汽车制造商组成的游说团体开始在华盛顿涌现，他们向政府抱怨并施加压力，要求其介入。他们希望得到一个资金充足的联邦公路计划，权力不可全归政府和当地的腐败官僚。最先发声的团体中包括美国骑行者联盟。该联盟出版的刊物的标题说明了一切：《好路》（*Good Roads*）[①]，既是名字，也是诉求。

不过，1919 年夏天的远征与这些抱怨并没有太大的关系。它的起因是，战争部门的高官担心如果发生国际冲突，将无法使用国家公路系统运输士兵。

第一次世界大战结束后，军事将领们开始计划为未来的军事对抗做准备，以确保在运输上能够做相应的调度。战争的假设之一是来自亚洲的敌人在太平洋海岸发动攻势。当时虽未点明，但大家都不失先见之明地认为敌人就是日本。

军事理论家们的战争模拟假定敌人从加利福尼亚、俄勒冈或者华盛顿的海岸发动攻击或入侵。他们想弄清楚，全副武装的士兵能在多快的时间内从东海岸的大型军事基地到达西部假设的战场。

铁路很快就被排除在外，因为所需设备以及物资，包括当时军队沉迷的新式战车，对火车与铁轨而言都过于沉重。另外，几乎不可能调动火车车厢并以足够快的速度对其进行组装，再将所需军队运送到西部。既然军队已经拥有许多带轮子、使用铁轨的车辆，为什么不直接让士兵驾驶这些车辆穿越

① 刊物中的文章包括《纽约公路上的罪人：9 个营地中的 250 名囚犯建造高速公路》以及相当具有前瞻性的《新泽西高速公路负责人称路边汽油站对交通造成威胁》；广告则包括路面黏结料以及铺路沥青。

国土呢？然而，仍然有一些怀疑的声音，大部分来自老派骑兵，他们仍维持对马和驴子的忠实信仰。事实上，如果能够通过公路完成远征，让汽车运输队将一系列可能用于防御西海岸入侵的军事设备和士兵运送过去，便能一劳永逸地证实汽车比马更优越，以及揭示公路是否比铁路更合适。要真正探明道路的现状，这样的远征不可或缺。

艾森豪威尔听说了此事后，立刻就燃起了兴趣。很长时间以来，他一直着迷于与机械有关的一切，并且由于在宾夕法尼亚州的军营训练年轻人进行坦克战的经历，他对坦克这种强大的新机器的设计和维护有了更深入的了解。另外，他还深深地爱上了汽车。艾森豪威尔虽然出生在得克萨斯，后在堪萨斯长大，但对北美大平原以西的国土所知甚少。于是他自告奋勇，作为监督员陪同此次远征。正如他在一封信中所写，他的初衷仅是“找点乐子”。很快他开始写日记。

这次远征在年轻的艾森豪威尔心中留下了不可磨灭的印象，很快它也将被铭刻在所有人心中。一行人以异常缓慢的速度穿越国土时，艾森豪威尔收获颇丰。最终，在担任第 34 任美国总统时，他创建了世界历史上规模最大的工程项目之一——州际高速公路系统。该项目建造了一张庞大的高速公路网，唯一的目的是将辽阔国土中所有边角和中心全部连接起来。

军队在白宫南草坪的临时纪念碑前集合。行进的车队差不多有 5 公里长；共有 79 辆机动交通工具，包括 34 辆重型货车、装载水油的泵车、移动铁匠铺、“开拓”型拖拉机、汽车、红外线观测车、厨房拖车以及其他带轮子的必需用品。其中有 9 辆在旅程中损毁，21 人失踪。最终进入旧金山林肯公园的有 237 名士兵、24 名军官以及 15 名监督员，其中包括艾森豪威尔。整段旅程异常艰难，仿佛每前行一步都会有来自亚洲敌军的阻挠。到了密苏里州西部，在他们进入加利福尼亚州之前，道路已经几乎完全消失。

这意味着，如果真的遭遇敌军，美军很可能会一败涂地。

这次远征深具启发意义，也给人留下了许多教训。然而，将大量士兵从国土一端运送到另一端，就这一任务而言，此行简直是一次彻底的失败。艾森豪威尔倾注了毕生心血，绝不允许这样的失败再度发生。

1919年，艾森豪威尔离开华盛顿之后，花费了22天时间抵达奥马哈。在钱伯斯堡，一辆麦克货车驶进了沟里；在东巴勒斯坦，一辆道奇汽车的汽缸盖炸了；在布赛勒斯（Bucyrus）由于汽油肮脏，司机们不得不停下来调整化油器；在韦恩堡（Fort Wayne）外面，一辆凯迪拉克货车轮胎爆了；穿过密西西比河时，一辆摩托车坠毁……艾森豪威尔在日记中以军人的口吻平铺直叙，将此种挫折遭遇一一道来。

当军队抵达加利福尼亚时，艾森豪威尔已经记录了230次各种各样的意外或者紧急状况。根据他的总结报告，“以英勇的气概拯救整个车队免于灾祸共花费了42小时”。1919年，道路止于奥马哈，而艾森豪威尔一行人在旅途中遭遇的无数麻烦和考验，才刚刚开始。

当军队经过艾奥瓦州中部平原临近埃姆斯（Ames）时，艾森豪威尔在日记中写道，“加福德战车的连接杆螺栓折了”。但事情总算不太糟，因为当地的教堂“端来了冰激凌”。

艾森豪威尔一行人的下一站是康瑟尔布拉夫斯，之后将到达密苏里河的交界处，再过一天就到奥马哈。但当年的这条老路却将他们带到了一个名叫丹尼森（Denison）的小镇。艾森豪威尔在日记中写道：“星期天休息。下午棒球比赛：丹尼森队15分，我方军队11分。傍晚在法院举行音乐会，歌剧院放映电影，以犒劳军士。土路上满是沙尘。”

1921 年，在丹尼森，一个名叫唐娜·穆勒格（Donna Mullenger）的女孩出生于此。

穆勒格希望成为一名教师，但由于没有钱，便和许多人一样到洛杉矶逐梦。1941 年，她与米高梅电影公司签约。公司为她起了另一个名字：唐娜·里德。1946 年，里德在电影《风云人物》（*It's a Wonderful Life*）中饰演玛丽·哈奇（Mary Hatch），成为最受人喜爱的银幕形象。她那迷人的个性就是在丹尼森培育的。

丹尼森是一个美丽的地方，散落着精致的老木屋。其中一所屋子的壁炉上摆放着唐娜·里德的奥斯卡最佳女主角奖杯[①]。旧时的德国歌剧院被改建为唐娜·里德表演艺术中心。

而摈除这一切，丹尼森的空气中曾弥漫着令人窒息的恶臭。在某些地方，甚至用肉眼就能看到联合太平洋铁路上空低悬的黄色烟雾，从附近庞大的养牛场飘过来，混合着化学喷雾、牛粪、饲料粉和雾化颗粒。烟雾笼罩在整个小镇上方，污染了空气。这仅仅是农业工业化的一个方面。乡间被毁灭和掠夺，城镇同样被污染。

1919 年，艾森豪威尔穿越大陆的噩梦就是从这里开始的。他也是在这里产生了 30 多年后将改变国家面貌的顿悟。当时是 8 月初，一行人在科扎德（Cozad）小镇外不远处通过了东经 100°经线，进入了干旱区域。这里地处北美大平原的草地之外，被沙砾、骸骨和风滚草占据。8 月 3 日，他们离开戈森堡（Gothenburg）。这座小镇是由一个为联合太平洋铁路工作的瑞典人建立的。天气阴凉，路上满是“流沙”。8 月 4 日，车队抵达北普拉特，

① 获奖作品并非《风云人物》，而是《乱世忠魂》（*From Here to Eternity*）。

此时士兵们已筋疲力尽，车辆也早已超出负荷。艾森豪威尔记录道：“不得不暂停移动。”所有的人在此地休整了一天。第二天，他们便离开了。艾森豪威尔在当天的日记中记录了许多关于技术的内容，但主旨很清晰：

> 行驶了9英里路程之后，B型修理车#414319陷入泥沙，用了3辆B型车将它拉出。又过了1英里，B型车#48043陷入软沙，右侧两个车轮和差速器被沙子埋住。经过5次尝试都未将其拉出。于是，先将货物搬走，之后靠军用车和拖拉机合力将其营救出来。在这段约200码①长的流沙路上，除了FWD和部分A型货车之外，所有的货车都曾深陷沙中……共延误了7小时20分……天气晴朗温暖。路上全是软沙。16.5小时前进了53英里。晚上11点，抵达内布拉斯加州奥加拉拉市。

艾森豪威尔亲眼见到的事实证实了他在首都就已产生的怀疑：西部根本没有真正的道路。

然而在理论上，他们行驶的道路有着悠久的历史。它本应是一条坚固的好路：它正是往日的俄勒冈之路。它曾是驿马快信的路线，但如今在这条小路上，偶尔才会有人和马匹通行，而几米之外，永不停歇的火车“轻蔑”地呼啸而过。火车司机朝艾森豪威尔一行人鸣响了汽笛，仿佛在友好地嘲弄他们。他们所走的不是为机动车辆设计的道路。这些机械在内布拉斯加州或怀俄明州的任何地方都不适用，在犹他州简直就是累赘。内华达州大部分地区是几乎无路的荒野地带，车队彻底迷失了方向。在旅途终点等待的人们曾有那么一刻怀疑他们发生了意外。

直到一行人抵达加利福尼亚州，情况才开始好转。经过首府萨克拉门托

① 1码约为0.9米。——编者注

之后，路况立刻变好：有碎石铺过的路面，有设置合理的下水道，还有交通警察、加油站、轮胎修补点。军队的士气一时间得到了极大的提升。

军队进入萨克拉门托时产生了巨大的骚动，人们设宴款待他们。州长和一小群政要出席了庆功宴。菜肴十分丰富，还有雪茄和表演，如旧金山爵士三重奏表演、女高音演唱、尤克里里演奏等。

面对这一切，艾森豪威尔不为所动。在假设国土西海岸有威胁的前提下，军队穿越 5200 多公里的路程速度仅为每小时 9 公里。艾森豪威尔总结到，运输工具没有问题，参与人员勇敢、机智、反应敏捷，主要问题是道路状况实在恶劣。他写道，从这次远征所获的经验至少应该促成国家全力建造快捷、安全且设计合理的跨大陆公路系统。

士兵们回到基地，艾森豪威尔则回到马里兰米德军营。在他心中，州际高速公路系统的种子已经埋下（其实，在内布拉斯加州北普拉特镇，种子就已经播下了）。

用公路联结国家

最初这或许是艾森豪威尔的主意，但在 25 年之后，托马斯·麦克唐纳德（Thomas MacDonald）制造了数以百万吨计的混凝土和钢铁，使整个理念得以实现。今天，鲜有人记得麦克唐纳德，但正是由于他，美国各地的人们才能通过道路快速穿越国土。

麦克唐纳德不是一个好相处的人：小个子、肌肉结实、充满自信、高傲而严厉，着装保守且一丝不苟。甚至在钓鱼或骑马时，他都穿着呢子大衣、打着领带。麦克唐纳德要求所有社会地位比他低的人、同僚以及所有家人要对他绝对尊敬。他要求妻子称呼他为“麦克唐纳德先生”，兄弟姊妹也必须叫他“先生”。唯一放松要求的时候，他会允许下属叫他“头儿”。1881 年，麦克唐纳德生于科罗拉多州一个混战的边疆小镇莱德维尔（Leadville），死于 1957 年。在他整个成年时代，叫过他名字的人全都遭了殃。

当麦克唐纳德还是孩子时，他的父亲就将全家搬迁到艾奥瓦州的平原上的蒙特苏马镇，随后从事规模不大的玉米和木材生意。这座小镇上几乎全是爱尔兰新教徒移民，每年 7 月 12 日，他们会大肆庆祝在博因河战役中对天主教徒的胜利，而在其他时候，镇上几乎看不到人影。道路无人管理，几乎满是漆黑的泥土，养分倒是十分充足。麦克唐纳德的个性就是在这里塑造的。有无数次，他看着可怜的父亲在冬天艰难地开着运送木材的货车或玉米车，经过泥潭，到离明尼阿波利斯与圣路易斯最近的车站。他因而发誓要学会建造高速公路，并最终成为州际高速公路系统的奠基人，不过他最终却没能活着看到它完工。

青年时代，麦克唐纳德的兴趣正好与公众对路况的关注相一致。美国骑行者联盟最早是自行车手的兴趣组织。19 世纪 80 年代，看上去十分危险的脚踏两轮车曾风靡一时，但很快就被安全的自行车取代，只需 18 美元，就能够自由地在乡间行驶。女性甚至可以穿着裙子或裙裤骑车。但由于路况实在太恶劣，10 万名自行车手到华盛顿抗议，他们一致表示，如果自行车没法骑，拥有自行车就毫无意义了。

到 19 世纪末，施压者除了自行车车手，还有一小撮数目快速增长的汽车制造商，其中有两人也是自行车车手。他们是查尔斯·杜里埃与弗兰克·杜里埃兄弟（Charles and Frank Duryea）。1893 年，兄弟俩在一辆旧马车下面挂了带有单个汽油罐的发动机，在马萨诸塞州沿着斯普林菲尔德的后街行驶。他们在黑夜中飞驰，万一机器坏了，也没有目击者。不过，即使车没有坏，他们也刹不住车，因为最初的型号根本没有这一功能。杜里埃兄弟很快成立了杜里埃汽车公司，制造了 15 辆机动车。1895 年感恩节，他们让其中一辆车与一辆德国奔驰竞赛，揭开了一个商业新篇章：汽车制造和销售。他们之后则是兰塞姆·奥尔兹（Ransom Olds）与他的奥尔兹汽车，接着是亨利·福特的 T 型车，再之后就是大规模生产的汽车。就这样，自行车团体的声音逐渐湮没在新兴汽车产业发出的震耳欲聋的咆哮声中。

1894 年，美国政府似乎乐于接受意见。官员们十分敏锐地察觉到，道和人民的需求息息相关。这些人将货物从蒙特苏马的农场运载到火车站十分困难。那一年，农业部的预算中有一笔不起眼的一万美元拨款，一个听上去权力并不大的部门就此成立：道路咨询处。尽管联邦政府自杰弗逊时代起就参与道路建设，但这却是他们第一次设立正式的道路办公室。这一部门只有一个简单的使命“让农民不再深陷泥沼”。

官员们解决问题的办法创意十足。他们调来许多火车，上面塞满工程师和建造道路的设备，将其送到偏远的小镇，建造 800 米长的道路模板作为演示。这些路段被称为“示范道路”或“种子路”，是建造标准的范例。一名参议员曾眼看着其中一列“优质公路列车”进入弗吉尼亚州的林奇堡（Lynchburg）。用他的话说，从车厢中涌出了许多“机械庞然大物”，经过操纵后开始运作。要不了多久，“坏路”上就建成了长 30 米左右的“好路”。

结果可以想见。当地人开着汽车或农场用货车，经过凹凸不平的路面和颠簸的泥坑来到新建好的“种子路”上，突然发觉驾车的感受顺滑如丝绸一般，就像在玻璃上开车一样轻松。

与此同时，在艾奥瓦州，麦克唐纳德确定了自己的兴趣，完善了技巧，赢得了一份工作。他曾说建造公路是“最高的公共责任的呼唤”，“与其他任何公共事业比起来”，将极大地提升“人民的生活质量和幸福感”。于是，他到埃姆斯的农场学校学习工程学，一毕业即被选入管理研究本州道路的委员会。麦克唐纳德全身心地扑到工作上，连续数周骑马到州内最偏远的角落宣传筑路技术，众多腐败的当地官员因此而卸任。他还命令人们铺出了州内约 800 公里的道路。在这个过程中，他很快便吸引了华盛顿当权者的关注。

这个时候，道路咨询处已经扩张成公共道路局，下属于农业部，规模和预算均有所增加。最开始的两任局长得过且过，道路局也没能发挥多大的影响，连 7500 万美元的预算都没能花完。麦克唐纳德到埃姆斯学习之后，致力于改善家乡土地上的道路系统，而在这整段时间，公共道路局在全美只建造了不到 35 公里的新路。

1919 年，麦克唐纳德被任命为公共道路局局长。在接下来的 34 年，他一直坚守在这个岗位上。

麦克唐纳德接受委任的时候，正好处于历史上一个充满希望的时期。当时，第一次世界大战结束，士兵们回到家乡，国家逐渐繁荣。人们开始购买汽车；艾森豪威尔跨越国土的远征已经完成；每名官员的书桌上都能找到关于道路改良的提案。1903 年，佛蒙特州一个名叫霍雷肖·杰克逊（Horatio Jackson）的医生，成了第一个乘汽车穿越国土的人，总共花了 68 天；科罗拉多州一个采矿业的自行车车手穿越国土则花了 5 个月。后来，人们在穿越国土时，沿用了他们的路线。到 1919 年，一些人开始在没有路标、没有标记、未铺平也无人看管的道路附近集中居住。人们突然意识到了其中蕴藏的可能性。

在麦克唐纳德的领导下，高速公路系统开始发生深刻的变化。美国现有的公路系统中，几乎所有的细节都能追溯到麦克唐纳德那传奇而漫长的从政生涯。

麦克唐纳德最早的成就已十分惊人。他说服财政部和国会拨出数以亿计的资金，开始了由政府直接资助建造道路的计划。这些道路质量很好，却不是在过高的要求下建成的。麦克唐纳德认为并非所有的道路都该铺上约 25 厘米厚的混凝土，路况应由交通需求来决定。他希望路面平整，级配[①]优良，拥有良好的下水道系统。他说："我的目标是让大家能以每小时 35 英里的速度驶出每个县城、进入任何县城，且一路上不损坏任何一根发条。"

1925 年，麦克唐纳德计划为国家的主要道路统一编号。编号的目的是减少原有的命名和路标均十分随意的道路系统带来的混乱，让长途汽车司机在千百公里的旅途中能认准一条路走。那一年，全美汽车总数已达到 2000 万辆。

麦克唐纳德提议的系统简洁优美。南北朝向的联邦道路使用奇数编号，东西朝向则使用偶数。统一所有道路的标志：白色盾形描以黑边，用黑色数字标出编号。1 号公路位于东海岸，101 号公路如今是极为拥挤的上下班通路。2 号公路位于北边，90 号公路则位于墨西哥边界附近。以数字 5 结尾的道路属于主要公路，以 0 结尾的亦然；30 号和 40 号公路则拥有传奇般的重要性。

其中最著名的一条路原本被命名为大斜角公路（Great Diagonal Way），位于芝加哥和洛杉矶之间。最终，它得到了广为人知的编号，而这主要源于

① 任何一堆土壤或碎石中，各种粒径颗粒的分配情况。——编者注

一场激烈的争论，且涉及一个完全无关的州：肯塔基州。

麦克唐纳德的编号系统公布时，肯塔基人得知他们只能得到一个不起眼的 62 号，感觉自己受到了伤害。他们想要原本被分配给芝加哥 - 洛杉矶的 60 号。他们认为，肯塔基州应该拥有 60 号公路，这样他们就能够通过布鲁格拉斯（Bluegrass）地区的县城得到生意，其他所有数字引人注目的公路都未经过这里。州长向麦克唐纳德先生提出他们不想要 62 号。

整个编号安排要求 48 个州一致通过，如今肯塔基州闹“小脾气”，也必须解决。第一个计划是把 62 号换给大斜角公路，让肯塔基州得到 60 号。但芝加哥 - 洛杉矶公路沿线的各州都不想要 62 号。事情陷入了僵局。

后来，麦克唐纳德的首席工程师突然想起，66 号无主。如果大斜角公路能接受 66 号，肯塔基州就能够得到 60 号。麦克唐纳德同意了，肯塔基州也同意了。这条长约 3700 公里的最著名的公路就此正式命名。66 号公路今天仍然存在，但只是一小部分。绝大多数公路年久失修，并且在多处改道，除了好奇的游客，鲜少有人行驶。不过它仍然深受重视，作为固执的托马斯 · 麦克唐纳德“让步”的纪念。

10 年之后，事态变得严峻多了。大萧条时期接近尾声时，麦克唐纳德被召集到白宫开会。他被叫去拜见富兰克林 · 罗斯福——他服务的第 5 任总统。当时，罗斯福新政与欧洲战争正为漫长的经济低迷期画上慈悲的句号。罗斯福就已是公路支持者[①]，他积极支持不断涌现的各式各样的“好路”运动，

① 例如，罗斯福监督了塔科尼州公园大道的规划。这条美丽而绵延的公路长约 200 公里，将纽约市与哈得孙河河谷连接在一起。

且一直对麦克唐纳德的韧性、远见和动力十分欣赏。但在 1937 年，已有编号的新道路不足以承载呈指数增长的汽车了。公共道路局必须采取行动了。

罗斯福将麦克唐纳德带往办公室的书桌旁，那儿有一幅巨大的美国地图。罗斯福满怀雄心，拿起一根蜡笔在地图上画下 6 条粗线：其中 3 条连接东西海岸，另外 3 条则从上到下，连接国境线。过了一会儿，他又在地图上画下 2 条南北向的线条。总共 8 条线。罗斯福对麦克唐纳德说，应该建造 8 条宽广而隔开的高速路，限制通行，没有任何路口和交通灯，能够允许汽车以最高速度行驶几百公里；这样就能一劳永逸地将国土连接在一起。但这些路应该通到哪里去？它们又会带来什么样的效果呢？

又过了 20 年，经过第二次世界大战和无尽的预算战争，高速公路才开始动工。而 1937 年这些已被遗忘在故纸堆里的由蜡笔匆匆画就的线条，正是州际高速公路系统的起源。但这与艾森豪威尔毫无关系，他是在 1919 年认识到这一需要的第一人。1945 年，艾森豪威尔在战败的德国修建的高速公路中看到了理想的公路（这一事实也广为人知），但他并不是建造以自己的名字命名公路的提议者。真正的提议者是罗斯福。在得到罗斯福的指示后，麦克唐纳德与公共道路局的工作人员立刻着手进行规划。

麦克唐纳德并非完全同意罗斯福的整个计划，如对于罗斯福想收取路费这一想法，麦克唐纳德并不赞成，后来他也赢了这场争论。最终道路由公用资金出资，其中很大一部分来自汽油征收的新税。罗斯福希望这些道路对未来经济能够产生助力；麦克唐纳德则认为，应当只在当下需要的地区修建道路，所以横越北达科他州无人居住的平原以及内华达州的荒漠，建设混凝土道路毫无意义。然而，事实最终证明罗斯福是正确的：这些道路为当地人提供了工作岗位，对当地的经济增长也起到了良好的作用。

两人在高速公路的宽度方面也看法不同。麦克唐纳德已编号的公路全部是双车道公路，罗斯福希望将这些公路建成四车道公路，以隔离带分开，在某些位置甚至应该更宽。最终，麦克唐纳德同意了罗斯福的意见。

麦克唐纳德退休之后，他的工作仍由许多人延续，胜利成果在 1956 年得以显现。1956 年 6 月，标志性立法《联邦政府助建公路条例》（*Federal-Aid Highway Act*）通过，建造辽阔的新高速公路系统终于得到许可。当时，已成为总统的艾森豪威尔满怀热情地大笔一挥，签署了该法案。

1956 年 9 月，麦克唐纳德的另一项遗赠浮出水面。那是一本 100 页的地图册，所有国会议员人手一本。书的封面呈牛油的颜色，因此这份为修建州际高速公路提供明确指示的文件随即被称为“黄皮书”。这份文件后来成为道路规划者的《圣经》。它告诉所有人，在大型公共事业工程中，如何能让各个任务各就其位。

高速公路总长约 6.6 万公里，其中最长的 90 号州际高速公路连接西雅图与波士顿，全长约 4860 公里，中间没有交通灯。在科罗拉多州道路攀升至海拔 3200 米左右的高度，在加利福尼亚州南部墨西哥边境附近又降至海平面以下 15 米左右。途中共有 5.5 万处桥梁和隧道，1.6 万个出入口，还有成千上万的立体交叉点。很快，新型旅馆[①]以及提供食物和娱乐的场所在这里蓬勃发展，改变了国家的面貌和人民的生活方式。

① 假日酒店便是其中之一。1952 年，凯蒙斯 · 威尔逊（Kemmons Wilson）在孟菲斯开了第一家汽车旅馆。他认为，州际高速公路的标准外观应当与路边汽车旅馆统一。于是，在道路建造的同时，威尔逊开始迅速地在繁忙交叉点建造酒店。到 1958 年，威尔逊有了 50 家假日酒店，10 年后达到 1000 家。

这些道路大多是新修建的，需要大片的土地。在部分区域，道路的修建极为艰难：苦寒的冬季、深深的沼泽、高耸的山脉、辽阔的荒漠……一项巨大的试验将使得交通带穿越这一切。道路建造者逐步往前推进，并根据情况采取适当的行动。

一旦确保了资金流，许多相隔很远的地点的工程便开始展开，仅在几个星期之内，新的高速公路已现出雏形，各地点相互延伸。这是一场速度竞赛，尽管至少有 3 个不同的地区声称最早完成了工程（其中 2 处在密苏里），广为接受的最快完成者是堪萨斯州托皮卡（Topeka）的团队。时间是 1956 年 11 月 14 日，即在艾森豪威尔签署法案之后不到 5 个月。人们根据“黄皮书”的指示，对旧 40 号公路的 13 公里道路进行拓宽和修整，将它变为 70 号州际高速公路的入口，如今连接巴尔的摩和犹他州。

这一工程原本计划花费 13 年完成，实际上却花费了 35 年。1992 年第一阶段结束，总成本按现代美元计为 43 亿美元。令人感到奇妙的是，最早完成初段的 70 号州际高速公路也是最终完成的一条，它穿过科罗拉多河一处尤为坎坷的河谷：格伦伍德峡谷（Glenwood Canyon）。很长时间以来，这段河谷是联合太平洋铁路的路线，后来被誉为“加州微风”号（California Zephyr）观景火车行驶途中风景最优美的一段。为了修建高速公路，“加州微风”号中深受喜爱的圆顶游览车厢纪念地点不得不搬迁至别处。

麦克唐纳德此时已经离开了政府，在得克萨斯州教授工程学。但他从未远离修建高速公路这一“最大的公众责任”。在举行托皮卡 70 号州际高速公路剪彩仪式时，76 岁的麦克唐纳德依然意识清晰。但后来的事情他知道的就不多了。麦克唐纳德这位开启一切的人，世界最大高速公路系统的“接生人”，于 1957 年 4 月在得克萨斯州的一家餐厅与世长辞。约 6 万公里的道路逐渐蔓延全美，它们将成为对他的纪念。

麦克唐纳德成长的小镇，艾奥瓦州蒙特苏马镇，曾有过一座火车站。正是目睹了父亲在 20 世纪初期坎坷的道路上艰难地运送货物的情景，麦克唐纳德才投身修建优质道路的事业。如今在蒙特苏马镇以北 32 公里处，80 号州际高速公路从这里通过。这里已经没有铁路连接了：铁轨被拆除，火车站也不复存在。

在穿过加拿大西北部育空（Yukon）地区，沿着阿拉斯加州长约 2700 多公里的跨国公路向北行驶时，在不列颠哥伦比亚的道森河（Dawson River）到阿拉斯加州的德尔塔章克申（Delta Junction）之间，有一段路况很恶劣。驾车行驶时，左侧是特斯林湖（Lake Teslin），右侧是云杉林，前面则是一条寂寥的碎石路。不过，那里仍有加拿大皇家骑警。在“育空道路安全周”，驾车的时速不能超过 90 公里，否则会有罚单，因为此地有驼鹿。在超速的情况下撞到驼鹿，那就惨了！不过“育空道路安全周”的罚款比一顿廉价午饭还少，通常不会留在本国的记录中，保险公司也不会知道。

阿拉斯加高速公路建成于 1942 年，两队美国陆军士兵花了仅 6 个月时间就完成了。其中一队从南部加拿大地区的起点向北建造，另一队则从美国国境线的阿拉斯加州开始向南建造，南北长度各为 965 公里。工程在 5 月开始修建，到 10 月，道路就开通了。1948 年，这条道路开始为公众使用，从那之后就没有封闭过。

托马斯 · 麦克唐纳德被称为“阿拉斯加高速公路之父”。自 20 世纪 20 年代开始，他便梦想着建造有形的连接，将阿拉斯加州与其余 48 个州连接起来。麦克唐纳德在联结国家的壮举中可谓厥功至伟，可以说他是将阿拉斯加州与其他地方连接起来的极少数人之一。然而在他实现连接的地方，几乎没人记得他，这不能不说十分令人震惊。

打开空域的冒险

2001 年 9 月的第二个星期二，当天天气晴好，清凉舒爽。太阳下沉以后，天空呈现浅蓝色，清澈无比。

清澈，近乎空无一物，只有几只小鸟在树林间飞来飞去。在平常，天空中至少会出现几道成对的飞机云。之后，飞机很可能在旧金山降落。

更小型的、更小范围内使用的飞机，如在雷诺与萨克拉门托之间往返的飞机，由于飞行高度不够，无法留下任何痕迹。而更大的跨大陆飞机会继续向上飞升，往东或往西飞去。机长会调整引擎，刻意降低高度，朝奥克兰或旧金山温暖的臂弯降落。这些飞机通常会留下古怪的云迹，可能是引擎喷出的水，或机翼扰动了万米高空的稀薄空气，令悬浮的水蒸气化为冰晶。

但在这个星期二下午，空中没有闪光，也没有任何云迹。至少在 10 小时内，在加利福尼亚州、内华达州或者犹他州，乃至整个美国和加拿大的上空都是一样的情形。这一切都是因为一个名叫本·斯利尼（Ben Sliney）的经验丰富的航空交通管制员。那天正好是他任美国航空交通管制中心全美营运经理的第一天。斯利尼在当天发出了一项几乎是空前的命令。

当时，斯利尼面前大量的显示器都指向一个可怕的事实：美国正遭受攻击并陷入混乱之中。

全世界清醒着的人们都因惊恐而停滞，原本熟睡的数百万人也被惊醒。由于在纽约、华盛顿和宾夕法尼亚州发生的事，当时美国领空内每架飞机都被看作潜在的飞行炸弹。这些威力巨大的武器能够攻击许多目标：金门大桥、诺克斯堡、核电站（甚至是所有的核电站）、哈佛大学、白宫等。

东海岸时间 9 点 45 分，为了直接应对越来越紧迫的危险，斯利尼下达了一个影响巨大的指令。他禁止美国司法管辖区内任何飞机起飞，并下令封锁通过大西洋与太平洋前往美国的航线。飞行途中的飞机不得不在海洋上空掉头，返回起点，或到附近其他地方避难。

这一刻，斯利尼向近 5000 架飞行中的商务飞机发出一个极罕见而奇怪的词语：SCATANA。之后又立刻补充道："这不是演习！"并多次重复以作强调，要求所有正在飞行的飞机立刻就近降落。

斯利尼从监视屏上看到，飞机的图像逐秒消失，效率极高。经过 1 小时 35 分钟，在 11 点 20 分，所有飞机都在北美大陆安全着陆。此时，只有几架战斗机在空中巡逻，运送少量囚犯和被驱逐出境者的飞机暂时豁免得以起飞，移植手术所需器官和救命药物被允许使用飞机输送。除此之外，北美上空静悄悄的。3 天后，航线恢复正常运行，但一切发生了翻天覆地的变化。

在那年 9 月发生的惨剧中，飞机这种一直用于使国家更紧密地联结在一起的机械却被人利用，去做与之背道而驰的事。

如今，人们将飞机看作寻常事物，时常咒骂长途飞行的不快。然而它实际上是 1911 年冬天一次孤独旅程的遗赠。那是一次从纽约到加利福尼亚州的旅程，当时离飞机在海滩上被发明出来仅过去 8 年。

有这么一个人，为了 5 万美元赌注，他试图通过空路越过国土。他输了赌注，却成功穿越。不久之后，他便去世了。这个人创造了历史，但他也完全被人们遗忘。这个人名叫卡尔布雷思 · 罗杰斯（Calbraith Rodgers）。罗杰斯是一个浮夸且爱出风头的人，总是叼着雪茄。但在某一方面，他与本 · 斯利尼如出一辙：两人都是第一次完成任务。

1911 年 9 月，罗杰斯还只不过是一个飞行初学者。在刚过去不久的 6 月他才接受了第一次也是唯一一次飞行训练。在 90 分钟的课程中，指导他的是奥维尔·莱特（Orville Wright）。罗杰斯得到了史上第 49 张飞行证书。他在芝加哥参加过一次航空聚会，因在空中停留时间最长而赢得了三等奖。虽然有这次小小的胜利，但罗杰斯当时的飞行时间总共不到 60 小时，是一个新手。

然而，斯利尼和罗杰斯都称得上先锋。

从空中穿越美国

19 世纪，菲利普·阿穆尔（Philip Armour）曾说过一句著名的话，他并不爱钱，只爱敛财的过程。阿穆尔一生试图找出每种经改造后可食用的动物中所有能出售的部分。他是肉类企业主，也是阿穆尔公司的创始人，这家公司曾是美国最大的食物和副产品制造商。阿穆尔很早就察觉到，由于铁路线逐渐增加，芝加哥很快将会超越辛辛那提，成为屠宰、制备、腌制肉类以及处理脂肪的世界中心，这样的商业直觉令他变得极其富有。

阿穆尔除了热衷于贩卖肉类，同时也是产品多元化最早的信奉者之一。阿穆尔公司不仅将牛肉、猪肉、羊肉、羊羔肉和小牛肉分包，放入阿穆尔发明的冷冻车厢，再送到全美的杂货店，公司产品还包括胶水、肥料、人造黄油、猪油、肥皂、明胶、鱼胶、牛角纽扣、骨制发梳以及猪鬃毛，还有各种制药行业所需的化学副产品。据说阿穆尔喜欢在南区的肉类加工厂附近的下水道翻找，查看是否有带商业价值的东西被扔掉了。

1901 年，菲利普·阿穆尔去世，他的两个儿子接管了生意。但由于缺乏经验，他们偏离了初衷。1910 年，公司不但售卖蹄子和角，而且开始出售一种软饮料：芬菲兹（Vin Fiz）。这种饮料是一种鲜艳的粉色糖浆，理论上由葡萄汁、碳酸水和一系列秘密配方制成，不含酒精，冰冻后饮用最佳；或者根据许多人的意见，还是不喝为妙。这款饮料极其不受欢迎。一部分消费者说它有泻药的功效，其他一些可能是竞争对手的评论，它尝起来“像河里的泥浆与马尿搅和在一起”。但公司的老板，哥哥 J. 奥格登 · 阿穆尔（J. Ogden Armour）则充满激情，希望公司制造的任何产品都卖得越多越好，于是他开始寻找创新的方式来宣传这种饮料。正是在这个时候，J. 奥格登 · 阿穆尔听说了卡尔布雷思 · 罗杰斯和他的飞行计划，于是公司立刻开始策划，想让芬菲兹的名字家喻户晓。

阿穆尔兄弟就此决定，公司要以所有能想到的方式为罗杰斯提供赞助。他们为罗杰斯的飞机冠名，在机身上装饰广告图案，还在飞机轮子之间悬挂一个巨大的饮料瓶。他们将为飞机“施洗”，让一位漂亮女郎小心地将饮料瓶在机身上敲碎。他们会为罗杰斯提供一列火车，车身上同样打着广告，火车将沿飞行路线为罗杰斯运输所需的任何零件。公司还会向罗杰斯支付报酬：穿过密西西比，往东每飞过 1.6 公里，罗杰斯就能得到 5 美元；在密西西比以西，每 1.6 公里则为 4 美元。因为芬菲兹的销量在密西西比以东要比其他地区好。这种饮料在西部还未普及——事实上，永远不会普及。

另外，威廉 · 赫斯特（William Hearst）以旗下早报《纽约美国人》（*New York American*）的名义，为第一位驾驶飞机穿越美国的人提供 5 万美元奖金[①]。要求是，从纽约出发到帕萨迪纳（Pasadena），或者反过来，

① 飞行奖金在激励早期航空发展方面起到了很大作用。如《每日邮报》（*Daily Mail*）的罗瑟米尔男爵（Lord Rothermere）要求飞行员穿越英吉利海峡，之后再穿越大西洋。纽约的布雷沃特酒店（Brevoort Hotel）老板和宝路华手表公司（Bulova Watch Company）老板提供了奖金，两项奖金均被查尔斯 · 林德伯格（Charles Lindbergh）赢得。

在 30 天内完成。许多人接受了挑战，最终只有 3 个人出发了。第一个人是赛车手，朝西边飞去；第二个人是骑师，从加利福尼亚州海岸向东边飞去。这两个人都没有完成行程，因为发动机动力不足，飞机过于脆弱，导航太糟糕，两个人很快就精疲力竭了。

第三个人，也是最后一个“鸟人”（当时的人们如此称呼飞行员），即由阿穆尔公司赞助的卡尔布雷思・罗杰斯。按计划，罗杰斯必须在 1911 年 9 月 17 日拂晓，从科尼艾兰（Coney Island）附近布鲁克林的希普斯黑德贝（Sheepshead Bay）出发，不用导航朝西飞行约 4800 公里路程。赫斯特的奖金将在 10 月 31 日失效，因此罗杰斯必须在 43 天内完成整个行程。如果能在万圣节之前抵达帕萨迪纳，他不仅能得到赫斯特的 5 万美元奖金，还能得到阿穆尔公司额外提供的 2 万美元奖金。

罗杰斯还是失败了。他抵达帕萨迪纳时晚了19天，因此无法获得奖金。然而，罗杰斯坚持完成了行程，他在长滩将飞机轮子浸入水中，从而成为从美国的一侧海岸飞到另一侧海岸的第一人，总共耗时 12 周。无论成败，在这趟最初的行程中，奇妙的霉运和欢乐同时存在，而罗杰斯全程保持愉悦乐观的心态。与此同时，罗杰斯的名气不断变大，成为一名民间英雄。到达行程一半时，所有人都知道了他，也认识了芬菲兹。阿穆尔兄弟得偿所愿。到 1911 年底，身材高大、半聋、衣着得体、热情开朗、笑容满面且始终英勇不屈的卡尔布雷思・罗杰斯，已成为全美最为人熟知和喜爱的人物。

在行程一开始，罗杰斯就经历了一次十分典型的灾难。在安装了临时飞机跑道的希普斯黑德贝赛道上，技师团队未能帮他组装好莱特飞行器，而是在 1.6 公里外农田中组装的，然后才将双翼飞机移到正确的地点。

在莱特本人的监视下，这一笨重装置在俄亥俄州的代顿（Dayton）得以组装，之后通过铁路被分箱运送到纽约。起飞时间总共延误了 12 小时。当一名漂亮丰满的女郎将一瓶芬菲兹淋在飞机下翼时，罗杰斯严正地告诉她，别在机身上敲碎瓶子，弄不好飞机也会碎掉。有人在飞机下方绑定了一小包邮件，共有 263 封信，包括纽约市长写给洛杉矶市长的一封信。之后，37.8 升汽油被倒入油箱中。

罗杰斯叼着雪茄，身穿棕色呢料套装，与飞机方向舵和机身上的粉色葡萄图案很不相称。他爬上飞机，示意等待的人群后退，之后开动磁电机，拉动油门线。螺旋桨开始转动，发出咆哮，黑烟从排气管喷出。团队成员随后将飞机拉到跑道上，面朝风的方向；随着一声怒吼，脚刹放开，拉动加速杆，飞机便开始沿着赛道飞驰，但机身倾斜得十分厉害。终于，飞机跃入空中，之后上升，变得越来越小，在下午的阳光中只剩一个影子。几分钟后，飞机消失了。

威廉 · 赫斯特开始记录，并紧张地抓紧钱袋。

据说，罗杰斯在第一天飞行得很顺利，他穿过布鲁克林向北前往伊斯特河（East River），之后左转越过曼哈顿和哈得孙来到泽西市，再转向北到达帕特森（Paterson）和萨芬（Suffern），接着前往纽约州山丘上树木成林的西部，在米德尔敦（Middletown）过夜。翌日早上，罗杰斯一起飞就坠机了，飞机彻底毁了。

如果换成别人，冒险可能就此结束了。但对罗杰斯和阿穆尔兄弟而言可不行。在支援列车中，有莱特飞行器的所有配件的备用品。因此他们又组装了第二架飞机。此外，他们还准备了一辆汽车，如果坠落地点离铁路太远，可以开车将技师们载过去。在纽约州米德尔敦，还未到午餐时间，飞机就已经修好了，焕然一新。罗杰斯再次起飞，身上除了一些淤青没有其他损伤，他的情绪丝毫不受影响。

接下来又是一连串灾难。飞机在霍内尔（Hornell）降落时坠落，又在卡特罗格斯（Cattaraugus）起飞时坠毁。另外，降落滑橇也断了。与此同时，报纸上不断地登载："坠毁！""灾难！""完了！"

然而，罗杰斯依然坚持、坚持！。10 月 19 日，他穿过密西西比河时已经过去了 32 天，赫斯特不必再付奖金了。但罗杰斯没有犹豫，继续飞行：必须得穿越国土啊！必须以空中的路线将国家串联起来。当时，成千上万的人们每夜都聚集起来，为东方天际那黑色的机影和飞机引擎遥远的嘶吼所吸引。对大多数人而言，这景象和声音是前所未闻的。此前，除了鸟儿，人们从未见过还有什么能在空中飞翔。如今，一个人和一架机器就这样毫无征兆地出现在空中。围观者们听说罗杰斯正从纽约飞往加利福尼亚州和太平洋。谁敢相信呢！人们需要看到、摸到、感受到罗杰斯，才能理解他和这即将完成的大业。飞机呼啸而过，吸引了成千上万人。不久，人数就累积到了百万。

与此同时，意外也在继续：一会儿这里坏了，一会儿那里断了；起飞坠落，下降也坠落；还有迷路、延误。罗杰斯在马斯科吉（Muskogee）磕坏了一个汽油罐。在圣安东尼奥，有人送给他了一只小野兔作为护身符，但两天之后，他又在另一处坠机，于是便将这只小动物放了，认为它没能带来好运。在得克萨斯州韦科镇（Waco），整个引擎在他面前炸毁；重新制造的引擎又在加利福尼亚州的一个小镇爆炸。杂志记者弗伦奇·斯特罗瑟（French Strother）记录下了这一特殊时刻：

> 他正从亚利桑那州向西飞去，目的地是加州的班宁……在科罗拉多州荒芜寂寥的沙漠上方，加速前往索尔顿湖，飞行高度为 4000 英尺。突

然，飞机引擎第一号汽油罐毫无征兆地爆炸了。引擎完全被摧毁，钢铁碎片飞散，扎在他右手臂上。此时若有一瞬间的迟疑，罗杰斯必将遭遇不幸；若受伤的手臂操纵摇杆出现任何失误，飞机将倾侧，直接从4000英尺高空坠毁。在罗杰斯能够控制之前，飞机朝下掉落了两次；之后罗杰斯开始进行长长的、简单而优雅的螺旋滑行。飞机画着越来越小的圆圈下降，共行驶约6英里。他对距离的判断极其准确……我在帕萨迪纳看到过这个引擎的残骸，它上面被炸出来的洞甚至能把头放进去。

离结束只剩下一个星期了。至今为止罗杰斯的路线大体上呈现一条“古怪”的对角线：从国土的东北到西南。说它“古怪”是因为罗杰斯在其中几个地方兜圈，如东部印第安纳州、芝加哥和凤凰城附近。在得克萨斯州北部，他至少绕了三圈。当时他迷失了方向，非常困惑。最终的路径由尽可能追随他的、由三列车厢组成的火车所呈现，如精美的刺绣一般。

1911年11月5日，星期天，在暖和的午后，罗杰斯来到帕萨迪纳。成千上万人聚集在公园等待着，人们在那天举行了新年玫瑰节仪式。乐队演奏欢快的音乐；人们还举办了马球比赛，为所有的人提供娱乐。威尔逊山天文台的天文学家们将巨大的望远镜锁定在东方的地平线。一种强大的张力吸引了此地所有的人。人们都能感受到，这将是创造历史的时刻。

突然，山顶的日象仪闪现出白光。乐队加快节奏。数千人站了起来。之后，一个小男孩喊道：“他来了！他来了！”

由铁线、封蜡、打捆的钢丝和蒙布机翼构成的小型飞机出现在茫茫山雾中。突然，罗杰斯的飞机侧倾了一下。人们吓坏了，顿时鸦雀无声。但罗杰斯很快又将机身正了过来。飞机的身影越来越大。引擎声则由低低的嗡鸣变为怒吼，接着变为震耳欲聋的咆哮。罗杰斯没有立即降落，而是表演了10

分钟的把戏，翻滚、下降、螺旋飞行。人们都看呆了。有时罗杰斯飞得极低，女观众不得不抓紧帽子。最后他绕场两周，才终于降了下来。结果爆了一个轮胎，降落滑橇又断了，引擎颤抖了几下，陷入沉默，蒸汽则从另一个孔中冒了出来。

但在这一刻，这些问题已不再重要。罗杰斯成功了！他飞越了国土，完成了比赛。他将那个宝贵的邮包——人类历史上第一包航空邮件，交给了邮局官员；随后他举起一瓶芬菲兹，他并不知道也不在乎这款产品注定要失败，而且很快将从商店中消失。之后，罗杰斯接受了联合通讯社的简短采访。记者问他没有赢得赫斯特的奖金是否感到遗憾，他回应道："我不在乎钱了。钱能有什么价值？我成功了！不是吗？"

罗杰斯从公园来到马里兰酒店，在酒店登记处签下了：卡尔布雷思·罗杰斯，从纽约到帕萨迪纳，驾驶飞机。一架飞行机器、以火为动力的装置，已经横穿了全美。它拥有比其他任何装置更快速度的潜力。之后，百万人将追随罗杰斯这位伟大的冒险家在空中留下的足迹。又一项人类成就再次以一条密不可分的纽带将国家联结在一起。

接下来的几个星期里又发生诸多事，不过这些只是故事的延伸而已。罗杰斯将飞机带到长滩，在海水中滑行了一段距离，沾湿了轮子，以实现从一片海飞到另一片海的承诺。之后，他乘火车回到纽约，用时 6 天。至此，整个飞行过程共用了 84 天。

1912 年 4 月 3 日，罗杰斯回到加利福尼亚州长滩。支援用的火车仍在那里，备用飞行器也在。他独自出发，去赢得最后一次喝彩。作为护身符的芬菲兹瓶子仍系在飞机下方。罗杰斯知道码头上的人们正在观看，于是为他们表演了一些把戏。他心里清楚，这终究是昙花一现。他的人气在圣诞节前达到顶峰，如今正飞快而无可挽回地衰落。也许罗杰斯希望表演一项最神奇的杂技，以便让人们永远记住他。无论他的动机是什么，他最终还是失败了，并因此丧命。没有人知道其中的缘由，许多人猜测是飞机撞上了飞鸟。飞机一头栽入浪花，引擎从螺栓中脱出，自后方撞向罗杰斯，撞断了他的脖子并切断了他的咽喉。海滩上晒太阳的人们立即冲入温暖的太平洋，而此时飞机已经支离破碎，像一只庞大而丑陋的怪兽。罗杰斯当场殒命，在飞机的残骸下随浪沉浮。罗杰斯时年 33 岁零 3 个月，他永远改变了人类航空的历史。

而在首次飞行的故事背后，还隐藏着另一场革命的征兆。

1911 年 11 月的一个星期天下午，当庞大的人群在帕萨迪纳期待着罗杰斯和他的飞机在圣加布里埃尔山（San Gabriel Mountains）上空出现时，威尔逊山上下了一场早雪。而在山顶天文台，1.5 米口径望远镜刚刚安装不久，不过，天文学家们照例计划在当天夜里眺望星空。

但 1911 年 11 月 5 日的下午，他们还有另一个任务。他们拥有从更东边看到飞行者的机器，因而能够向在西边等待的人群发出信号。但要如何才能把消息传达给激动的加利福尼亚州观众，告诉人们该怎么做、该看什么呢？

答案是“通过电话”。当地公司的经理安排在公园中安装一部特殊机器，并将它与山顶上的天文学家们连接起来。天文学家发现飞机后会立刻发出通知。为了保险起见，他们还会用镜子将落日的日光仪信号反射给山下的人群。

他们的确是这样做的，但更具有历史意义的是，发现飞机飞过来时，他们打了一个电话，以便让帕萨迪纳的人群知道。

这次通话自然不是美国的第一次通话，也不是最重要的一次。4 年之后才有了第一次横越大陆的通话：从纽约到旧金山。但从圣加布里埃尔山顶到帕萨迪纳之间的这个电话，让公众对未来将发生的一切有了切实的感受。有一天，也许在几小时之内，人或货物就能走完卡尔布雷思·罗杰斯用 12 周才完成的路线。如今，显而易见的是，电话的存在意味着另一种传播方式即将成为可能。它传播的东西虽不是实体，但对人或其财产同样重要，无须再花费几天、几小时甚至几分钟，只在一瞬间，即可以光速完成传达。

这通电话也暗示着新概念的诞生：新闻、八卦、闲聊、信息、情报等，或许还有超越此前所有可理解的事物，它能够从一个地方到达另一个地方，无论两地相隔多远。这飞快的速度并非以火为动力来实现，而是沿着一条电线传递，能在一瞬间抵达目的地。

在之后的年月中，这类信息将以相同的速度，以无形的、几乎无法想象的方式在空气中传递。但最初，如同在帕萨迪纳一样，它的媒介是电线，以铜或其他可导电的金属制成。

THE MEN WHO UNITED THE STATES

第五章

犀利之金：跨界者网罗未来

随机地触碰——轻率地手滑——
终端——闪亮——发出“嗞”的一声！
空气中弥漫着令人惊愕的烧焦的气味——
那电工已不复在此！

——《电灯的好处》（*The Benefits of the Electric Light*），
西莱尔·贝洛克（Hilaire Belloc）

电并非必不可缺的日常用品，也不可能为社区中所有的人使用。这种奢侈品只有城市中极少数成员能够享用；然而要是建造由城市拥有及运作的[发电]站，也许它能通过税金来承担。

——《里士满时代快报》（*Richmond Times-Dispatch*），
亨利·安德森（Henry Anderson），1905年10月24日

会说话的电线之歌。

——亨利·法尔尼（Henry Farny）1904年的画作的标题

会说话的电线

据说在 1861 年，电报线正在印第安人的居住之地蔓延。肖肖尼印第安部落的一位酋长（被白人称作 Sho-kup，修卡）宣称，他认为电报是一种神秘且不怀好意的动物，但他不知道这种动物吃什么。白人们告诉他电报吃闪电，但未能消除酋长的疑虑。

白人们又告诉他，他可以通过电报与两位夫人联络，哪怕隔着万水千山。但酋长没有像白人所希望的那样大喜过望。他说自己宁愿以传统的方式与她们面对面地交流，过了一会儿，酋长平静了一些，并表示自己也许能够接受电报这种无法解释的魔法力量。酋长决定为这一神秘的事物命名，为它取一个由自己创造的肖肖尼大词。他思考了片刻，又咨询了语言能力更强的其他酋长，最终宣布适用的词语是 we-ente-mo-ke-te-bope。翻译小声地告诉白人，这串音节的意思是“缆索快线”。

名字虽好，但并不是白人想要的。他们只能继续等待，因为他们是为一个紧急的任务而来。这些白人来自一家电报公司，这家公司主营长途电报业务，正试图设置第一条横贯全美的线路。在某些地方，这项工程实施起来并不简单，除了工程技术问题，还面临诸多挑战。比如在落基山脉的这一偏僻角落，当地原住民对这些新发明怀有不安的情绪，因为他们不知道它们会带来什么。电报公司需要得到当地酋长的许可，才能安设电报线，以穿过部落所在的山区。他们还要确保电报线不被攻击、扯断、毁坏，因为有人怀疑电报线是某种动物；而在其他许多地方，由于诸多原因，人们对电报线同样感到恐惧。

那位酋长又想了想，对白人说他不喜欢缆索快线，也不相信他们的好意，并继续声明他相信它是某种野兽，怕被它吃掉。但最终酋长宽宏大量地同意对它表示尊重，并且答应要求他的人民永不伤害它。如果白人真想将电线杆建在他的土地上，并将缆索快线从一根杆拉到另一根，酋长说可以接受。

与这位酋长和其他酋长告别之后，白人们便乘车出发了。其中一个小队留了下来，随后挖了许多深深的圆洞，竖起 9 米高的杆子。杆子是由经过削皮和处理后的松木做的，上面有用于悬挂缆索的横梁。设置好电线杆之后，这一小队飞快地离开了肖肖尼那片崎岖的土地，奔向加利福尼亚。所有人都充满了信心。

当时，无论是酋长还是他的人民，甚至就连竖起电线杆和拉电线的人，都不知道将会发生什么。电线看上去如此平凡、无辜且无力。它不过是一根线，且无法移动，能做什么呢？只有当一阵风吹过时，它才会颤抖，发出声响，听上去就像在风中起伏不定的青草丛发出的声音一样。

通常来说，有沿着道路、运河、铁路移动的物体，也有在头顶移动的物体，如飞机，我们能看到物体从一个地方移动到另一个地方。这种过程完全可见也易于理解。无论是一队马匹被鞭策着前行，或是一股蒸汽从火车头的烟囱中冒出来，又或是鸟儿拍打翅膀，还是飞机螺旋桨的转动，它们都给人一种动能飞快消耗的印象，伴随着咆哮、怒吼、飞奔或冲撞等。也许有时会出现一些意外，但它们大多数时候总能将乘客和货物从一个地方送到另一个地方。当然也有送不到的时候。

电报线则完全不同。它有一些奇特之处，问题出在它的运动上。它能引起如此大的恐惧和怀疑，并成为攻击对象，一点也不奇怪。它总是静默无声，知情人会说有东西沿着它移动。而对于这一奇妙之物，无论在狭窄的内壁匍匐前行，或者附在不起眼的外壁上爬动，人们完全看不见。

对于生活在 19 世纪中叶的人来说，如印第安人、苏格兰人、刚来到草原上的德国农夫，等等，电报线的整个运作方式实在难以理解，几乎可以说是不可能实现的魔法。

如今我们知道，电报传递的是信息，传递过程不需要任何人力。接收、发送、转移和传递，一切都能够在一瞬间完成，传递者在整个过程中甚至可以一动不动。电报的发明标志着一个高峰时刻，它蕴藏着巨大的潜力，且立刻就实现了。当所有的人都能够即时通信时，包括银行家、面包师、商人、士兵、医生和农民，甚至将信将疑的印第安酋长，形成一个近乎无法被破坏或分割的整体终于成为现实。

如果说电报的最终效果是为人们带来莫大的收益，那么就其即时效果而言则难说。至少对于一个充满雄心和勇气的团体来说，它无异于晴天霹雳。1860 年 4 月，中加州内陆和派克峰快运公司，也就是快马邮递（Pony Express），开始在密苏里州与萨克拉门托之间运营。然而仅几个月之后，在驿站之间骑马飞驰的信使就看到路旁竖起一根根电线杆，上面还安装了绝缘子，用以悬挂铜质电报线。

对于这些勇敢的小骑手们来说，他们的职业生涯结束得迅速而悲壮，无可避免。1861 年 10 月，电报线穿越国土，铺设完成。在回路开通之后两天，只需数秒，在加利福尼亚州就能收到发自纽约的电报码。与此同时，快马邮递的骑手们接到了他们的最后订单。从此，人们再也不需要从驿站派人送信了。在 3200 公里的路线上间隔 16 公里建造的驿站也将会被拆除或出售。在驿站工作的人被打发回家。骑手们得到的只有道谢和遣散金。人们不再需要他们的服务了。腿脚利索的小马则会被送到牧场，或者卖去做胶水。

电，将取代马刺、马鞍和马蹄铁。世界正发生着翻天覆地的变化。

电报让即时通信成为可能

通常，人们之间交换信息大部分是通过对话的形式。Conversation，这个英语单词指的是用话语来进行思想的交换。在传统意义上，这种交换必须面对面完成，用现在的说法就是“实时”完成，长距离对话的可能性则很小，除非朝着深渊对面大吼，从高处朝下面挥挥手，或以点火、升起烟雾、反射阳光、使用响棍等方式传达信号。在过去，单就单音节的简单交换和真正的长距离交换来说，要实现严格意义上的对话是不可能的。唯一的方法是送信。

直到能进行长距离通信的电报出现，这一情境才得以实现。自此，传输八卦、新闻或情报等信息成为可能。尽管它还不算非常便捷，但至少极其快速。

这种即时的沟通变化，使得电报及其后继者与从前的一切相比，着实令人感到困惑。而这一科学发明离不开此前未得到足够讨论的一种全新“魔法”：电。

人们早已知道电的存在，只是一直没有理解它。电最先被认识到，是人们在使用布料摩擦天然琥珀时出现的奇异现象。后来，人们意识到闪电就是电。本杰明·富兰克林冒着生命危险进行实验后发现，电能够通过潮湿的风筝线等具有传导功能的细丝被传送到地上。人们还认为，电与磁有某种关联。

人们又发现，电能够被收集、储存。两位意大利发明家创造了所谓的“伏打电堆”（voltaic pile），能够制造可传导的电流。一群法国医生想方设法将产生的电储存起来，用于放电治疗，他们认为这样能帮助病人恢复健康。很快，人们就学会了制造这种奇特的力量。当有了足够的电，并以某种方式使其长距离传递时，电将开始替人完成无数任务：制造光和热、转动轮子、计算数字、制造火花、举起重物和短距离移动物体等。

在早期，有一种使用电的方法占据了统治地位。电被用于为一种微妙的装置供能，沿着电线传递信息。毕竟信息没有质量，几乎不需要多少力。假如这种装置能制造成功，信息就能以不可见的方式进行快速传播。

1872 年去世的塞缪尔·莫尔斯（Samuel Morse）也许是第一个想到利用电力传输信息的人。尽管莫尔斯在技术上败给一些竞争对手，但他无疑推动了这一技术的完善。不过事实上，他的成就只是巧合。莫尔斯最初是一位肖像画家、摄影师兼美术教授，尽管他对自己的事业抱有很高的期望，为此付出了最大努力，但他在这些领域未能让人记住，因为他不足够出色。而如今看来，这对通信行业来说未尝不是一种幸运。

在想到这个主意的时候，莫尔斯正深陷沮丧和失落之中。自 1825 年起，他就逐渐深陷忧愁情绪之中。那一年，他从纽约的工作室到达华盛顿，目的是为了绘制两幅拉法耶特侯爵（Marquis de Lafayette）[①] 的肖像。在华盛顿，莫尔斯收到一名骑手送来的信，称他的妻子在纽约病笃。莫尔斯回到家时为时已晚：他的妻子在生他们的第 4 个孩子时意外去世，已下葬。一种未必可靠的传言说，莫尔斯就是在这个时刻察觉到高速通信的重要性。假如能及时得到消息，莫尔斯也许能赶到妻子的床边。

而在那一年，这并非莫尔斯听到的唯一噩耗。不久，他的父亲去世，又过了几个月，他的母亲也撒手人寰。这一切令莫尔斯深受打击。他逃到了欧洲，渴望忘记这一切，也希望能获得国外的绘画委托。莫尔斯还祈祷在华盛顿的艺术成果能够得到赏识，被邀请到圆形大厅画壁画。但这个愿望也泡汤了。他在巴黎和意大利绘制的作品被认为无太大价值，没有赢得任何委托。更加雪上加霜的是，后来莫尔斯得知，他的竞争对手，一个名叫康斯坦丁诺 · 布鲁米迪（Constantino Brumidi）的意大利画家被国会选中，绘制圆形大厅的穹顶。

到 1825 年 10 月，莫尔斯已灰心丧气。想到自己会被成功的艺术家朋友们避而不见，他更觉得难堪。于是他决定认输并回家。1832 年 10 月，莫尔斯到达勒阿弗尔（Le Havre），并在那里登上一艘名为“萨利”号（Sully）的法国包船，目的地是纽约。正是在乘坐这艘船穿越大西洋时，莫尔斯经历了助他改变世界的顿悟。

船上载有 30 多名乘客。每天夜里，莫尔斯都与船长共进晚餐，席上有一位驻法高级外交官、一位来自费城的律师和一位名叫查尔斯 · 杰克逊（Charles

① 这位了不起的法国贵族在美国独立战争中成了英雄。半个世纪之后，已是白发苍苍的拉法耶特侯爵回到美国。所有的人都赞颂他。让莫尔斯画像被认为是地位的象征，但他在如今的塔拉哈西（Tallahassee）得到的约 93 平方公里的土地也许更实用。

Jackson）的哈佛地质学家。在为期 3 周的充斥暴风雨的航行中，莫尔斯时常与杰克逊进行讨论，并从中察觉到电能的潜在应用方向。

两人对这一议题并非一无所知。杰克逊在法国的科学研究工作使得他能接触到与电学相关的领域。至于莫尔斯，尽管他的“野心”主要在艺术方面，但当初他在耶鲁上学时也学习了电学基础，甚至到 19 世纪 20 年代，他还兴致勃勃地在纽约哥伦比亚大学修读与电学有关的课程。此外，莫尔斯还是一位小有成就的发明家。很久之前，他曾建造了一种新型水泵，1822 年他又设计了一种切割大理石的机器。

也许是某次夜饮时讨论到了石灰岩的性质，让杰克逊与莫尔斯走到了一起。无论最初的联系是什么，两人在旅程后半段始终形影不离。在船上摇摇晃晃的餐厅里，人们看到这两个人总是没完没了地争执、讨论着神秘的电，并提议各种最适于用电完成的任务。

后来，有律师曾就他俩谁率先提出利用电作为信使的问题争论不休。但据说最可能的还是莫尔斯，因为杰克逊后期作出的声明被认为来自一个满怀怨恨的妄想狂：杰克逊在疯人院中去世。我们现在只需知道，他俩其中一人说了这样的话：“如果电能够在电路任何部分显示出它的存在，那么我认为，电完全能用于传递情报。”

换句话说，如果电流能够发出火花，做出任何能被观测到的事情，并瞬间传送到遥远的地方，以及如果发出的火花或其规律能用来表示字母、数字、词语、名词或数据，那么这些火花所表示的信息也就能在一瞬间被传递到任何地方。

这是一个预言，也是一个启示。莫尔斯灵光一闪，想到这项想象中的发明，在实现这一目标时能发挥巨大的作用。船一靠岸，莫尔斯立即跳下船，奔到纽约的公寓，着手绘制设计图。这一点也不轻松。在接下来的 4 年中，莫尔斯大部分时间泡在华盛顿广场上新开大学的办公室里，耐心地试验着各种由木头、铜、金属线、汞所制造的装置。制造这些装置的目的只有一个：利用某种机关[①] 切换电路的开合状态，然后通过莫尔斯发明的代码，以规律和次序代表字词和数字。

在电路的一端输入信息，它将沿着电线传递；电路的另一端断开，然后闭合，表示已收到信号。每次电路的开合，都能以铃声、光或响声为记。

信息的复杂程度由使用者决定，输入速度也取决于使用者。使用者所需要做的，只是写下、刻下或根据事先安排好的代码将金属片嵌入尺中。在莫尔斯制造的最原始装置中，电码通常只是重复的开合：5 次代表数字 5；3 次开合之后空一段时间，再加上 4 次，代表数字 34。这些数字被记录在编号辞典中，用于表示字母或完整的词语。只要将电码刻在尺上、放入机器中，机器就会以合适的顺序开合电路。在电线的另一端，电路将立刻显示出同样的规律，从而可以解读出信息。再比如，“嘀、嘀嘀、嘀嘀嘀”，这样的信息会被翻译为“ABC”。

做到这点后，接下来就是改进电码和设备了。譬如从一端输入“NEW YORK”这个词，再从另一端输出时，应显现出能够被记录在纸条上的点和线。能阅读这种电码的人将会明白它所代表的含义。重要的是，在理论上，无论书写者与接收者间隔多远，无论“NEW YORK”的 7 个字母和其中的空格在半秒还是半小时之内完成输入，信息在发出之后都会立刻被接收到。这是一个极度简洁且优美的发明。它将被命名为电报，含义是“远距离书

① 莫尔斯用的是一块可移动的刻槽尺，上面嵌有金属片。

写”。它准确且精密，几乎所有人都会用。其发明者塞缪尔·莫尔斯，此时已不再仅仅是一名画家了。

后来，通过不厌其烦的各种努力，包括向“萨利”号船上所有乘客写信，询问他们是否愿意就其所记得的关于电报的对话宣誓，莫尔斯最终在关于谁最先提出并发明这一工具的争论中获胜[①]。1840 年 6 月 20 日，莫尔斯赢得了电报专利。专利文件依然被保留着，它是世界史上最重要的文件之一：第 1647 号专利“应用电磁改善信号通信模式”。

然而，有些问题仍然不可避免。当时的电流过弱，无法使信息传递到理论上所能达到的地区。实验者能够使用的电流，并不比半个世纪前导致蛙腿抽搐的电流强。莫尔斯最初创造的电报仅经过约 12 米，信号就中断了。若要将信息传递更远的距离，就需要更大、更好的电池、线圈和磁铁。其中最重要的是中继器，它能够放大信号，使得信号有足够的能量能在电线上继续传输下去。

不久，更高明的发明家对莫尔斯施以援手。电报机的信号覆盖范围也一点一点地扩大。供能装置从一个伽伐尼电池[②]成倍地扩大；当增加到 40 个伽伐尼电池的时候，信号能够传递 30 米远。将铜线更紧密地绕在磁铁上，信息就能够传递 300 米。这一次实验中使用的电报信息是：耐心等待的人不会失败。十分符合情境。

后来，当牛津大学的一名化学教授渡过大西洋前来观看演示时，莫尔

① 然而在 1853 年，这一案件在美国高等法院再次被提起。直到今天，它依然是一个经典而被广为引用的案例：欧莱利诉莫尔斯案。

② 用锌片和铜片浸在酸中制造的原始电池。——编者注

斯已经可以将信息传递到 800 米以外的地方，之后更是达到 16 公里以外。他知道这是“一条大鱼”，便开始游说华盛顿的友人，希望国会能对此产生兴趣。

1838 年，莫尔斯写道：“毫无疑问，我们能够就任何距离达成相似的成果。”他认为政府必须参与到电报机的研发中。“将电报系统与邮政部结合起来似乎将是大势所趋。”他之所以这样写，是因为他将电报看作传递信件的新方式。

然而当时掌控国会的民主党认为，电报与政府无关，直截了当地拒绝了莫尔斯的提议。这是多年来政党情绪变迁的反映。国会认为，国家内部的改良不应“接受联邦援助”，理应由各州或者个人向这类项目投入资金。在当时的政客内部，这一问题导致了急剧的分化：许多人怀疑这一项目会导致腐败，且不确定纳税人中大部分人能否获得应得的好处。于是国会决定，拒绝向莫尔斯提供公众演示资金，对于在两座城市之间设立电报线以做试验，他们也不会提供任何官方支持。

在技术方面，莫尔斯的科学家同僚们几乎每天都在改进机器。其中一人名叫阿尔弗雷德·韦尔（Alfred Vail），他本是一名牧师，后来转行当了一名机械师，他的家族拥有一家铸造厂。正是韦尔想出了解决电报信号随距离减弱的关键发明。

韦尔将电路分割为较小的部分，在每个接合处引入被他称为“继电器”的装置。继电器是一种电磁发射器，能够“读出”输入的电磁脉冲信号，无论信号强弱；它还可以放大信号，然后沿着电线将放大后的信号传输到下一段电路中。继电器的神奇之处在于，它能在电路中进行无限安装并发挥效用。这样电路就能够永无止境地延续下去，甚至环绕整个地球。

后来，莫尔斯用了 4 年时间环游世界，寻求资金支持，与此同时，他还不断地进行试验和改进、打磨设备。就在突然之间，令所有人感到惊诧的是，政治风向发生了 180 度的大转弯：先前顽固不化的国会“如春雪般融化”了。莫尔斯被召到华盛顿，国会安排他在会议室之间铺设电线，展示电报系统的能力。这场演示让此前不耐烦的政客回心转意。于是，莫尔斯再度向他们申请援助资金。

这一次莫尔斯成功了，虽称不上大获全胜：请求仅以 89 票对 83 票的微弱优势通过。但莫尔斯高兴地说，这 6 票对他来说就像 1000 票那样珍贵。他得到了 3 万美元的资助，专用于在华盛顿与巴尔的摩之间约 70 公里的路途中挖沟和设立电报线路。这也将成为莫尔斯一生之中最大的舞台。

这是全美第一个电机工程项目，实施过程中出现了无数技术困难：沟渠挖掘难度很大，尤其是在冬天，地面冻结了；电线不够用；用于隔离导体的铅管时常断裂；无法获得足够的电池。另外，动用政府资金还有极其繁杂的书面程序，而且各承建商、未来发明家和自称真正发明者之间时常爆发纷争。最终，精疲力竭的莫尔斯决定不将电线埋到地下了，而是将其悬在 9 米高的栗木杆之间，每两根栗木杆相隔约 60 米。

这样一来就简单多了，莫尔斯开始使用已建好的部分，将正好在巴尔的摩召开的一次大会的新闻传送回华盛顿。他让一位同僚用传统的方式乘火车到达最近的电线杆处，然后将其所知道的最新消息告诉电报员，电报员随即将消息传达给身在华盛顿的政客。1842 年 5 月 1 日，莫尔斯报告：大会提名亨利·克莱（Henry Clay）参选总统。这条比报纸早到得多的消息令全城沸腾。突然之间，华盛顿政界陷入狂热的兴奋之中，也因此，在城市之间以光速传送第一消息的机器获得了极大的关注。

1844 年 5 月 24 日，电报史上那个著名的星期五，人们在这一天发送了第一条正式的电报，但除此之外并未留下太多信息。阿尔弗雷德 · 韦尔在巴尔的摩外约 1.6 公里处的铁路办公室中设立了电报机。深知自己将留名青史的塞缪尔 · 莫尔斯，则在位于国会大厦北翼一楼、庄严的最高法院中设立了电报机。这里离圆形大厅很近，莫尔斯曾经多么渴望在它的天花板上绘画啊！但现在，再次与这座巨大的建筑发生联系时，他已不再是一名失意者了。

关于第一条电报该发什么，莫尔斯打算征求他人的意见。专利委员亨利 · 埃尔斯沃思（Henry Ellsworth）支持这一发明，他的女儿安妮 · 埃尔斯沃思（Annie Ellsworth）则为莫尔斯带来了国会资助投票的消息。为了表达感激，莫尔斯请求安妮选择合适的词句。我们并不清楚当时华盛顿有多少国会议员在场，又有多少人在数十公里之外的巴尔的摩观看、倾听。我们只知道，在那个暖和的下午，在一群国家精英的围绕中，莫尔斯在由电线、磁铁、齿轮、水银瓶和杠杆构成的精巧机械前坐下，打出 18 个字母，即《民数记》第 23 章第 23 节的最后 4 个单词：WHAT HATH GOD WROUGHT（上帝创造了何等奇迹）。

这 4 个词组成的简洁有力的惊叹，也是莫尔斯信仰的明证和满怀感激的低声吟咏。最重要的是，它极为恰当地预示了变革时期即将来临。之后，巨变以前所未有的速度发生，带来超乎想象的深远影响。为此，亨利 · 亚当斯在《亨利·亚当斯的教育》中写道："旧世界已被抛弃，新世界从此创生。"

新的电报线几乎在一夜之间就被设立，根据当时诙谐音乐剧的说法，设立的速度简直像将新电线直接拼到玉米秆和爬藤豆秆上。电报线的网络向四面八方蔓延，有的是出于利益原因，有的则没有经过明智的商业考量。仅在数月内，大城市之间的电报连接就完成了。几年之内，连偏远的州都通了电报。

到 19 世纪 50 年代中期，许多电报公司出现了，但它们提供的服务质量良莠不齐。很多电报公司是匆匆设立的，没有充分考虑地理因素，从而导致消息在抵达目的地之前很可能要经过几家竞争公司之手。例如，在芝加哥与纽约之间，消息有可能需要经过 6 家不同公司的电报员之手，而每次重新传输都可能导致延误和准确性的丧失。后来，一个由投资者组成的团体决定将所有的公司都买下，创建了一个接近垄断的大公司。该团体由海勒姆·西布利（Hiram Sibley）领导，他是一位农业机器商人兼银行家，还是纽约罗彻斯特的一名县警。西布利及其从事农作物收购业的朋友需要最精确、最新的小麦价格数据，因此电报公司必须只有唯一的一家。

在合并过程中，难免会走一些弯路。西布利最早为一家与莫尔斯竞争的电报系统提供资金支持，该系统使用的是键盘和罗马字母表，而非莫尔斯电码，发明者叫罗约尔·豪斯（Royal House）。由于莫尔斯发明的系统比豪斯的系统更可靠一些，于是西布利为新的公司选了一个既好记又简单优美的名字：西联（Western Union）①。

在西联的旗帜下，人们正式开始使用电报将整个国家联结起来。早在 1857 年，西布利曾催促国会为建立跨大陆电报线路提供支持。3 年后的 1860 年，国会通过了《太平洋电报法案》（*Pacific Telegraph Act*），批准拨出西布利所提出的 4 万美元资金。

1860 年 6 月 16 日，该法案由詹姆斯·布坎南总统签署，布坎南的总统生涯也因此留下了浓墨重彩的一笔。当时，他签署电报法案的决定完全出

① 尽管西布利是西联的第一任会长，但最先选用这个名字的却是他先前的竞争对手埃兹拉·康奈尔（Ezra Cornell）。如今，人们之所以记住康奈尔并非因为他在电报发展史中扮演的角色，而是因为他创办的康奈尔大学。

于统一国家的愿望，然而做出这一决定时，美国正进入史上最野蛮的分裂和动荡时期。

几个星期之内，西布利就成立了多家公司，以承接从奥马哈到萨克拉门托各段的工程；线路大致上与即将建立的跨大陆铁路相同。1861 年初夏，建筑工程开始之际，内战正打得火热。发生在 1861 年 4 月的萨姆特堡之战，通常被认为是内战的导火索。当时，为了获取 50 伏特电路所需的金属线、湿电池、绝缘材料及其他必要资材，他们花费了比预想的更多的时间和人力。对西部而言更是如此，因为货物仍然需要从北部港口绕过合恩角，再运送到旧金山。

准备好材料以后，接下来就十分迅捷了：切割电线杆、挖洞、插杆、将横杆钉牢、固定用于悬挂电线的铁和玻璃制绝缘体、将电线从毗邻的电线杆拉过来或将新的电线放上去等，这一切都未遇到太多困难。因为如果延迟了，拉电线的工人就必须在落基山脉度过寒冬。1861 年 8 月，线路抵达拉勒米，10 月初抵达盐湖城，之后得到了那位印第安酋长慷慨的命令；卡森堡（Fort Carson）同样在 10 月完成了铺设。1861 年 10 月 24 日，整条线路大功告成。

第一条电报由电报公司的大人物从旧金山发出，收信人是正在为刚开始的内战焦头烂额的林肯总统。“我向阁下宣布，”电报如此说道，“通往加利福尼亚的电报线路于今日完成。愿它将太平洋与大西洋之间的各州永远连接起来。”

这条电报成了一个预兆：在未来，东西向的发展会将南北向的发展踩在脚下，东南部角落的国土因而将被边缘化。这一问题至今仍然存在。

一切发生得如此迅速。从巴尔的摩附近发送电报到国会大厦后仅过了15 年，工程师们就在爱达荷州敲响了印第安人的大门。眨眼之间，整个国家在更大尺度上被联结了起来。最终的焊接宣告完成，最后一颗黄铜螺钉被拧紧，开关被打开，电压表读数随即逐渐上升，最终指针颤抖着安定了下来——长期以来都未能实现的全国性对话自此开始。

如今，借款人能和放款人交谈，买家能和卖家交涉，股票市场趋势能够被传送到所有角落，货物价格能够被传送到未来市场庄家的耳中，而无论贷款申请人离家乡多远，他都能查到信贷记录。简单地说，所谓“完全信息”（perfect information）成了经济系统这一复杂“机器”的润滑剂，使它得以顺畅运行。“完全信息”是由后来的经济学家创造的名词，它指的是即时、准确无误、所有人都能毫无偏倚地获取的信息，能随时被投入服务。从这一刻起，信息的喧嚣再无止歇。

可是，这一系统的祖师爷在晚年对他们创造的东西失去了兴趣，尽管他们从中获得了利润并积累了大量财富。塞缪尔・莫尔斯尝试回归绘画，但他发现艺术才能早已离自己而去，1872 年离世之际，莫尔斯心中仍怀有不平之意。海勒姆・西布利则在 1888 年去世。他从西联退休之后成了一位成功的种子商人，将时代的技术发展完全抛在脑后，公司也交给他人继承。

西联曾经承接全美超过百分之九十的电报业务，但在技术被超越之后，公司逐渐式微，在 2006 年发出了最后一封电报。然而在园艺界，西布利这位西联领军人物的名字有着截然不同的含义。一个世纪以前，海勒姆・西布利及其公司找到并大力推广了一种香蕉形美洲南瓜，如今的园艺爱好者仍将它称作“西布利南瓜”。

最珍贵的专利：174465 号

在科学意义上，电报切实地变革了那个时代，开辟了新天地。它也翻开了人类历史的新篇章。然而，电报仍然缺乏一种亲近感和私密感。普通人不想在图画室里放一台电报机，就跟不会想在后院建一座火车站是同样的道理。大部分人既不会操作蒸汽机，也读不懂莫尔斯电码。

之后，电话出现了，这是一种拥有巨大社交价值的装置，它将为个人带来全新的力量。它既能提供私密感、亲近感，又唾手可得。电报让信息传递成为可能，电话则让人与人之间能够进行远距离的对话，且无须任何中介，因此电话立刻成了人人都渴望拥有的东西。拥有电话的人们骄傲地将其安放在起居室最醒目的位置，旁边通常有一盆叶兰，对面则是苏打水瓶子。

亚历山大·贝尔（Alexander Bell）是在 1874 年第一次想到电话这个点子的天才人物。当时他住在波士顿，是一名聋人教师。贝尔的母亲和他后来的妻子也是聋人，因此他对空气传播振动非常了解。有一天，贝尔不禁自言自语道："如果我们在发出声音的时候，能够引起与空气振动完全相对应的电流变化，那么传输任何声音都将成为可能。"后来他将这句话写了下来。这一技术灵感俘获了许多人，其中就包括傲慢的约瑟夫·亨利（Joseph Henry）。亨利是当时最优秀的电机工程师之一，正担任史密森学会会长。

亨利对贝尔说："你已经拥有了伟大发明的胚芽。"但贝尔却可怜兮兮地回应道，他没有完成这项任务所需要的专业技能。亨利严厉地训斥道："去学！"

广为人知的是，这句话后来成了经典。贝尔很快就学会了这些技能。

1876 年 3 月，贝尔，这位出生在英国爱丁堡的美国人，身兼教师与发明家之职，获得了第 174465 号专利："通过引起与语音或其他声音在空气中引起的振动相似的电流波动……利用电信传输语音或其他声音。" 而就在被授予专利之前的几个星期，贝尔还完成了一个同样著名的实验，并最终说出了可能是人们所知道的、最重要的祈使句。

几个月以来，贝尔一直在进行实验，通过不同的方式让电流信号传输"空气中的振动"。他的许多工作都是在塞勒姆（Salem）一处阴暗潮湿的地下室里进行的。在殖民地时期，这里曾被用来拷问女巫。1875 年年初，贝尔在波士顿的科特街（Court Street）租到了一个更舒适、空气流通良好的房间。那是一家店铺的阁楼，店铺的老板不但为贝尔提供了电机装置，还给他配了助手。配给贝尔的这名年轻助手名叫托马斯·沃森（Thomas Watson）。在接下来的几十年中，沃森成了贝尔忠实的同伴和助手，在历史上担任了极重要的配角。

1875 年的一个夏日，贝尔和沃森分别在相邻的房间内工作，他们正测试三块振动簧片。当时，他们要用这些簧片来试验沿着一条电报线传递多个信号。由于其中一块簧片过于紧密地贴到了磁铁上，沃森便试图将它扯开，就在此时，簧片发出清脆的响声。与此同时，隔壁房间的贝尔在接收器上听见了同样的响声。贝尔明白，振动引起了细微的电流，电流通过电线从一个房间传到了另一个房间，使得磁铁在同一时间发出了频率相同的声音。贝尔慢悠悠地弯下腰，拢住耳朵细听后得出了肯定的结论：声音正通过线路传递过来，而此前线路只能传递符号。

这是一个最纯粹且无法预见的偶然事件，一次机缘巧合。两人都停下了手中的工作。贝尔意识到，这就是将"空气中的振动"通过电线传递的方式：利用磁铁引发细微电流，从而携带经过编码的振动，然后通过电线传递。随后，贝尔与沃森着手进一步完善工作，设法传输、识别和接收不同频率的音高和不同音色。1876 年 3 月 10 日，那句不容分说的“命令”就此凝结在史书中。

贝尔在机器上配上了一根通话管，此时在他与沃森的房间之间，回路已经接通了。磁铁运作良好，通过改变阻抗产生电流波动，从而能模仿变化的声音；实验中的所有环节都没有问题。现在，贝尔需要沃森到实验室检查机器。

不知道是偶然还是出于设计，贝尔严肃而清晰地对着通话管说：“沃森先生——请到这里来——我想见你。”沃森应声而来，飞奔进门，高呼：“我能听见您的声音，我听见您说的话了！”

沃森成了有史以来第一条清晰电话语音的接收者。而要论庄严宏伟，贝尔的命令也许不如塞缪尔 · 莫尔斯在 32 年前经过深思熟虑后发送的第一条电报，但它同样成了伟业的一句题词，贝尔深深地为之感到自豪。

近 40 年后，1915 年 1 月 25 日，贝尔重新回忆起这一幕。而此时，电话已经极为流行，全美有数百万人的家中通了电话。也正是到这个时候，电话线才最终横贯大陆，亟须进行测试。此时，贝尔正身在美国电话电报公司总部曼哈顿德尔街电话大楼 5 楼，沃森则在约 5000 公里之外的旧金山贝尔大楼。

测试即将开始。工程师表示一切就绪后，沃森拿起了桌上的话筒。最开始是一片死寂，然后发出一声脆响：微弱的电流噪声。一阵停顿过后，话筒中传来一个声音：“你好，沃森先生。”

这声音多么熟悉，带有受过良好教育的苏格兰人那种矜持而又抑扬顿挫的声调："能听见我的声音吗？"

"我听得很清楚。"沃森回应道。

"沃森先生，"贝尔继续说道，声音中带有一丝笑意，"请到这里来，我想见你。"

与上一次一样，沃森在墙的另一边，不过如今这堵墙隔了约 5000 公里。沃森反应超快。也许他们排练过，毕竟当时有许多照相机镜头和记者在场。沃森笑了，对着话筒说："好的——但这次我得花一个星期的时间才能到您那儿。"

换句话说，第一次跨大陆电话通话采取的是最完美的"社交润滑剂"形式：一个玩笑。这次对话也定下了地球人最熟悉、最通用的技术工具用途的基调。电话当然会被用于正式场合，用来传递令资本市场效率更高的信息，但它更多地被用于传输日常的、最普通的聊天内容。如今，通过电话与不同国家的人谈话，就像身在同一个房间一样。

后来，西南贝尔公司推出新服务的广告语是：天涯若比邻。广告语旁则绘制了有如天使般的接线员：两手各拿着话筒，一个来自东海岸，另一个来自西海岸。接线员的头带上印有一个单词，道出了此刻真正的英雄：Science（科学）。

尽管亚历山大·贝尔善良体贴，也是一位一等一的慈善家，但他同时更是一位机敏的商人。贝尔及其后代都成了巨富。最初西联的领导在得到购买贝尔公司股份的邀请时，曾对贝尔的发明嗤之以鼻，认为这只是玩具罢了。

一年之后，他们明白自己错了，想要用 2500 万美元购买这项专利，但为时已晚，况且这点钱远远不够。电话很快获得了巨大的成功。人人都想拥有一部电话。到贝尔去世时，仅美国就已经有 1300 万部电话。如今，美国的电话数量比人口还多。不过，我们还不能简单地说电话已经得到完全普及，世界上还有数以十亿计的人无法获得纯净水或满足基本的卫生需求，更别提拥有电话了。然而数据仍令人震惊：全世界共有超过 60 亿部电话，在远距离通信几乎成为生活基本内容之后，这一数字飞快地攀升。

难怪人们常说，第 174465 号专利是最珍贵的专利，尽管它带来的改变也许并不如莫尔斯的第 1647 号专利那么翻天覆地。不同于电报，在谈到电话时，人们并不会说它使得“旧世界已被抛弃”并让“新世界从此诞生”。过了许多年，很多初次接触电话的人对这个新玩意儿仍然感到恐惧，最常见的是中西部的农夫，他们将电话看作“通常在半夜带来坏消息的装置”[①]。不过在更普遍的意义上，电话被看作商业阶层和商界影响力的象征，几百万持有电话股票的精明人士对贝尔极为敬重。西联公司的领导在拒绝邀请之后的那一年，一定曾自言自语说：“这玩具可真不一般！”

让电走入千家万户

在怀俄明南部的巴特尔山口（Battle Pass）下西侧，坐落着巴特尔湖（Battle Lake），很多人认为这里是“爱迪生发明电灯的地方”。

① 1979 年，艾尔父子广告公司（N.W. Ayer&Son）为美国电话电报公司创作了广告语“触手可及”，用以降低公众对电话产生的抵触之情。这句广告语也成了麦迪逊大道史上最有名的广告语之一。几乎在一夜之间，堪萨斯农场的居民对半夜电话响起的反应，就从满怀恐惧变成了欣喜。

因为在湖泊上方竖立着一块看板，上面的文字很谦逊地提到托马斯·爱迪生曾于 1878 年 7 月到过巴特尔湖，并在这里获得了通过燃烧竹丝为家家户户提供光亮的灵感。

爱迪生与一队天文学家一起来到当时被称为怀俄明领地（Wyoming Territory）的偏远地带，他们的目的是在高处的山口观测日食。观测完日食之后，爱迪生下山到湖边钓鱼。据说当时他手滑了，竹制的钓竿落到篝火中。当竹子变成细丝时，它们发出明亮的白光。爱迪生于是就想：能否人工制造一种细丝，让电流从中通过，使它发热并放射出稳定而有用的白光？细丝虽然脆弱，但也许可以将其密封在真空的特殊玻璃罩中，这样可以延长它的使用寿命。

于是在 1878 年夏天，在怀俄明领地的内陆乡野地区卡本县（Carbon），爱迪生发明电灯泡的灵感从天而降。但许多人对这个故事的真实性表示怀疑。大部分人说，这位大发明家早已在他位于门洛帕克（Menlo Park）的实验室测试了多种材料——烧过的桃花心木丝、黄杨木丝、山胡桃木丝、雪松木丝、亚麻纤维和竹丝，最终才在 1879 年敲定第一个专利电灯泡中使用的材料：碳化棉线。竹子只不过是他曾用过的约 6000 种植物中的一种罢了。而为了找到最持久的灯丝，爱迪生曾表示："我洗劫了全世界。"

无论爱迪生是不是在怀俄明领地产生了发明电灯泡的灵感，他发明的白炽灯泡终究带来了一种电报和电话都未创造的需求：对电力的需求。虽然电池足以支撑电报和电话运作，但对电灯而言则完全是另一回事。电灯的风靡让世界开始面对一个全新的挑战，过不了多久，灯泡数量的增长就会让传统的供电方式相形见绌。

可用电灯泡进入市场后，立刻取代了维多利亚时期的家用油灯和煤气灯。但即使在最普通的房子里或最小的城镇中安装并使用电灯泡，要想满足电力需求，电力配给方式也必须进行改变。从经济方面来说，为每个电灯泡或者每户人家配备电池显然是无稽之谈，而在中央电厂摆出电池阵产生的电力也远远不足。

电必须不断被制造，或者产生[①]。发出的电必须立刻通过电线传输到翘首以盼的社区中，之后再传送到企业和家庭，点亮街上和房中的电灯泡。

这正是爱迪生的目标。爱迪生是一个成就非凡的人，其名下共有1000多项专利，包括留声机、股票代码、电影摄像机、电椅，以及白炽灯泡，而由他创造的发电和配电方式无疑是最辉煌的。

这一切始于新泽西州曾被叫作拉里坦（Raritan）的小镇上的一条街：克里斯蒂街（Christie Street）。从20世纪50年代开始，此地改名为爱迪生镇。爱迪生将这里选为全世界第一条被白炽灯泡点亮的街道，这条街就在他的实验室外，长约800米。1879年12月31日，新年前夜，与实验室中蓄电池连接的所有的灯泡都亮了起来。

如今的克里斯蒂街上，大部分房屋显现出一派欣欣向荣的市郊住宅区的常见景象，街上安装了许多钠蒸汽灯，由太阳能电板代替原来的蓄电池供电。街道的南端竖立着一样相当奇特的物件：一个巨大的家用电灯泡模型，高约4米，以派热克斯玻璃制成。它被安置在一座约36.5米高的塔的顶端。

① 1895年，“产生”（generate）这个动词首次被用来形容电，而伦敦的《泰晤士报》在1878年使用的是另一个词语“发放到”（lay on）。报纸上是这么写的：“提议将电力发放到任何区域或城镇的方式，与煤气的安排相似。在这种情况下，就必须建造一所或多所发电站。”这个词语仍然被保留在一些英式用法中。此外，这也是《泰晤士报》首次使用“发电站”这个词。

塔身以 8 列混凝土材料的马赛克装饰，顶上都有一盏泛光灯，指向空中的巨大电灯泡模型。

这一模型模仿的正是爱迪生最早的家用电灯泡，每晚，这个巨大的电灯泡模型将光亮洒向郊区。模型当中是一根粗大而明亮的白炽灯丝（很快将被发光二极管取代），由下方的泛光灯打亮。白天，混凝土墙中的大喇叭时而播放爱迪生说过的话的录音，时而播放一些难以辨认的音乐：爱迪生留声机最早录下的音乐。每年爱迪生生日那天，喇叭便会“称颂”这个“发明了今日世界”的人。

爱迪生镇的口号是“要有光”，其中自有缘由。1879 年夏天，爱迪生设法在镇上的门洛帕克道路边竖立街灯。这些街灯展示了他的能力和远见，他也将加以利用，说服纽约的大人物允许他将这个城市当作电灯泡的第一个试验市场，进行发电和配电，点亮电灯泡。

在当时，曼哈顿并不见得多么缺电灯。在之前的 10 年间，城内许多街道、公园、码头和工厂已经点上了千万盏弧光灯。这些灯在一对碳素电极之间发出明亮、刺眼的白光。它们放出的气体则容易引起头痛，且十分难闻，并在天花板上留下了油腻的印迹。此外，电极很快就会烧完，用电量极大，灯光亮得令人难以忍受。制造商们知道它们不受欢迎，便提议建造高大的弧光灯塔，以便让光亮能够洒向整个街区。虽然这种解决方式十分平等、民主，但当地人并不买账。但人们还是同意了，灯为企业和人民带来安全，从而推动了曼哈顿的经济。直到今天，曼哈顿仍是不夜城。然而没有人喜欢弧光灯，一点儿也不。

爱迪生希望纽约人民能选择他的这些体积更小、光线更柔和，也更适宜人类使用的真空白炽灯。他的公司承诺其制造的电灯泡能够放射出更“温和”的灯光。因此，爱迪生常邀请形形色色的大人物到门洛帕克来，为他们演示自己的理想计划。

那是多么奇妙的光景啊：在这片超过 14 万平方米的土地上，整条街的两旁都竖立了街灯——全部使用木制的灯杆和玻璃灯罩，灯罩内是一个白炽灯泡。爱迪生还划出了想象中房屋的位置，它们也得到了照明。整个幻想中的纽约城由多种线连接起来：供街灯使用的细电线、供室内电灯使用的粗电缆和供房屋中的电灯使用的入户线。爱迪生的配电蓝图包括发电机、馈线和干线，这至今仍是全世界配电所使用的标准模型。

爱迪生打开开关，展示品就发出了耀目的亮光，在那些大人物的心中留下了极为深刻的印象。通过建造铁路积累了巨额财富的范德比尔特家族成了爱迪生最早的出资人，其他一些巨头也紧随其后，其中包括 J.P. 摩根公司、罗斯柴尔德勋爵和亨利·维拉德（Henry Villard）。他们提供了足够的资金，因此爱迪生能够稳步前行了。

1881 年年初，爱迪生组织了一次极尽豪华的晚宴，德尔莫尼科餐厅为之提供食物，席间还有当时最有名的女演员莎拉·伯恩哈特（Sarah Bernhardt）表演。在这次晚宴上，爱迪生向纽约市政委员会的委员和长官们披露了自己的构想：在曼哈顿下城建造发电站，电线埋设在街道下的管道中，将不同的楼房与他的最新电力装置连接起来。最终，在这场晚宴上宾主尽欢。不到 3 个星期后，纽约的新市长、爱尔兰化学品巨贾威廉·格雷斯（William Grace），批准爱迪生电力照明公司在珍珠街一处残旧的工业楼房建造第一所发电站。

爱迪生用 15.5 万美元买下了这处产业，心中有些恼火。他抱怨这里简直是贫民窟，充满鱼市的气味。一开始纽约官员反对爱迪生挖街道，并威胁他每挖一尺都要收税。爱迪生据理力争，解释了系统效能的优越性。没过多久，挖掘工作就如火如荼地展开了。工人们在炎热的夏日连夜劳作，将长达24公里的粗大铜质干线深埋入碎石路面下，使用的绝缘材料由蜂蜡、亚麻籽油和特别订购的沥青组成。

他们又从费城运来6台巨型蒸汽动力发电机，每台重30吨，名曰“珍宝”（Jumbo）。它们被安装到形状奇特的实际制造电流的发电装置上，这些装置被称作“长腰玛丽安”（Long-Waisted Mary Anns）。其后，巨大的水槽和锅炉被固定在地上，竖起烟囱，燃料也都准备就绪。

1882年8月4日，锅炉被点燃，蒸汽推动活塞，发动机开始转动并发电。线圈在磁场中转动，直流电流入电线之中，蜿蜒地爬出珍珠街的建筑，之后沿着地底铺设的包有绝缘材料的铜缆前行，再从人孔盖①中钻出，进入约40户人家的干线。从此处开始，电被输送到最早安装的800个灯泡的服务器的线路和终端。

在那一刻，曼哈顿下城满是柔和而稳定的灯光——全部来自真空灯泡。这种灯光既不污染空气，也不过于刺眼，在这种灯光下阅读、用膳、行走或睡觉也不会令人头痛。曾在门洛帕克许下的承诺，如今在纽约实现了，所带来的变化之快，连纽约本身也被吓了一跳。

许多财阀是爱迪生真空灯泡最早的用家。从中央公园到钱伯斯街，可谓万家灯火。股票交易所安装了电灯架，每盏吊灯上装了66个灯泡，为整个交易大厅照明。城中也突然冒出各种各样的产业，人们使用机器进行缝纫、造棉花糖、雕刻钢琴、印刷书报等。所有工厂的照明都不再像以往那样必须

① 安装在供人员通过的人孔上面，具有密封性能的盖板及固定附件的总称。——编者注

承受可怕的火灾风险了。剧院篷顶的广告上镶满了灯泡，百老汇也因此得到了“不夜街”的称号。之后，人们发明了电梯，从此楼房的高度不必再受限，越建越高，仿佛耸入云端。

此外，还有高耸的插电广告牌，每块有 30 多平方米大，上面共有 1.5 万个灯泡在闪烁，而遥控这些灯泡的人则坐在附近一处楼顶的棚屋内。一家食品公司竖起了一块插电看板，上面的灯泡全被漆成绿色，并做成约 14 米长的黄瓜形状。夜总会在这里生根发芽，舞池中闪烁的灯光营造出诱人的氛围。高架铁路的火车站中使用白炽灯照明；水边的码头和大道同样灯火通明。来到纽约的人们无一不爱上这里：爱迪生承诺电力会带来的“今日世界”已俘获曼哈顿。而这一景象很快将如燎原野火般从纽约蔓延至全美。

不过，这其中依然存在一些小问题。如发电机有时会发生故障，或者无缘无故加快转速，然后爆炸。有一次，电量突然增大，烧黑了 J.P. 摩根的墙和地毯。范德比尔特家族中有人因电线短路问题变得无比暴躁，重新用起了煤气灯，不过家族其他成员对他们投资的产品仍然怀有信心。此外，电偶尔会漏到街上。曾有一个贩卖锡器的人牵着马穿过华尔街附近的十字路口，结果马忽然发起狂来。它的耳朵直竖，尾巴指向天空，疯狂地朝东河奔去。过了一会儿，另一群动物经过同一地点时，全都跪了下来，不肯挪动。原来，工人刺破了这里的一处铜质馈线，导致人孔盖通了电。

1888 年，一场可怕的暴风雪将数千公里的电线埋在冰雪中。无数通电的电线无法工作，在冰雪覆盖的街上“嗞嗞”作响，放出火花，人们不得不用斧头将它们砍断，以关闭回路。这样的处理方式如同对手是成群结队的毒蛇一般。

还有更大的问题，有的还相当严重。很快人们发现，爱迪生在纽约计划中所偏好的直流电，无法轻易通过如今远超数公里的配电线进行传输。因此需要建造更多的发电站，这也将会带来更多的噪声和污染，同时需要更高的成本。就在爱迪生与其竞争对手及模仿者安装电线和电灯时，人们发现了另一种电流：交流电。这种电流如同奇迹一般，完全不受距离的限制。

于是，所谓的“电流战争”就此拉开帷幕，而最终，电力不再限于当地供应，真正成了全国性的公用事业。电将同知识、新鲜空气和灯塔等事物一道，成为所有人都能使用的公共物品。

爱迪生发明的直流电有一个特点，即必须提供与所供电的装置接近的电压。在早期，这些装置几乎全是电灯泡。当时的测试显示，当电压为 100 伏特的电流通过时，白炽灯泡中的碳化棉线的使用寿命最长，发出的光也最明亮，因此爱迪生的发电站中的发电机被设计为仅产生 100 伏特电压。

这导致了两个问题。第一个问题是关于从发电站输送到电灯泡的三股铜质电线传输问题。电线会因为传输 100 伏特电压的电流而发热，从而导致电力缓缓漏走。电线越长，因发热损失的能量就越多。发电厂附近安装的电灯泡能够发出“柔和而不刺眼”的明亮白光，而 800 米之外的办公楼或房屋中使用的灯泡则只能发出泛黄的、令人不快的灯光。再延伸一两公里，灯泡则似乎被煤烟蒙住了一般。距离更远一些，灯丝所发出的微弱光亮将逐渐暗下去，难以照明。因此在实用性上，直流电确实难以传输较远的距离。

第二个问题是，直流电向电灯泡以外的装置送电时，其能力十分有限。尽管按下开关就能带来光明这一点的确改变了世界，但随着公众开始用电[1]，许多发明家也想出了电灯泡以外的主意。例如，电动机的应用就极为广泛。爱迪生本人也发明了一种以电动机驱动的电风扇，因此，19 世纪 90 年代的人们对炎热的夏季忽然变得能够忍受了。不久，电钟、吸尘器、电吹风和水泵等发明纷纷问世。然而，电动机的成功地位无法动摇：直到今天，全世界生产的电能中有一半来自电动机。

无论是 19 世纪 80 年代的电动机，还是今天的电动机，有一点是相同的：完成的任务不同，电动机所需的电压也不同。在早期，要让工程师将爱迪生的直流电转为不同电压的电流，既困难烦琐又耗费巨大。当然，在发电机上安装旋转装置并非完全不可能，但在那个时代，旋转装置昂贵且易磨损，必须经常更换。整个过程可以说效率极低。

于是，以乔治 · 威斯汀豪斯（George Westinghouse）及其商业伙伴为首的人们开始争取，希望推进交流电的使用。通过变压器，交流电的电压能够轻易地调节：既能为小小的电灯泡供电，又能为肩负重任的巨型电动机供电，且传输距离也不再是问题。尽管爱迪生在当时拥有接近英雄的地位，人们对其人格魅力无比崇拜，但交流电的游说很快开始取得进展。1887 年年底，一场短暂而激烈的“电流战争”就此展开，而它也改变了电气化的未来。

今天的人们将这场战争称作“爱迪生对威斯汀豪斯”，然而，尽管威斯汀豪斯是这场战争中最为人耳熟能详的名字，但实际上他本人与交流电

---

① 一开始爱迪生免费配电，一是为了解决新生供电系统问题，二是希望人们习惯之后再也无法离开电。他利用电灯泡赚了一笔钱：当时的电灯泡价格昂贵，每只 1 美元。之后，在 1883 年，他开始收取电费。1883 年 1 月，史上记载的第一张电费单的电费总额为 50.44 美元。

的发明毫无关系。威斯汀豪斯专注的领域是机械工程，他通过设计火车的刹车、制造信号系统及煤气管道赚了一笔钱。然而他更是一个善于抓住机遇的人。1887 年年底，威斯汀豪斯用 6 万美元购买了 7 项与交流电发电和配电相关的关键专利，而取得这些专利的人则是这一领域中真正的先锋人物尼古拉·特斯拉（Nikola Tesla）。这个年轻的塞尔维亚人是个博学多才的发明家，1884 年来到纽约，在爱迪生手下工作。

近年来，人们对尼古拉·特斯拉至为崇拜。有人说他是“电气时代之父”，原因不难理解。特斯拉高大英俊、聪明绝顶、衣着得体，对美食极其挑剔，他会将食物称重并独自进餐。他性情羞涩、彬彬有礼、话音柔和、谦逊亲切，始终未婚。此外，特斯拉还拥有超强的记忆力。但他对许多事物也怀有深切的恐惧，如珍珠耳环、球形物体，另外，意外触碰到的女性头发也会令他感到恐惧。特斯拉的爱好包括台球、国际象棋、扑克以及喂城中的鸽子。其中一只鸽子通体洁白，只有翼尖呈灰色。当这只鸽子的翅膀受伤时，特斯拉为它制作了一块价值 2000 美元的夹板，并照料它，直到它恢复健康。特斯拉还有强迫症，不肯跟人握手，还会阅读他知道的作家的所有著作。此外，他还对数字 3 以及能够被 3 整除的数字怀有奇特的热爱。

简单地说，尼古拉·特斯拉简直是疯狂科学家的经典样板，更别提他还发明了许多危险而有趣的物品，因此他令今天充满想象力的人们趋之若鹜，也就不难理解了。他制造了特斯拉线圈，这是一种可放大电压的变压器，能够将电压提高到数万伏特，从而产生如飞瀑般的大量电火花。较小的线圈可用在头皮按摩器中，它能发出紫色亮光，为美容沙龙的顾客提供娱乐。特斯拉还绘制了一张手枪设计图，这种手枪能射出千万颗细小的钨粒。他答应为军队制造一种致命的粒子光束武器——新闻头条记者和漫画书编辑立刻将其解读为“死光”。特斯拉说服投资者在长岛的沃登克里弗（Wardenclyffe）建造了一座巨大的铁塔。他答应要通过空气从这里直接发射电力，就像无线电一样，这样人们就不再需要传输线了。按这一理论，整个世界都能够联结起来，可以更方便地获取电能。

据说特斯拉对爱迪生十分轻视。这可以追溯到他在门洛帕克的第一个职位。当时特斯拉从巴尔干半岛来，口袋里只有 4 美分和一本诗集，经过短暂的面试就被爱迪生雇用了。特斯拉告诉爱迪生，他能够重新建造爱迪生设计的直流电动机，提高它的效率。爱迪生答应，如果成功的话，特斯拉就能得到 5 万美元的奖励。当特斯拉将成果展示给爱迪生并索要奖金时，爱迪生这位小气出了名的大发明家高傲地说，特斯拉完全不懂美式幽默，结果只将特斯拉的工资提高了 10 美元。特斯拉立刻辞职，余下的一生都与爱迪生对着干。由此说来，“电流战争”不仅是科学与经济之争，更是一场私人恩怨的“圣战”。

首次进行特斯拉交流发电的公众配电展示是在马萨诸塞州的山城大巴灵顿（Great Barrington）举行的。一个名叫威廉 · 斯坦利（William Stanley）的变压器制造商利用威斯汀豪斯的资金，以特斯拉的设计和专利为基础，在胡萨托尼克河（Housatonic River）岸边建立了小工厂。这条河穿过城镇，流向长岛湾和大海。

斯坦利设置了发电机，以湍急的胡萨托尼克河河水为动力发电，从而产生了 500 伏特的单相交流电。虽然这并不困难，但斯坦利知道，如果向镇上的顾客供电，离发电机越远，灯就会越暗。于是，他进行了一项通过爱迪生的直流发电机无法完成的操作：他在电路中接入一台特斯拉式的又大又重、缠满电线的变压器，并将输出电压上调至 3000 伏特——这简直闻所未闻！

之后，斯坦利将电流通过电线传输到大街上，用路旁的高大榆树来悬挂电线。他将粗大的高压电线接上 6 台同样由特斯拉设计的小型减压变压器。

电压随后降到能够使用的 100 伏特。斯坦利将这些支线连接到一系列家用电灯泡上。

1886 年 3 月 20 日，斯坦利拨动开关：灯亮了。

所有的灯都亮了，且没有变暗。大街两侧的每户人家、每家企业，从北边的小银行到南边的钢琴工厂，突然都有了电。他们接收到世界上第一次配送的交流电。一切都运行得十分完美。

斯坦利成功了，而爱迪生眼看就要输了。爱迪生破口大骂，并告诉公众说特斯拉的交流电有哪些危害。他发出不祥的警告，称往复运动的交流电最适于杀人，甚至能够杀死大型生物。1903 年，爱迪生的一次行动令许多人惊恐万分，也对他的历史地位造成了无法磨灭的伤害。爱迪生为一只名叫托普西的马戏团大象装上铜制象蹄，演示以交流电为动力的电椅原型，并在科尼岛一家动物园的钢板上，将这头大象公开电死。

托普西脾气很坏，已经害死了三任管理员，其中一任管理员曾试图说服它吃下一根点燃的香烟。当初，有人相信利用“天降雷电”对托普西行刑是一种最快速且人道的方式。这也是参观动物园的人所听到的说法，但今天的人们都认为托普西不应当被电刑处死。

当时，托普西站在一块钢板上。行刑前，它已经被喂了一根掺有氰化物的胡萝卜，以防万一。通电后，托普西脚下立刻冒出白烟，一两秒过后，它轰然倒下，躯干抽搐，四肢疯狂痉挛，不到一分钟就死了。这一可怖的情景印证了人们对残酷行径漠不关心的态度，也加深了爱迪生掠夺他人成果和暴躁易怒的形象，并成为他的声誉中不可磨灭的污点。

另外，其间还有一次竞争，不过远不及公开杀死托普西那么令人毛骨悚然。在电网未在国土铺开之时，正是这个命运转折点，决定了美国将正式采用的电力系统。当时有两家竞争公司受邀竞标，为 1892 年哥伦布纪念博览会提供照明。这是芝加哥为纪念哥伦布抵达新世界 400 周年举办的一次世界博览会。它将成为有史以来第一届用电力提供照明的博览会，而点亮芝加哥的人也将点亮全美。

最终的决定因素并非这两家公司的两套系统的相对用途或安全性能，而是金钱。

爱迪生早已来到芝加哥，向博览会的总策划人丹尼尔·伯纳姆（Daniel Burnham）兜售直流电的供电学说，他也的确说服了伯纳姆使用白炽灯而非弧光灯。此时，两人的会见十分亲切。但一谈到如何向电灯供电的问题，所有公司都被牵扯了进来，仁慈的假面很快就被撕破了。由于 J.P. 摩根在财务上的参与，再加上爱迪生电气公司已成为一个规模更庞大的组织——通用电气公司，爱迪生本人无法完全做出决定。当时尽管一切才刚刚起步，公司却趾高气扬地向伯纳姆提议，他们能够以 180 万美元的成本，用直流电灯泡点亮整个会场。

博览会的资金提供者一听，被气得七窍生烟，疑心是纽约狡猾的银行家耍花招。“太贵了！”他们同时呐喊。之后他们迎来了威斯汀豪斯，后者希望博览会组织者考虑更可靠、成本更低廉的交流电系统。组织者要求两家公司重新递交新的密封投标书。通用电气公司将最初的价格下调到 55.4 万美元。不过当招标方打开威斯汀豪斯的信封时，里面的数字是 39.9 万美元——毫无疑问：交流电系统赢得了竞标。它将为美国历史上规模最大的世界博览会提供照明。

当然，直流电仍然有用途。以纽约为首的地铁系统仍在使用直流电，一些新技术也让极高压的直流电远距离传输成为可能。然而交流电系统很快便成了最常用的电力系统，从 19 世纪末至今，始终都未改变。

为草原送电

1889 年，全美第一条输电线路开通：22.5 公里之外的威拉米特瀑布下建造的发电站，为俄勒冈的波特兰提供稳定的 4000 伏特的交流电。人们大体上可以随心所欲地使用：点亮街道和房屋，运行电车，拍摄 X 光，泵水，冷冻牛奶，理发，放电影，焊接水管，切割石头，等等。电力公司如野草般疯长。1892 年，仅芝加哥就有 20 家电力公司。发电机的输出功率和输送电流的线路容量不断增加。到 1907 年，一些输电线路能输送电压高达 11 万伏特的电流。首开先河的是位于密歇根一处瀑布下的水力发电站，电力被输送到规模不算大的大急流城（Grand Rapids）。

第一次世界大战爆发之前，共有超过 50 家主要电力公司在发电和配电，此外还有许多小型公司和市政设施。到 20 世纪 20 年代，这一数字上涨到 6000，其中大部分小型公司被规模更大的控股公司所控制。这类大公司约有 100 家。如今，通过电力能赚取几乎用之不尽的金钱。而对于任何能赚钱的生意，大公司都会竭尽所能地捞取利益。

问题来了：电力行业并非每个部分都有利可图。在城市，它成了摇钱树：设立塞满锅炉和涡轮发动机的简易小屋将电线延伸到用户家中，每月收取相应的电费，而完成这些所需的成本几乎可以忽略不计。在市郊或更小的城镇也未遭遇太多困难。也许应该建造更大的发电机、更强劲的变压器，输电塔及其所支持的线路应以数十甚至数百公里计算，而非按米数或街区计算。虽然为这些地区供电的利润并不丰厚，但还是有利可图的。

然而，为中西部的农场地区供电却完全赚不到钱。对于在平原上种植玉米、苜蓿、大豆，或者在欧扎克山麓、爱达荷高地饲养牛群的人们来说，资本主义的算盘毫不留情。他们认为这些人活该被排除在电气世界之外。这些人及其农场倘若需要能源，只能依靠风、阳光、体能和毅力获取。原本电力已经迫不及待地要为他们送去安稳和希望，但在 20 世纪 30 年代，公用事业巨头们做出判断，将电力输送到每家每户门口的成本过于高昂。于是，这些人只能继续维持艰苦的生活。

1932 年，富兰克林 · 罗斯福竞选总统。罗斯福极力反对他认为极不公正的作为，尤其猛烈地攻击了电气行业存在的不公。他的主要攻击目标是塞缪尔 · 英萨尔（Samuel Insull），后者是一名曾为爱迪生工作过的英国人，建立了从达科他州到缅因州的庞大电力垄断体系。英萨尔过着奢侈的生活，铺张浪费，在商业上同样不计后果，最终他被指控犯有联邦邮件欺诈罪，被无罪释放后逃到了欧洲。英萨尔死在巴黎一个地铁站里，死时身无分文，被草草埋葬。奥森 · 韦尔斯（Orson Welles）认为，尽管许多人认为电影《公民凯恩》的主角原型是报业大亨威廉 · 赫斯特，但实际上很大一部分取材于妄自尊大的英萨尔。

英萨尔的电气公司有一个雷打不动的原则：不与偏远的农场做生意。几乎没有人会将电线架设到狂风吹拂的草原地带。这一事实深深地刺痛了罗斯福。于是，当罗斯福成功入主白宫之后，他立刻开始行动，用政府的正确行为纠正他眼中资本家所犯下的可怕错误。

在 20 世纪 30 年代，几乎所有的人都知道，黑色风暴和大萧条令居住在草原的人民陷入了水深火热之中。尤其是自从《生活》（*Life*）杂志开始关注失去财产的人们的生存境况开始，杂志读者对此更是十分清楚。人人都知道，假如电能够输送过来，这种状况将得到极大的改善。1934 年，只有十分之一的农场获得了电网供电。电报、电话和电力将整个国家紧密联结在一起的说法，此时显得可笑至极。在曼哈顿和马利布（Malibu）这样的地方，电力也许大有所为，但在艾奥瓦州、内布拉斯加州和堪萨斯州这些小型定居地，缺乏电力则意味着国家仍处于分裂之中——在电网中获得供电的人和在电网之外生存的人产生了分裂。

对生活在没有供电的地区的人而言，每天都很艰辛。政府曾出版了一本大部头的著作，讲述了在未通电时州人们遭受的苦痛。开篇如下：

> 没有电力，农民无法使用电泵。他不得不用手为奶牛挤奶、汲水。如果天气干燥，他不得不从深井中拉上无数桶水。由于无法使用电钻，他不得不靠手喂养家畜，用长柄杈将沉重的干草堆塞到牛栏的厩楼中，并将干草踩松，以让奶牛能吃下去。
>
> 他必须手动准备饲料：由于无法使用电动磨床，必须花费几小时的时间将数以百计的玉米一根一根塞到玉米脱粒机中……用手去摘棉花籽……手动锯木头……
>
> 他的妻子洗衣服、熨衣服、做饭、剪羊毛、帮忙耕作、摘棉花、播种，每天担水和木头，因为没有电，不得不使用她的母亲、祖母、曾曾曾祖母用过的那一套……
>
> 因为这里没有电。

1932 年 7 月，罗斯福许下了令人难忘的诺言：“我向所有人承诺，也向我自己承诺，政府将为人民推行新政。”于是政府宣布成立了一个又一个新的联邦机构。今天人们通常以首字母缩写来称呼这些政府机构，它们来自罗斯福上任头 100 天针对大萧条采取的雷厉风行的行动。这些机构多达上百个，其中一些规模极小，未被政府纳入统计之中；另一些大型机构由于预算十分庞大，携总统命令之威才在国会中通过。而当后来被发现违宪时，这些机构早已成功地将国家从大萧条的泥沼中“抬”了出来。

在政府厚厚的机构名录中，有一个特殊机构，它大刀阔斧地解决了英萨尔这类逐利商人带来的忧患。1935 年，REA，即农村电气化管理局成立，泽被草原上居住的家庭。正是这一机构点亮了被资本主义遗忘的角落。

其中一位关键参与者如今早已被人忘却，他就是莫里斯 · 库克（Morris Cooke）。自 20 世纪 20 年代起，库克便对农田电气化问题感到忧心忡忡。他与罗斯福意见相同：为国家提供粮食的人们竟被如此亏待，无法从更轻松高效的公用事业中获利，这太不公平了。电气公司不仅拒绝将电力接入偏远的农场，还向住在已铺设电线的乡村地区的人们收取高额费用。库克宣称，这样轻率的不平等对待必须停止。罗斯福本人也深受其苦。当第一次收到自己在佐治亚州的小屋的电费单时，罗斯福发现当地电气公司所收费用是他在纽约的 4 倍，因此十分恼怒。

库克致力于提醒罗斯福及其内阁，必须解决农场电气化问题。库克随后撰写了一份正式提案，在历史上留下了浓墨重彩的一笔：这份提案用黑白斑马纹样装帧，内页包括许多漂亮的水彩插图，图上画有鲜艳的红色牛栏。封面上还有一条注脚：这份提案可在 12 分钟之内读完。

除了浮夸的外观，文章中的论证十分具有说服力。库克写道，全美共有 600 万座农场，其中只有十分之一的农场由国家电网供电。然而，如果设立合作网络并允许农民付钱加入，那么几乎不需花费纳税者的钱，就能迅速让农场实现电气化。合作网络将从现有的供应商处购买电力，之后在政府的帮助下建造输送线路，为其成员供电。

农业部部长很快读完了库克的文章，并雇用库克来领导这一计划的施行，之后又安排国会通过相关立法并开始执行。

1935 年 5 月 11 日，在罗斯福的命令下，REA 开始运作。它的办事处位于华盛顿中心一所维多利亚风格的建筑内，雇用了 600 名行政人员。之后，政府下令雇用成百上千的失业电工和初级技工，并购买大量白木电线杆、以百万米计的电线以及数以万计的陶瓷绝缘子。此后，政府代理人员分散到全美各地，手拿账本，准备向愿意建造线路的农村合作者借款，将农场接入电网，与电气公司交涉购买电力，之后再安排配电并向农民销售。

1935 年 11 月，计划开始实施，最初选择的地点位于俄亥俄州西部地形平坦的乡间。REA 向合作者借出 25 万美元后，电网得以开始建造。树林的广告牌上画着架线工人绑着安全带被吊在高处，正在杆顶连接闪闪发光的电线的图案。对于罗斯福新政的实施，这些工人是真正的民间英雄。很快，电线杆越来越多，从皮奎市照明厂向四面八方扩散，向着俄亥俄州地平线上的农房、牛栏和玉米地延伸。在这些地方，当时的人们仍然用带茧的双手完成一切劳作。夜幕降临时，一片黑暗，只有几盏油灯苦苦支撑。

“电来了！电来了！”广告大声宣布，“大家都能用上电！”

就这样，合作网络赢得了越来越多的用户：从一座农场到另一座农场，从一块地到另一块地，从一段路到另一段路。每位用户付 5 美元，口号是：登记获取 REA。REA 销售员们则趁着农民的妻子在场推销这一生意。他们曾接受训练，要饱含深意地望着农民的妻子，向她们解释其中的好处。之所以这么做，主要是因为男人们正忙着抠指甲灰，毕竟在 1935 年，5 美元不是一笔小钱。

一旦对方同意了（通常都会同意），REA 的工人们就开始挖洞建造高高的电线杆，将拉开的长长的电线抬到高处，然后将其拉紧并连接到一起。之后，连接的团队就会来到农民家中，设置熔丝盒。他们架好梯子，爬到屋顶，在天花板上安装插座；为厨房安装电路：炉灶（60 安培）、尚未购买的其余厨房电器（20 安培）以及电灯（15 安培）。然后，他们装上开关，在墙上安装插座，用来为电灯供电或为将来最重要的设备供电：收音机很快就会遍布全美。

通常在黄昏时分，一切终于完成。“我当时想待在父母的房子里，因为电立马就要来了。”一位 REA 用户这样写道，“那是 1940 年。我们到处按开关，看看电来了没有。通电的那一刻，灯只发出淡淡的亮光。我的母亲微笑了。而当灯完全亮起来的时候，眼泪沿着她的脸颊流了下来。”

许多过去住在最偏远乡村的人们仍然记得那一刻。“灯亮的那一夜”就像生日一样意义重大，很多时候甚至比生日更重要。半个世纪后出版的 REA 纪念书籍中，充满了动人的回忆：

> 我们听说政府要借钱给我们，好让我们能用上电灯，但在看到工人竖起电线杆之前，我们一点也不相信。每天，电线杆都会离我们更近一些。我们知道真的要来了。于是，爸爸让他们给房子连上了电线。
>
> 差不多两个月之后，他们完成了工作，通上了电。我永远不会忘记那一天——那是（1935 年）11 月的傍晚时分，当时天快要黑了。每个房间都有电线从天花板垂下来，挂着一个光秃秃的灯泡。爸爸先开了厨房的灯，然后站在那儿，拉着拉线开关不松手。他对我说：“卡尔，到这儿来，帮我拉着这个，我去开起居室的灯。”
>
> 我知道不必这样做。于是我告诉爸爸可以松手了，灯不会熄灭。他终于放了手，看上去有点傻乎乎的。

这样的场景，在全美各地都有。

到 1942 年，一半农场接上了电网；到 1952 年，几乎所有的农场通了电。此时离 1879 年爱迪生在克里斯蒂街第一次按下开关还不到一个世纪。

人们很快便接受了一个事实，那就是电是一种公共物品，它能够在市场上出售，但也同样是文明社会中所有人都能取得的东西。当爱迪生第一次按下按钮时，无论是他本人还是别人，都绝对想不到电会获得如此地位。如今整个国家已经完全通电，统一为电压 110 伏特、频率 60 赫兹。

从传递电码到传输声音

以空气为媒介传递不可见信息的技术，最初是由一群欧洲人发明的。传递的方式不是通过烟雾信号、旗语、日光仪信号等，而是通过无线传递的电磁信号。而在这些人当中，伽利尔摩·马可尼（Guglielmo Marconi）被称为真正的无线电科技发明者，受到人们的郑重纪念。很多人会到一处能够望见纽芬兰圣约翰港口的陡崖朝圣，正是在这里，马可尼第一次辨析出他的助手从数千公里之外的康沃尔县（Cornwall）越洋发来的一条微弱的莫尔斯信号：英文字母 S。信号山（Signal Hill）就此演绎了罗曼蒂克的极致：俯瞰脚下大西洋滚滚浪涛，想象无线电信号的声音从旧世界乘浪而来。那是一段多么浪漫的历史！

但无线电信号带来的只是“嘀嗒”声——莫尔斯电码的点和横。而当时使用马可尼的无线电通信并不能接收到人类的声音，至少在 1906 年平安夜之前无法做到这一点。那一夜，在马萨诸塞州东部偏远地带一处被称作黑雁岩（Brant Rock）的岬角上，空中传来从未有过的杂音。在嘈杂的背景噪声中，这种杂音听起来完全不像莫尔斯电码。由此，无线电领域的一颗新星诞生了：出生于加拿大的雷金纳德 · 费森登（Reginald Fessenden）。他是一名电气工程师，之前曾是化学教授。有人说，费森登赋予了无线电生命。尽管无线电这一概念起源于欧洲，但这一技术首次被用于传播人声则是在美国。通过这一技术，人们除了用一对一的方式对话（如使用贝尔的电话机）之外，还能对数以百万计的人发出声音。

在早期，无线电发射机的原理十分简单。它基于这样一个发现：每次产生电火花时，都会发射出不可见的电磁脉冲。每秒产生的电火花越多，发射电磁脉冲的振动频率就越高。将接收仪器调整到与发射机产生脉冲时相同的频率，就能够精确地复制出与发射电磁脉冲完全一样的脉冲。这种仪器最早是由法国人爱德华 · 布朗利（Édouard Branly）建造的，最初被布朗利称为检波器。

此外，假如能实现这种复制，人们就能够在仪表上读到，或通过电动转换器将信号转换为声音，在对讲机或者耳机中听到，且无须任何电线。它能够在一定距离内传递，这取决于发射功率和脉冲频率。低功率高频率的脉冲可以传递得很远，信号甚至能在电离层进行反射，且能跨越大陆。使用带有键盘的工具短暂地开合电路，变更信号，就可以发送经过编码的信号，让远方的人收到。马可尼发现并完善了这一技术。也有人认为是特斯拉，对此人们仍存在一些争议。带有键盘的工具就是用于如今已过时的电报系统中传递信号的莫尔斯电码电报键。1900 年，当费森登加入美国气象局时，他使用的就是这种无线设备。而这一设备在此前的 10 年间经历了诸多考验。

气象局在东海岸设立了一系列无线电站，为的是向海上的船只发射天气信号。费森登受雇测试并改善这一系统，而气象局有权使用费森登可能会创造的发明。费森登曾在爱迪生手下受训，拥有丰富的专业知识，也拥有许多发明。他在政府部门任职期间所做出的贡献，进一步加快了无线电技术的进步历程。

最值得关注的是，费森登最先通过使用每秒产生几千次火花的旋转发射机，发射出连续高频的无线电波。之后，他在仪器上连接了一个普通的麦克风，类似电话话筒，用以调制信号，从而调节其音量。

使用调制而非基本信号来传递信息，正是费森登的构想中最关键的部分。高频无线电波携带的信息就被编码在它的调制中。因为调制的是音量，或者说载波的波幅，这一系统又被称为振幅调制，或称 AM 无线电广播。之后在频率调制的发展中，又诞生了 FM 无线电广播。接收端的人只需使用布朗利发明的检波器，去除或忽略高频无线电信号载波本身，就能收到发射器所发射的信号。

这一系统最神奇之处在于，无须将调制信号局限于编码的点和横。它能承载任何信息，如它能传递音乐，还能传递风声、雨声、海浪声，甚至人声。只要声音拥有能够测量的频率，就能通过麦克风进行转换，再通过对载波进行振幅调制，就能被传送到任何地方。

费森登身材高大，蓄须，性格直爽，但也相当自大，爱自吹自擂。据说费森登第一次尝试是在 1900 年 12 月 23 日，当时他正在弗吉尼亚州波托马克河口外沿科布岛（Cobb Island）的气象站里。费森登启动载波，接上碳粒式麦克风，对着它说起话来，他希望能让一两公里外一栋楼内的同事听见。“一、二、三、四。蒂森先生，您那儿在下雪吗？假如在下雪的话，您能给我发个电报吗？”

蒂森确实听懂了费森登所说的话，并发了电报。如果这个故事是真的，这便是人类的嗓音首次通过无线进行传输：由一名政府员工在纳税人资助的天气服务实验中实现。

另一次更著名的实验发生在 6 年之后，此时费森登已不在政府任职。这次实验并非由纳税人出资，而是由两名富有的匹兹堡商人资助。这两位商人深信，费森登调制连续无线电波的革命性技术最终能击败马可尼，而且还能在无线电领域赚一大笔钱。

这两位商人出资建立了国家电子信号公司（National Electric Signalling Company，简称 NESCO）。他们在黑雁岩为费森登架起了一座巨大的天线。那里原本是一座岛，如今已和陆地连接起来。它之所以被称作黑雁岩，是因为它正处于黑雁迁徙路线的下方，且疲惫的黑雁们喜欢在这儿暂时歇息。

黑雁岩是一座低矮、宽阔的小丘，被矮草覆盖，向外延伸数米即进入大西洋。虽然这里有着重大的历史意义，但鲜有人前来探访。在一个世纪以前，它基本上与附近的房屋和行人相隔绝。正因为地点偏僻，且波士顿聪明的科技追随者对其涌起一股亲近感，NESCO 的工程师们才在此地建造起高大的实验无线电天线。天线外观纤细，看上去十分脆弱。这精巧的钢铁造物高 128 米，耸入天际，坐落在由水泥建造的绝缘底座上，底座由陶瓷制成，宛如多层蛋糕。在大西洋吹来的狂风中，16 条牵索将天线稳稳扶住。附近有一座小屋，供一名工程师居住；此外还有存放发射及接收仪器的建筑。

为了让试验更全面，投资人还在大西洋另一侧建造了一座塔，位于苏格兰阿盖尔县（Argyll）南部。1906 年年初，技工们报告说，使用费森登的发射器成功发送了消息并收到回复，但仅限于莫尔斯电码。即便如此，由于先前从未完成过双向传输，所以仅凭这一点就足可以说费森登改写了历史。但费森登的雄心远不止于此，因为他从科布岛的经历中深知，传送语音信息完全可行。不过费森登的计划发生了延误；还有技术难题尚待解决；阿盖尔的天线被一阵大风吹倒，需要修理。更麻烦的是，两名投资者犹疑了。他们开始认真地怀疑自己的投入是否明智。

投资者的怀疑未能持续很长时间。1906 年 12 月中旬，费森登郑重宣布他准备传送语音。他通过电报的方式，用莫尔斯电码向大西洋上航行的一些船只发送消息，让船上的人准备聆听广播。在这些船中，最显眼的是一列运载香蕉的船队，船上装有 NESCO 的接收器。到了平安夜，狂风席卷海面，暴风雨大作。也因此，有人对这个故事的真实性表示怀疑。费森登调高发射器，站在麦克风前，按下开关……

多年之后，费森登回忆道：

> 平安夜的节目是这样的：首先，我发表了一段简短的演说，告诉大家我们打算做什么；然后，播放录好的音乐：亨德尔的《最缓板》（*Largo*）；接着，我进行了一段小提琴独奏，演奏的曲目是《圣善夜》（*O, Holy Night*）……
>
> 之后，我又朗读了一段《圣经》……最后，我们祝贺大家圣诞快乐……
>
> 我们从弗吉尼亚州诺福克的船只那里得到了回应，他们收到了平安夜的节目。在新年前夜，我们的节目甚至传到了西印度群岛的某些地区。

让咏叹调《绿树成荫》（*Ombra mai fu*）传到遥远的海域，让身在大西洋暴风雨中的船员们倾听波斯国王在凉爽树荫下的沉思……要知道，这种感叹原本只可能发生在陆地上……无论实际的过程如何，无论这到底是第一次还是第二次（如部分怀疑者所说）将语音广播出去，也无论这次试验是真是假，费森登的故事始终都有一种让人不得不相信的魔力。

确实，这个故事未必完全真实。比方说其中最令人感到奇怪的一点：留存下来的航海日志中竟然没有一处提到这次广播。驾驶舱中的船员们理应兴奋得跳起来，因为船上的无线电接收器传出的竟是莫尔斯电码以外的声音，而且还是破天荒头一次。突然之间，人类的声音和优美的音乐就这样冒了出来！对大多数人来说，这一定难以置信，因此应该至少在一位船长的日志中被提到。不过这都不重要了。我们只需记得，在 1906 年左右，正是费森登让这一技术成为可能。

不过，这项成就并没有为费森登带来什么。他富有的同伴与他争吵，并将他从公司赶了出去。在之后的 15 年中，费森登花费了大量金钱打官司，却没有得到满意的结果。尽管他赢得了许多金质奖章，而且很多伟人和传记作者都称他为最伟大的无线电先驱，但费森登仍然怀恨在心，他不再关心自己所发明的一切。后来，费森登写了一本晦涩难懂、无人问津的关于古老文明的著作。

1932 年，费森登在百慕大悄无声息地死去。而他的发明却以光速高歌猛进。最初的听众是业余爱好者，或者称他们为恰好听到的人也许更合适，因为人们早期能接收到的大都是随意的、毫无计划的通信。这些人将空气中传播的无线电波看作某种神奇的自由竞技场，开始交换各种信息，主要通过莫尔斯电码，偶尔也有人广播语音。后来，这些被人称作“火腿电台”（hams），其来源和目的地多种多样，主题则包罗万象，应有尽有。

其中，少数人拥有足够的耐心、专业的技能以及所需的资金，能够广播语音和乐音。查尔斯·赫罗尔德（Charles Herrold）就是其一，他是一名教授，曾任教于赫罗尔德无线工程学院。他本人于 1909 年创立了该学院，并在圣何塞（San Jose）一座银行大楼的三楼设立了发射机，开始了在每周三的夜晚广播音乐和谈话节目。赫罗尔德称其为“小火腿节目”。他拥有一台手摇式维克多留声机，又从当地的雪曼克莱唱片店（今天仍然生意兴隆）借来一些唱片。由于麦克风所接入的回路会产生电火花，十分烫人，所以赫罗尔德只能小心谨慎地坐在麦克风前。赫罗尔德会介绍他播放的音乐，还会朗读当地报纸上的一些专栏文章。播放音乐时，他会告诉听众唱片是从哪里买的。第二天早上，听众们就在雪曼克莱唱片店门口排起长队。自此，另一个崭新而前所未闻的现象出现了：电台广告。

一开始，也许有 50 位当地的业余电台操作者收听了赫罗尔德的节目。到 1913 年，赫罗尔德邀请他年轻的妻子西贝尔来当主持人。之外，他还机智地组织了比赛，奖品是小颗的方铅晶体。这些矿石可用于制作新的矿石晶体收音机。赫罗尔德的听众数目因此稳定攀升，很快达到了几百人。大部分听众住在旧金山半岛，但在气候条件较好的地方，如俄勒冈州和新墨西哥州，听众们也能听到，伴以西贝尔那仿佛为电台而生的甜美嗓音，音乐在电流噪声中被娓娓道来。

听众会打电话给西贝尔，要求她播放他们最喜欢的歌曲。赫罗尔德的节目持续了 5 年，没有进行登记，也并非正式电台节目，却始终风雨无阻。它很可能是全世界第一个广播电台节目。

在很长的一段时间里，莫尔斯电码仍占据统治地位。从缅因州到加利福尼亚州，年轻人在阁楼和车库里，使用方铅矿或其他晶体制造原始的无线电波接收器；更大胆也更聪明的人还会制造发射器。在无数个夜晚，他们在空中搜寻密码流。火腿电台的传统自此而生。一开始是数十到上百人不断试验，很快则变成成百上千名收音机爱好者组成的“兄弟会”在夜空中交谈。如此一来，数以百万计经过加密的字母和数字交织成一幅无形的“空中肖像”。

就在这时，海军也在热心地使用莫尔斯电码和无线电技术与海上的战舰通信。对于业余爱好者突然爆发的杂信，海军深感不快。他们抗议说，业余者持续不断的吵闹闲聊导致紧急的海军信息难以被辨别，海上安全会因此受到威胁。热心的市民则进行了反击，他们认为这一领域的新发现应凌驾于国家的控制或立法之上，它属于人民，人民有权尽情使用它。

为了解决这场无可避免的争执，国会也参与了进来。在海军强大的游说压力下，1912 年，国会通过了《无线电法》(*Radio Act*)，明文规定，任何人要想操作无线电发射器都必须取得牌照。尽管政府不能拒绝任何希望获得牌照的人，但从此可以就发射信号设定时间限制，同时还能限制业余爱好者的使用频率，以便将更好的频率留给军队。这样一来，军队受到的干扰大大减少。

至第一次世界大战爆发，美国加入战争，立刻下令停止所有业余电台的运作。赫罗尔德收到命令，必须停止广播。警察搜查了许多阁楼和车库，没收并毁坏了所有在禁令下达后仍然发射无线电信号的设备。在超过一年的时间里，电波空间一片寂静。那些仍然在聆听且想要接收到晚间音乐的人，只能听到海军船舶和气象站的交谈。

但战争一结束，无线电台热潮便迅猛地卷土重来，数以百计的电台牌照申请如雪花般涌入商务部。这个国家仿佛忽然想与自己对话了：全国的杂志都在欢庆电台广播的诞生。它承载着人的话语、音乐和各种各样的声音，成了塑造国家概念的全新方式。突然之间，无线电台被看作可能是联结国家的一种“灵药”：内华达州的听众收听并熟悉东部沿海地区的故事；北达科他州高原上的人民或新墨西哥州山川与河边的人民，也能欣赏来自亚拉巴马州的男性或阿肯色的女性截然不同的口音和想法。一位杂志作者曾写道，无线电台能将所有人纳入它的羽翼之下，它能够将“农民、穷人、无法出门的人、未受教育的人”等与主流文化相隔离的人全部包揽。而无线电突然间成了寄托理想的载体，人们希望它成为一个不受限制的存在、一个思想的论坛。

然而，事情并没有那么简单。

广播电台的黄金时代

广播电台时代正式开始于 1920 年，即乔治·威斯汀豪斯去世 6 年后。由威斯汀豪斯协助创办的美国无线电公司（RCA）在匹兹堡建立了 KDKA 电台。这一电台的名称源于其呼号，也成为后来电台命名的传统。随着无线电业务开展并逐渐扩展到每个角落，广播的指导思想也逐渐明晰。而这即是赫伯特·胡佛（Herbert Hoover）所捍卫的原则。20 世纪 20 年代晚期，胡佛担任商业部部长。当时，他主持了一系列相关会议，为无线电管控奠定了政策基础。

从一开始，电台几乎完全是为了赚钱而建立的。通过广告获得资金的商业电台处于中心地位，这些电台提供针对特定消费人群的节目，从而赢得最佳听众；教育类电台以及提倡公益、满怀理想的电台，最初被限制在不受欢迎的频段，几乎无法得到资助，听众也冷眼以待。

对 NBC、CBS、ABC 和即将建立的其他广播网络来说，听众是一个个消费者，拥有各不相同的动机，全部植根于自我利益。他们想要从电台得到的是娱乐，以及参与商业和生活的方式。

商业电台并不抱有团结国民的远大理想：其主旨就是赚钱。人们曾认为，这种媒介最可能提供人与人或群体与群体间的点对点的沟通，但这很快就被抛到一边。人们明白过来，电台最适于提供的是从点到面的传播：让一名播音员对百万人讲话。20 世纪 20 年代之后的 30 年，可以说是广播电台真正的黄金时代。戴维·萨尔诺夫（David Sarnoff）等人引领着无线电网络。萨尔诺夫是一个俄罗斯移民，曾深入参与并创造了一个繁盛帝国：先是生产收音机（RCA），后又提供广播节目（NBC）。

萨尔诺夫曾经表露过他的野心。1920 年，他在一份著名的笔记中写道："我有一个发展计划，即让收音机像钢琴或留声机一样成为家庭必备品。我的构想是，通过无线电将音乐带入家庭。"他言出必行，协助建立了 NBC 交响乐团。而对于人民想要什么，萨尔诺夫称："我们只是信使罢了。"

萨尔诺夫还向用户承诺，他会带来体育竞技。在早期，他曾安排了一场拳击比赛，吸引了 30 万名听众，并飞快地建立起了在大众中的影响力。20 世纪 30 年代，每个星期天夜晚都有 2000 万人收听沃尔特 · 温切尔（Walter Winchell）尖酸刻薄的八卦谈话节目。1938 年，22 岁的奥森 · 韦尔斯以灵活的手法将 H.G. 威尔斯（H. G. Wells）的《世界大战》（*War of the World*）改编成新闻报道形式，通过电台宣布火星人正在入侵新泽西街区，吓坏了数百万人。为此奥森 · 韦尔斯不得不正式道歉，而他也以此为契机开启了漫长的导演和演员生涯。在 20 世纪三四十年代，民众热烈收听弗雷德 · 艾伦（Fred Allen）和杰克 · 本尼（Jack Benny）的节目及《阿莫斯和安迪》（*Amos'n'Andy*）、《冠军火花塞》（*Champion Spark Plug Hour*）、《贝尔电话时间》（*Bell Telephone Hour*）等。这种大众娱乐形式能在同一时间迷住数百万人。到第二次世界大战结束以后，全美超过 80% 的民众会准时收听电台节目，这些节目在各个地区都赢得了听众。

后来，一些不同的声音开始出现了。有人认为，电台这一新生媒介意义重大，它有比商业更大的用武之地。20 世纪中叶，随着资金不断涌入电台及其所有者手中，一部分人发起激切的倡议：电台不应该只是赚钱机器，它应该为公益事业服务。其中就有来自中西部上区的播音员威廉·西梅林（William Siemering）。20 世纪 60 年代后期，西梅林成了建立公益电台的主要倡议者。

公益电台，即服务于公众利益，其经费并非来自广告的电台。自从广播诞生以来，这样的想法就一直存在。最初，这类电台被称作教育类电台，在许多学院和大学中如雨后春笋般冒出来，其中以 19 世纪晚期获联邦政府赠予土地成立的大学尤为突出。

第二次世界大战结束之后，许多此类电台联合起来，希望建立一个全国性的无线电台网络。尽管最初的努力并不成功，但他们的确通过一次聪明的策略，赢了漂亮的一仗。

20 世纪 40 年代晚期，商业广播产业正大力推进 AM 无线电广播以及电视这一新媒介，而对稳定增长的 FM 无线电广播并未十分留意。于是，一小撮教育类电台得以联手，成功游说政府将 FM 无线电拨号盘的左边，即 88.1 ～ 91.9 兆赫，永远留给公益电台广播。余下的 FM 频谱就如 AM 一样可以自由使用。1945 年之后，任何人只要想收听教育类广播，无论身在何地，都知道如何找到它们。为公益电台保留频道的承诺延续至今。

自此，在某种意义上，参与第一次合作的约 400 个电台组成了一个游说集团，他们争取在频谱上保留更多部分，并希望获得认可以及政府的资金支持。1967 年，《隐形媒介》（*The Hidden Medium*）和《公共电台研究》（*The Public Radio Study*）等书籍或报告开始在立法者中传播，其目的是催促政府正视“仅为公共利益建立全国广播电台网络”这一革命性理念。

游说卓有成效。在这一年，《公共广播法》（*Public Broadcasting Act*）得以签署并纳入法律。从此，一个非政府管辖的非营利性实体诞生了，即公营广播公司，它的主要目的是为公共电视和广播进行网络筹款。至此，威廉 · 西梅林的思想终于得到了足够的重视。

西梅林来自威斯康星州，似乎从出生起他就参与了广播事业——他家的房子笼罩在 WHA 的阴影下。WHA 是威斯康星大学的电台，其节目都带有一种略显刻意的积极性和实用性。这个非营利性电台在当地颇受欢迎。西梅林很早投身于电台，在 20 世纪 50 年代中期就开始在电台干体力活，由此逐渐对电台的使命产生了深刻的认同。

20 世纪 60 年代初期，西梅林离开了小城麦迪逊，开始在纽约州布法罗公营电台担任经理一职。这座城市大得多，也更多元化。他后来说，那些尽属于“造就 NPR 的年月”。在此期间西梅林扭转了电台的方向，几乎将它完全变成了城中任何人都能取得的社区资源，他因而获得了莫大的成功。同时，西梅林还热心地收听加拿大广播公司各个电台的节目。无论在当时还是今天，CBC 都以多种多样且极具原创性的节目而闻名。

1970 年，西梅林已在寒冷的纽约州北部积累了 8 年经验。有感于此，他写下一段著名的使命说明。他认为，既然自己在布法罗公营电台能成功，在其他地方也一定能成功。他随意地提议了新电台网络的名字——“全国公共广播电台”，它将——

> 为个人服务；促进个人成长；用尊重和喜悦而非嘲讽和仇恨来对待人与人之间的差别；歌颂拥有无限可能性的人类体验，但也不致陷入虚

无和庸俗；鼓励积极的建设性参与精神，而非冷漠地袖手旁观。

这个电台成功了。国会同意将专项资金拨给这一新体系。广播开始日期被定于1971年。政府向传播知识的广播电台伸出援手。在西梅林的使命的大旗下，NPR于1970年冬正式成立；次年5月，节目《全面考虑》（*All Things Considered*）播出。节目的开头是对华盛顿反“越战”示威的20分钟报道，之后播放了对艾伦·金斯堡的访谈……还报道了艾奥瓦州某理发店开始提供更多样化的服务：为女性刮腿毛。

毫无疑问，NPR将成为一个完全与众不同的电台。对此，很少有人会提出反驳。而在接下来的40年中，这个电台取得了巨大的成功。如今NPR是美国广播界的重要组成部分，大部分听众对它满怀喜爱。在每天向观众提供有智识的中立信息方面，NPR取得的成功难以估量。我们甚至可以说，NPR成了一种文化：无论是做出决策、彼此之间进行交谈，还是召开会议等，人们时常会使用如下这句简单的开场白：“我在《早间新闻》（*Morning Edition*）听到……”尽管NPR在美国公众的覆盖率不足十分之一，但它却在耳所能及之处都造成了莫大的影响。

但NPR是否也如电报、铁轨、州际高速公路系统一样，帮助将国民联系在一起了呢？设计NPR是希望它成为公众的告示板和社会传声筒吗？或是希望它产生更大的影响——成为规模和力量都无比庞大的实体，用无线电波制造出强韧程度不输任何铁路、电报线或高速公路的纽带？

突发事件无疑可以令民众产生强大的凝聚力，如1963年的约翰·肯尼迪遇刺事件，或2001年令人震惊的“9·11”事件，再比如1969年的成功登月新闻，或1976年国家建立200周年的日子。在这些特殊时期，广播电台扮演了关键角色，它向民众传递这些消息：人们收听新闻简报，团团围在收音机旁……在接下来的许多日子里，除了大事件之外，再也没有其他话题了。

但促使人民团结的是事件，而不是媒介本身。在平时，NPR 仿佛悄然抽身，融入背景，像职员或水龙头一样普通。它为人们提供精彩的新闻和解读、更高质量的娱乐节目、经过精挑细选的高雅音乐，但除此之外，它再无其他社会功能。它无法让缅因州采摘红莓的人与加利福尼亚州的计算机技师之间产生一体感，草原上的农民与曼哈顿的出租车司机，彼此也都感到极其陌生，没有任何需要通过无线电交流的话。即使这些人家中都有收音机，他们对改变彼此之间的关系也无能为力。

而这，并不是 NPR 成立时的初衷。在充满争议的 20 世纪 60 年代后期，西梅林渴望让所有的人都有机会发声："歌颂人与人之间的不同。"从而建立一种一体感。

为了达成这一目的，西梅林计划让全美的节目中三分之一的内容由地方电台提供，这样人们就能倾听自己的声音，但这一计划没有实现。1971 年，全美百余家分电台几乎没有人手和时间为广播网提供素材；大部分节目由人数众多的华盛顿员工完成。在这个过程中，广播的魔力也随之消退。

最终，出于内部的政治斗争和理想的差异，西梅林被逐出了 NPR。在仍有一线希望之时，西梅林曾恳求留在总部，愿意只负责剪辑磁带。但他的恳求没有通过。西梅林离开后，在北达科他州找到了一份工作，管理一家小型教育电台。他在那里快乐地度过了10年，找回了运营电台的初衷：取材、剪辑、录制，都由他一手包办。

西梅林还建造了一套系统，允许全美各地的人向电台投稿，之后通过北美大平原上巨大的发射器广播出去。由此，他在草原上小规模地实现了当初对 NPR 的构想。尽管听众无法通过 NPR 沟通，但至少北达科他州的农民和牧场主进行了对话。这一系统也帮助这个州的人民发展出一种至今仍然坚定的认同感。

至于今天的商业电波，则回荡着吹嘘和煽动。最受欢迎的电台是佛罗里达州的一家保守派电台，其广播的内容极具煽动性，每天有 2000 万名听众洗耳恭听，每年盈利 5000 万美元。这家电台推崇的远非团结：大多数人认为它在搞分裂且极不友好，它将广播听众推到水火不容的不同阵营之中。

1906 年，雷金纳德・费森登在黑雁岩上正式宣布无线电广播的诞生。但无线电广播未能实现它最初的承诺：创造一种将整个大陆凝聚起来的力量。1920 ～ 1950 年的 30 年间，它确实成功了：全家人团聚在起居室的镶有胡桃木的收音机旁，感受着家庭的温暖；无论身在明尼阿波利斯，还是曼哈顿，所有的人都在听同样的节目。但在这之后，梦想的泡沫破碎了，并逐渐消逝。

在其他拥有强大公共广播电台的国家，如加拿大、澳大利亚、新西兰和英国，电台仍然可以作为一种凝聚的力量。美国公共电台的确十分优秀，但在大多数情况下它仅为当地的数百万听众服务，不同人群之间在很大程度上仍存在着区隔。此外，曾助力团结的商业电台，如今却致力于分裂国家。费森登和他的同仁恐怕并不想听到这样的消息。

电视时代到来

1963 年夏天，当时我还是一个学生，计划搭便车北上到洛杉矶。一位热心的中年男子答应让我搭他的车，他在位于伯班克（Burbank）的 NBC

电视工作室当技术员，关系网十分广泛，认识许多地方的工作室负责人。他很乐意带我进入好莱坞派拉蒙工作室一处封闭的录制现场。当时，工作室正在拍摄《五月里的七天》(*Seven Days in May*)。

该片导演约翰・弗兰肯海默（John Frankenheimer）同样十分热情，并向我介绍了平易近人的柯克・道格拉斯（Kirk Douglas），后者给我讲了一些他与英国人合作的趣事，并给我签了名。

在当时，最令我感到激动的要数那位技术员朋友答应的另一件事：他能带我到伯班克的摄影棚，而当时 NBC 的技术员正在录制《今夜秀》(*The Tonight Show*)。如果我足够幸运、足够听话，也许还能跟当时冉冉上升的新星、如今已经成为传奇的约翰尼・卡森（Johnny Carson）见面。

这一切全实现了。我见到了卡森先生。他同我握了手，还请我喝咖啡，我迷上了他。当时我根本没有想过，卡森和这档深夜节目将霸占全美的各地荧屏，且在接下来的 30 年里陪伴数以百万计的人。卡森也成了全美有史以来最受欢迎的大众传媒艺人之一。

但当时的我对此丝毫不感兴趣。我关心的是电视录制的技术，想知道一档完整电视节目的制作是如何运作的。我清楚地记得，在技术员朋友的汽车后座上，有两个大型金属桶。桶里面装着《今夜秀》宝贵的最新录影带，它们将被送到 WNBC[①] 洛克菲勒中心总部的技术员手中，第二天在东海岸的电视台播出。因此我们要将这两个金属桶安全地送到一架夜班飞机上，之后由飞机送往纽约。

① WNBC 是 NBC 的旗舰站，与 NBC 总部均设在纽约。——编者注

不得不提的一个重要问题是，北美大陆不同区域之间存在着 3 小时的时差。当晚上 11点30 分卡森在伯班克进行直播时，纽约已经是第二天凌晨 2 点 30 分。最狂热的电视迷恐怕已进入梦乡。即便当时 NBC 拥有全美多个电视台同步直播的技术能力，但如果东部的人都在睡觉，恐怕也没有多大用途。当时的电视网并不能通过一条线路将节目发送到其他电视台并允许其次日播送。因此，我们不得不将录影带送到机场。那些录影带价值连城，代表了东海岸数百万美元的收益。

既然需要连夜赶到机场，就说明真正横贯北美大陆的电视网此时尚未完成，而电视作为文化纽带的巨大潜力尚待开发。然而，要论从发明到几乎被所有人接受的速度，没有比电视技术更快的了。

电视的首次公开演示是 1927 年 4 月 7 日，星期四，地点位于曼哈顿贝休恩街（Bethune Street）的贝尔电话实验室。电视映出了即将成为总统的时任商业部部长赫伯特·胡佛和蔼的圆脸。胡佛在位于华盛顿的办公室中发表讲话。《纽约时报》的记者盯着电视，完全入了迷，但他们心中仍然存在疑虑。

第二天的头版头条标题即是“在电视测试中，我们既能听到又能看到远方的讲者”。标题下方还有几个小标题，如“就像照片有了生命”“胡佛在华盛顿演讲的同时，他的脸得以清楚地映现”“史上第一次，图像通过线路传递并与无线电的声音同步”等。

当屏幕大小为 5 厘米 ×7 厘米时，图像质量十分完美，“就好像照片突然有了生命，开始说话、微笑、点头、四处张望”。但当放到更大一些的屏幕上时，图像就会出现瑕疵，胡佛的脸就会难以辨认，但他的声音始终清晰。胡佛恰如其分地宣称：“今天，从某种意义上来说，我们在世界历史上第一次完成了图像的传输。以一种从未有过的方式，人类通过自己的才能再次打破了距离的藩篱。”

胡佛演讲的正式广播结束之后，电视连接到新泽西州一家工作室，而这仿佛隐隐地成了未来娱乐的谶言：“喜剧演员式的杂耍表演。舞台上的爱尔兰人留着连鬓胡子，抽着破烂烟斗，操着爱尔兰方言念白……然后迅速地换了一身衣服，涂了黑脸，开始用黑人口音说起笑话。”

《纽约时报》一名记者并未对这次表演发表任何负面评论，不过他写到了电视商业化的未来，“如果它有未来的话”，应当“在大众娱乐方面——新闻在事件发生当下立即进行播报；在戏剧和音乐表演的同时，将声音和图像通过电波同步呈现给观众”。事实上，要到 7 年之后的 1934 年，“live”这个词才有了“现场直播”的含义。在早期电视业界，“直播”意味着高昂的成本。

《纽约时报》记者当时看到的是“机械式电视”的演示，它通过旋转扫描提供低解析度的图像。在那个喧嚣的年代，这种电视是最先被发明出来的。与此同时，“电子式电视”也正处于开发之中，它是一位伟大发明家的智慧结晶，这位发明家就是菲洛·法恩斯沃思（Philo Farnsworth）。法恩斯沃思是虔诚摩门教教徒农家之子，在犹他州乡间的偏僻地带长大。他多年来都在试验使用阴极射线管制造并接收电子图像，而正是以这种技术为基础的电视系统赢得了最后的胜利。两种系统间的斗争有时相当复杂，水火不容，令人联想到爱迪生与威斯汀豪斯的直流电与交流电之争。直到今天，两个阵营的支持者仍未能达成和解，双方不断地抱怨对方偷窃了己方的技术。

技术人员不知疲倦地工作，很快便消除了公众对电视的疑虑，也证实了《纽约时报》那位记者预言的准确性。

1939 年，戴维·萨尔诺夫敏锐地意识到电视作为大众传播媒介的价值，一如他在近 20 年前意识到无线电广播的价值。他在 RCA 拥有实验室，开发并改进了以阴极射线为基础的接收器。也正因此，萨尔诺夫在技术上能够完成与电台相似的传播任务，只不过这次传播的是会动的画面。

萨尔诺夫的公司已经拥有 WEAF 电台——NBC 电台的纽约总电台，如今又创建了繁杂的 W_2XBS 电视台，并在新建成的帝国大厦顶层安装了天线，用于传输电视信号。爱出风头的萨尔诺夫决定亲自出演，显然是想要炫耀位于皇后区东河世界博览会最新的 RCA 展馆。他说："此刻我心中满怀谦逊之情，要向大家宣布一种新艺术的诞生，而它必然会对整个社会造成无与伦比的影响。"

承载此次演说的信号从纽约进步大道发出，而接收信号的仅有约 200 台电视机，观众仅 1000 来人。虽然人数稍显惨淡，但很显然这将成为某种宏大现象的开端。第二次世界大战期间，科技发展中断，然而部分电视网却开始运作，接连覆盖了宾夕法尼亚州等地。战争结束后，经济逐渐繁荣。电视业就是在这个时候开始一飞冲天的。

最早认识到电视的惊人潜力的是一位名叫韦恩·科伊（Wayne Coy）的人，他曾是一名新闻记者。杜鲁门总统指派他负责联邦通信委员会的运作。1948 年，科伊说了一段极具先见之明的话："大家别误会，电视不会逝去。它是这片土地上不受约束的新力量，我相信这种力量不可阻挡。"在当时的情形下，科伊这样说十分冒险，因为当时的电视业远称不上繁荣：全美只有 17 万多台电视信号接收机、28 个电视台，电台却多达 1600 个。

就在此时，仿佛事先约好一样，电视机的价格开始大幅下降。1950 年，一台配有 12 英寸屏幕的电视机价格为 499 美元；到 1955 年，购买一台

21 英寸的电视机只需 149 美元。通过购买一台电视机为战后经济复苏出一分力，突然成了庄严的责任。家庭价值也得到了肯定：一家人聚在电视机前，一起笑，一起哭。通过麦迪逊大道刚刚起步的广告业翔实的调查和机智的宣传，一眨眼，起居室还有空地儿的家庭都拥有一台电视机。电视机的销量由此飞快攀升。

1952 年，全美共有 1500 万台电视机；一年后，这一数字上升到 2400 万；到 1955 年，总数变为 3200 万；当 1962 年卡森开启“深夜秀之王”的职业生涯时，7200 万美国家庭中 90% 以上至少拥有一台电视机。

虽然当时电视机的价格不高，几乎人人都能拥有，但制作电视节目的成本却居高不下，比制作电台节目高得多。广播电台只需一个安静的房间、一个麦克风和一台发射机就足够了，电视台则需要工作室、布景、摄影机、胶片处理装置以及各种各样的昂贵技术，另外还少不了负责处理和维修的工作人员。对许多人来说，制作电台节目简单轻松，在经济上也可行；而由于制作电视节目的成本高昂，电视业界很快就被少数几个资金丰厚的组织统治了。

电视业界巨头数量极少，他们向观众提供的电视节目也极为有限。因而，几乎所有拥有电视机的家庭所能收看的都是同样的温暖人心、提供安慰的娱乐节目。电视突然令文化整齐划一起来，这在过去的历史上是前所未见且从未有人想到过的。

公路、铁路、运河促进了人与人之间更好的融合；电报和电话提供的对话也有某种相似之处。理论上，广播电台和电视台也应该提供类似的东西：两种技术完全能用于增进人与人之间的对话，让人们在谈话时能够看到彼此。

然而，在实践过程中，市场对此几乎完全忽视了。这两种电子媒体都被统一用于大众文化传播。在 20 世纪，商业电台曾有过 30 年的辉煌，扮演过极其重要的角色，但当电视业开始走上正轨时，一切都转向了更激动人心的新科技。可以说，电视在统一大众文化方面厥功至伟。

戴维·萨尔诺夫第一次播出节目之后的 10 年间，看电视成了近一半的美国人最喜爱的消遣。很少有人能想象得到，这种休闲活动将会产生什么样的涟漪效应。自来水公司必须应对广告时间耗水量突增的问题；电力公司必须应对节目结束时电力需求骤升的问题；家具公司为了让人们长时间看电视更加舒适，设计了新型座椅和沙发；1954 年，食品业推出了预制、预先装盘和人工保存的餐点，专供看电视时享用；词典编纂者则注意到新词的出现——1963 年出现了“蠢材电视”（boob tube），1976 年出现了“沙发土豆”（couch potato），许多俚语也随之进入主流文化。此外，政党参选人则必须好好捯饬一番，以便参加电视辩论，公众的目光时刻紧盯着政策动向。从中获益的人就有约翰·肯尼迪，而像理查德·尼克松、约瑟夫·麦卡锡等人并没有捞到好处。

另外，塑造了强势大众文化的电视节目，也成了语言的重要组成部分，这些节目包括《荒野大镖客》（*Gunsmoke*）、《佩里·梅森》（*Perry Mason*）、《法网》（*Dragnet*）、《豪门恩怨》（*Dallas*）等。20 世纪 50 年代，依靠跌宕起伏的剧情，《我爱露西》（*I Love Lucy*）每周将观众“锁死”在电视机前：1953 年 1 月 19 日，观众人数达到 4400 万人次，几乎占拥有电视机人口的 70%。第二天，约 50% 的人观看了艾森豪威尔总统的就职典礼。以战争为背景的医院喜剧《陆军野战医院》（*Mobile Army Surgical Hospital*）的大结局则吸引了 7000 万观众。

在后来的年月中，体育竞技、政治辩论、“登月”、刺杀事件等，也主要通过电视吸引了公众的目光，人们一起感身同受，也有了交谈的话题。新闻记者和主持人为人们带来最新的消息，人们寄予他们信任，同时内心也油然而生出一种亲近感。他们说话的声音、腔调和举止，无不带有一种近乎神明的权威感。

然而，30 年后，另一种新生事物出现了：有线电视。它带来了更多的变数，逐步结束了电视作为暂时的"联合全体"的工具地位。

有线电视背后的技术原理很简单：电视信号直接通过电视线路入户，无须通过当地电视台传输信号，节目则由电视台加入的电视网提供。

20 世纪 40 年代后期，有线电视仅出于需求而建造。例如，在乡间的山区，许多人无法接收到视距传播（line-of-sight）[①] 的广播信号。通常人们认为，是约翰 · 沃尔森（John Walson）在 1948 年创建了有线电视。沃尔森来自宾夕法尼亚州阿巴拉契亚一带的一座山城，原是一家电器店的店主兼架线工。顾客在他的店里购买电视机后，有时电视机接收的信号很差，沃尔森就够帮助顾客连接天线。他通常使用电缆连接天线，使电视机能接收到三个频道的节目，每月收费两美元。

沃尔森同时也在使用一种特制的高容量同轴电缆，这种电缆能同时承载约 6 个电视频道的信号。很快，这类电缆的容量提高了 10 倍。20 世纪 70 年代，有线电视在商业上受到大众的拥护，顾客直接通过电缆能接收到几十甚至上百个频道的信号。今天，同轴电缆已被光纤电缆所取代，后者能够同时传输几百甚至几千个频道的信号，观众可以在娱乐、教育、新闻和评论等

① 也叫视距通信、视距传输等，是指发射天线和接收天线在"能互相看见对方"的距离间传输信号。

各种节目中进行自由选择。

因此在更大程度上，电缆甚至比广播电台更能稀释并分散电视的统一功能。广播电台在全国的影响力变小，是因为各地建立了大量分散的公共电台，形成了成百上千的小圈子，而它们互相并不愿进行对话。有线电视则通过向观众提供极其广泛的选择，分散了媒介整体的影响力。

广告从业者使用了以人口或兴趣为基础的精密算法，因此庞大的电视观众群体快速分裂成不同的子群体。一部分子群体基于人口特征，如年轻人会看这一类节目，老年白人爱看另一类节目，年轻的非裔美国女性喜爱的节目则又有不同；另一部分子群体则以兴趣划分，如高尔夫球、时装、钱币、篮球、英国戏剧等。有线电视使得所有人回归各自的文化阵营，切断和主流电视的联系。

其带来的后果立竿见影，极具戏剧性，且影响至今。在20世纪五六十年代，流行文化在不知不觉间完全同质化。大众对电视网的狂热几乎带有一神教色彩，几乎完全无视对它的批评，其中最著名的批评来自联邦通信委员会主席之一牛顿·米诺（Newton Minow）。米诺曾说，电视是一片“大荒原”。他指责电视网输出的节目只不过是一系列“游戏节目、荒唐家庭的死板喜剧……私家侦探、黑帮成员、更多的暴力，以及卡通片，还有没完没了的广告……无聊至极”。他就此成了电视网络的“头号公敌”。

今天，有线电视吸引了超过一半的美国人口，然而人们对这种娱乐所培养的单调文化的谴责逐渐消失了。可以想象，如果牛顿·米诺活到今天，他很难同意在窘境中出现了明显的转机。文化分裂成许多碎片，每块碎片都吸引了特定的观众群体。观众通过光纤或卫星转发接入电视，彼此隔离开来。相应地，群体与群体也逐渐隔离开来。

对电视节目品位的分化，也影响了家庭。以前，一家人曾难分难舍地聚在闪着蓝光的电视机屏幕前。如今，大量的可选节目既宠坏了他们，也毁了他们。双亲中的一位也许在观看体育竞技节目，另一位则通过另一台电视机观看另一个节目。孩子们则可能在各自的房间观看其他频道，但他们更有可能使用一种由电子技术实现的文化载体来获取信息，而这种新生文化载体的重要性无可辩驳且至为深刻，这就是互联网。

互联网将全球铸为一体

我初次意识到互联网的惊人潜力，是在澳大利亚北部的一个偏僻的牧场里，时间是 20 世纪 90 年代中期。

我住在中国香港时，曾拥有一部手掌大小的手机和一台小型文件柜大小的苹果计算机，当时我使用电子邮件已有 6 年。

那时的互联网运行非常慢，仿佛不情不愿。我通常会花大量时间逛店铺，购买各种配件，听取别人的建议，想办法让上网速度更快一点儿。事实上，尽管上网速度很慢，但足以让绝大部分用户惊叹。

但昆士兰西部斯德哥尔摩站的居民当时并没有接触过互联网，他们甚至从未听说过。当地农场的办公室中有一台机械计算器，带手柄的那种。一位农民看到我的便携式苹果计算机，更确切地说应该是方便放入行李箱的计算机时，大惑不解。这位农民有个儿子，名叫鲁珀特，才 7 岁，会放羊和驾驶陆虎，十分老成。鲁珀特说，他曾听学校的老师描述过计算机，却从未亲眼见过。因此，当看到我的计算机时，他显得异常激动。鲁珀特请求我演示计算机，随后坐到了我身旁。

我先让鲁珀特看了几封电子邮件。尽管这在如今看来很平常，但在当时是很惊人的，尤其对居住在澳大利亚偏远地区的人来说。我告诉鲁珀特，这些是来自中国香港的信。然后我给美国旧金山的一位友人留言，说一个叫鲁珀特的男孩正在我旁边。“你好啊，鲁珀特。”几秒后我就收到了友人的回复。鲁珀特显得坐立不安。

我对鲁珀特说：“这是互联网。”他不知道互联网是什么，我只好努力地向他解释。无论他想知道什么：图像、声音、文字、视频……只要点击一下他就能看到。后来，我问他：“今天你想去哪儿？”

鲁珀特想了一想，问……能不能给他看一幅图片？他犹豫了一下，可能担心自己显得像个傻瓜。“能不能让我看一看 B-1 轰炸机呢？”自从在杂志上看到照片之后，他一直对这种轰炸机十分着迷。

我知道加利福尼亚州的爱德华兹空军基地有一些测试用的飞行器，于是登录网站。没过一会儿，鲁珀特就看到 B-1 轰炸机在亚利桑那州的沙漠升空的图景。鲁珀特双眼睁得溜圆，然后沉默了，移开了视线。他紧张地小声问我：“您的计算机能不能把我带到……火星？”

鲁珀特说，他对火星深深着迷，一直想在夜空中更清楚地看到它。他父亲的望远镜虽然也能用，但他想看到火星的特写照片……

我随即登录了喷汽推进实验室的网站。凑巧的是，当时火星表面上空正好有“旅居者”卫星。每过 10 分钟，它会发送一张照片回来，实验室随之会发布到网站上。慢慢地，火星表面的红色沙漠显现出来。无论在美国加利福尼亚州还是在澳大利亚，人们都是头一次看见图片上的撞击坑、犹如运河的峡谷和山顶。

鲁珀特惊呆了，眼睛睁得比刚才还大。

离开之前，我将计算机送给了鲁珀特。我回到家买了一台新机，上网更快，体积更小，重量更轻，价格更便宜。很快，鲁珀特开始给我发电子邮件。后来，接入互联网变得越来越简单，越来越多的人被网络的魅力折服。我也更确信，接入这个充满知识的“平行宇宙”意义重大，势不可当。

这么多年来，互联网革命始终没有停止过前进的步伐。它最终是否会带来益处有待观察，但作为一种现象，它已经与金字塔一样历久不衰，只不过要年轻得多。

与互联网的发明有关的政府部门是国防部。陆海军将领们认为，将分别位于五角大楼、内布拉斯加州的战略空军司令部和科罗拉多州的北美防空司令部的三台巨型计算机连接起来很有必要，以便它们之间能够实时传递与战备和威胁评估有关的信息。为研究其可行性，国防部成立了国防高级研究计划局，并任命麻省理工学院教授约瑟夫 · 利克莱德（Joseph Licklider）领导该团队。利克莱德的专长是研究大脑如何将空气中的振动转化为对声音的感知，即心理声学。

为了方便起见，我们可以认为当时研发出来的互联网由三根同等重要的支柱支撑。第一根支柱是物理联网，或者称为硬件互联网，它由蛛网般的光纤电缆、路由器群和服务器农场组成，其中包含秘密节点、镜像站点和互联网交换点。如此复杂的组成，是多人创造的成果，其中利克莱德对其成型贡献最多。

1969 年，利克莱德提出了高级研究计划网络（ARPANET，也称“阿帕网”）的核心思路。“阿帕网”是最早的国防计算机网络，从弗吉尼亚州到内布拉斯加州再到科罗拉多州，之后返回弗吉尼亚州。在那个时代，计算机被安置在有玻璃窗、用空调降温的巨大房间内，一排排一人高的柜子上装有旋转磁鼓，就像电影《大都会》（*Metropolis*）中的炼狱钟表一样，来回转动。“阿帕网”将这些机器连接了起来，这一连接加强了国防力量。设计连接的互联网先锋拉里·罗伯茨（Larry Roberts）如今几乎已被人们遗忘。

后来，网络科技开始渗入商业领域。“阿帕网”的民间版本也无可避免地出现了。网络不仅将前面提到的三台巨型计算机连接了起来，也将全球数以百万计的计算机及其之间数以十万计的网络连接了起来。在接下来的 20 年里，它将逐渐进化为现代互联网。

硬件毕竟只是硬件，计算机仍然需要决定如何在物理层面彼此进行“对话”，或者由人们教它们“对话”。这种对话方式极其复杂；而如今，在全世界静静地进行的对话，少不了当初一大群语言学家和词典学者的帮助。其中一个特别适合的系统含有一串极微观的程序，可以让两台“陌生”的计算机彼此“相识”；再加上一串微观解释器，将一台计算机的语言编码进行解码，使得另一台计算机能够解读。这一系统即是 TCP/IP——传输控制协议 / 因特网互联协议。互联网想要顺利运行，就必须同时采用这两种协议，两者合称为互联网协议族。这就是支撑互联网的第二根支柱，而创造这些计算机对话条约的主要是两个人：文特·瑟夫（Vint Cerf）和罗伯特·卡恩（Robert Kahn）。

瑟夫和卡恩设计的方式是将数字信息先切割为“小包裹”，然后将这些小包裹以经过巧妙安排的顺序沿着连接计算机的线路发送，之后再在远方计算机中将其重新组合，以获得精确的信息副本。

后来，两人开始宣传计算机互联的诸多好处，并获得了无数荣誉。本来，利克莱德既已做出许多预测并提供了许多核心思路，无疑也能赢得许多喝彩，但令人感到可惜的是，谦逊的利克莱德于 1990 年英年早逝，而当时正好是互联网的起步阶段。据拉里 · 罗伯茨说，20 世纪 60 年代早期，利克莱德已经提议"让世界上任何地方的所有人都能使用计算机、获得数据。当然，他不可能预见到今天计算机的数量，但他已经拥有了同样的概念：让世界上的一切相连，这样人们就能使用远程计算机，并从远程计算机中获取资料，或在工作中大量使用计算机。这是利克莱德最初的蓝图。当时他不知道如何来建造它，也不知道如何实现。但他知道，这肯定很重要。后来他与我长谈，说服我相信它的重要性，让我来实现它"。

物理结构以及通信协议，这两种创造物在两个极其重要的方面与互联网的最后一根支柱区分开来，而最后一根支柱，就是万维网。万维网在互联网的三大支柱中最简单，也最容易理解。通过它，用户能够在不同计算机或装置之间传递真实信息，如文本、图像、视频、声音[①]。传递信息依靠的是罗伯茨和利克莱德设计的互联网的物理系统，当然也使用了瑟夫和卡恩最先创造的协议。

万维网的创造者和早期使用者都不是美国人。它的创造者蒂姆 · 伯纳斯 - 李（Tim Berners-Lee）是英国人，他最初的顾客是欧洲核子研究中心的科学家。1991 年 8 月，蒂姆·伯纳斯 - 李以电子方式向他们传送了备忘录，并解释了他的发明。被他称作"网络"的东西"旨在让任何地方的任何信息都能连接。设立的初衷是允许高等物理学家共享数据、消息和资料。对将网络扩展到其他领域、利用网关服务器储存其他资料，我们非常感兴趣。期待共同合作"。

---

① 当然，它不是唯一的途径。另一种途径是电子邮件，1971 年被初次使用。

一个月后，网络出现在加州大学和斯坦福大学。到 1993 年，网络又蔓延到大学校园之外，普通人也能够接触到。同年年底，600 个网站得以建立。到 1994 年年底，网站数量已接近 3000 个，其中包括音乐、烹饪和电影方面的信息，对准鱼缸的网络摄像头，在线订购比萨的网站，自由讨论社群，以及《经济学人》网站等。

从 1994 年夏天开始，互联网开始疯狂加速，以指数级的速度增长。如今据说全世界已有超过 6 亿个网站，人们在网络上获取消息的同时，也在为它提供信息。

另外，互联网在物理世界中也留下了无数痕迹，不过通常人们几乎无法察觉。光纤在无人之境穿过，而为了避免被人挖出来，人们到处都做了标记，甚至包括森林和沼泽深处。谷歌最近在艾奥瓦州的一处汽车影院旧址建造了巨大的服务器农场[①]，临近金色道钉：亚伯拉罕・林肯宣布横贯北美大陆的铁路的起点。在普赖恩维尔（Prineville）的城镇中，Facebook 公司建造了一栋巨大的、没有标志的建筑，藏在暗影之中。所有这类中心都隐藏在高高的带刺铁丝网后面，由保安把守，同时设有瞭望塔和灯光装置，唯一的入口通常是一处没有标记的门，旁边则设有落地烟灰缸。建筑物内部只有三四个身穿制服的人巡逻，他们就像古怪的、没有动物的动物园里的管理员。此外就是数以千计的计算机服务器，它们正在互相传递数据或者沿着光纤传递数据，之后再传递到其他光纤之中。一切都鸦雀无声。

此类中心的管理者都极其谨慎。而每当服务器面板上的二极管开始不停闪烁时，就表示在某个地方，有人正在搜寻他人的信息。

① 服务器农场是指将海量的服务器集成到一起，形成类似农场一样的规模。——编者注

在计算机无声工作的同时，整个中心的发动机发出“嗡鸣”声。而在这“信息大教堂”旁边，有庞大的温度调控系统，用以防止计算机和转个不停的硬盘过热、熔化或喷火，还能防止关键时刻掉线，以避免酿成大错。

所有的计算机用户都希望自己在点击鼠标之后，能够立刻获得想要的信息，等待已无法被容忍。而如果稍有延迟，分析结果在数秒内就会完成，显示导致延迟发生的位置和原因。为了尽可能地减少网络中断，只能使用大量电力，以保证一切都精确、完美而持久地运行。就美国而言，2% 的用电量被用于为互联网降温、避免断线等方面。

如今，互联网被用于连接全世界。所有利用互联网的社交网络都证明，科技在凝聚大众及其事业方面的潜力超乎人们想象，更催生了被称作“蜂群思维”[①] 的新现象。

显而易见的是，互联网承载着伟大的新技术使命。尽管它的创造者未曾明言，却将联结全世界看作它的远景。也许未来有一天，整个地球也将以似曾相识的方式，通过电子技术融为一体。

这一梦想是否能成为现实，是否有意义，还有待观察。它可能是美梦，也可能是噩梦。也许它永远不会成为现实，但一定会有人去尝试。21 世纪的梦想家们在最前沿战斗着。

随着梦想逐渐展开，这些梦想家将不断完成新的任务，继而让地球融为一体。

---

① 指的是一种群体思维，由许多独立的单元高度连接而成的活系统，最初由《连线》（*Wired*）杂志创始主编凯文·凯利（Kevin Kelly）提出。

结　语

目前，我居住在美国东部的一个小镇。这里虽显寂寥，但也十分美好，而这里发生的奇人异事，足够我再写一本奇特的小书。不过在 1919 年，舍伍德·安德森写了《小城畸人》，讲述了一个类似的中西部隐世小镇的故事，从此这本书便成了现代美国文学的经典杰作。换句话说，安德森捷足先登了。

然而我还是时常幻想，或许我可以试着以百年纪念的形式，将他的书重写一遍。不过这一次，故事的背景是我所在的马萨诸塞州桑迪斯菲尔德（Sandisfield）小镇。我考虑过用《马萨诸塞的斯塔克菲尔德》这个书名，源自伊迪丝·华顿的《伊登·弗洛姆》（*Ethan frome*）。我将在这部著作中讲述在一个被遗忘的角落，人们是如何生活的。也许有一天它能够成为新的小说经典，供 22 世纪的人们阅读。虽然这只是幻想，但它始终萦绕在我的脑海中。

而实际发生的事情与我所幻想的大不相同，个中原因与本书主题不无关系。我同一群人创建了一份当地月报——《桑迪斯菲尔德时报》(*Sandisfield Times*)。团队成员大多是舍伍德·安德森的崇拜者，且对我们所在的小镇及当地人民独特而有趣的特质都有相当深刻的认识。2010 年 4 月，第一期月报出炉。而在后来的年月里，大家惊奇地发现，《桑迪斯菲尔德时报》成了小镇生活必不可少的一部分，成了一份人人必读的报纸。

现在，《桑迪斯菲尔德时报》深受众人欢迎，有许多人投稿。它带来了社区意识、共有的一体感，而这些东西，自桑迪斯菲尔德小镇诞生 250 年以来从未有过。

之所以经过这么久才成形，有诸多原因，其中之一是地质学因素：河流从伯克希尔山（Berkshire Hills）流下来，将房屋隔成小小的聚落，人与人之间就这样被隔离开了。2001 年我搬到这里的时候，有人对我说："如果不是真想来，没有人会来这里。"一些日子里，这里的土路没有一辆车开过。这里简直称得上万籁俱寂，也因此能给人带来奇妙的感受。在冬天，这里有微风、鸟语、冰裂的声音，夜里还能听见本地郊狼的嗥叫。对珍视孤独的人来说，这里不失为一个好地方。

不过，新英格兰人话不多，对新来者也有些严厉。这些古老的清教徒家庭是早期拓荒者的后代，独立于其他人。但这里毕竟是美国，自最初的拓荒者之后，旅行者们从世界各地前来，使得这里的人口突增。这里有许多芬兰人和匈牙利人，还有乌克兰人、苏格兰人，等等。此外，这里曾经还有许多俄罗斯犹太人，他们主要为纽约的杂货商养鸡，曾将老浸信会教堂变成犹太教堂。后来，他们搬到城里去了，犹太教堂成了艺术中心，一小群文艺爱好者在那里排演戏剧、举办音乐会。在许多年里，桑迪斯菲尔德的人们一直住在这个偏僻的角落，但不太情愿凝聚在一起，互不来往，它就像美国种族构成的一个缩影。

然而今天,《桑迪斯菲尔德时报》令许多事情发生了变化。报纸可以提供新闻、论点和对话。大部分新英格兰的村镇会举办年度村镇管治会议,而在此前,几乎没有人参加。现在,投票者人头攒动,互相争执,这种情形还是头一次发生。2012 年,艺术中心演出了一场关于村庄历史的戏剧。它成立 10 年以来,第一次出现因为座位不够而不得不将部分观众拒之门外的情形。

邻里之谊取代了过去的疏离和隔绝。

当我写下这些文字的时候,一场前所未有的暴风雪刚过去两天。从书房的窗户向外望去,我只能看见一片纯白,旧石墙几乎完全被积雪覆盖,果园中的苹果树则在狂风中颤抖;窗户被吹得"咯吱"作响,天上的鸟也被风吹得翻侧到一边。早期的小镇记录曾将此地称为"狂风呼啸的野地",这么看来,的确如此。后来有人脚踏越野滑雪板,或穿着雪鞋,来到我家,看看我这里是否一切都好;我也同他们一起走出去,敲敲大家的门,确保停电的房子有柴火、热汤和棕榈酒。

现在,人人都有照相机。在这样的天气里,我的电话响个不停,大家都想将自己拍摄的照片投稿到下一期报纸上。当暴风雪袭击桑迪斯菲尔德时,人们就希望好好地利用报纸,来记录自己所在的地方,记录它的模样。晚些时候,桑顿·怀尔德(Thornton Wilder)的作品《我们的小镇》(*Our Town*)会在这里上演——由此可以感受到,这里正发生着明显的改变,社区也在一步步成长。

虽然我不能完全断定,这些变化应归功于《桑迪斯菲尔德时报》,但我认为这很有可能,并且也希望如此。而假如真是如此,本书前面的内容就得到了印证:想要在可能出现不和谐因素的拓荒者人群中建立任何一体感,就总要有人发挥主观能动性。众所周知，大多数社区不是自然建立的，尤其是移民社区。要实现这一点，就离不开栽培、推进和鼓励。

在此前，桑迪斯菲尔德几乎从未有过这些。在250年的历史中，这样的建设性努力极少见：20世纪20年代，人们决定为土路铺上沥青，带来了一些好处；20世纪30年代，电话进村了，但一开始只有少数人买得起。除此之外，几乎再也没有其他建设性努力：铁路没有通到这里；驿马也很少拜访；本地的旅馆年久失修；商店奄奄一息。几乎没有人做出过任何努力，将镇上的人民团结在一起。直到2010年，小镇终于拥有了属于自己的报纸。几乎一夜之间，从未有机会表现的邻里之谊和善意涌现出来。从此，小镇改变了，镇上的人们突然结合为一体——以一种全新的、统一的身份认同，完成着同样的目的。

《桑迪斯菲尔德时报》的志愿者中有意大利人、希腊人、苏格兰人、爱尔兰人、日本人和荷兰人等。这些人以一种共同的独特方式，在建造的崭新共同体中看到了美德和力量。这一切，通过人们能够在每月第一天读到的《桑迪斯菲尔德时报》中，得到了有力的展现。

也许这种新的共同体意识经过了很长时间才出现在桑迪斯菲尔德，而在这个国家里，还有许多更隔绝于世、不为人知的社区，它们像一盘散沙。但我们也应意识到，故事还在继续，还在不断变化。《桑迪斯菲尔德时报》只是其中的一小步，将来注定还有更多的人、更多的报纸加入联结的故事之中。而这，就是我们的行事方式，也是所有人的行事方式。

未来，属于终身学习者

我这辈子遇到的聪明人（来自各行各业的聪明人）没有不每天阅读的——没有，一个都没有。巴菲特读书之多，我读书之多，可能会让你感到吃惊。孩子们都笑话我。他们觉得我是一本长了两条腿的书。

——查理·芒格

互联网改变了信息连接的方式；指数型技术在迅速颠覆着现有的商业世界；人工智能已经开始抢占人类的工作岗位……

未来，到底需要什么样的人才？

改变命运唯一的策略是你要变成终身学习者。未来世界将不再需要单一的技能型人才，而是需要具备完善的知识结构、极强逻辑思考力和高感知力的复合型人才。优秀的人往往通过阅读建立足够强大的抽象思维能力，获得异于众人的思考和整合能力。未来，将属于终身学习者！而阅读必定和终身学习形影不离。

很多人读书，追求的是干货，寻求的是立刻行之有效的解决方案。其实这是一种留在舒适区的阅读方法。在这个充满不确定性的年代，答案不会简单地出现在书里，因为生活根本就没有标准确切的答案，你也不能期望过去的经验能解决未来的问题。

湛庐阅读App：与最聪明的人共同进化

有人常常把成本支出的焦点放在书价上，把读完一本书当作阅读的终结。其实不然。

时间是读者付出的最大阅读成本
怎么读是读者面临的最大阅读障碍
“读书破万卷”不仅仅在“万”，更重要的是在“破”！

现在，我们构建了全新的“湛庐阅读”App。它将成为你“破万卷”的新居所。在这里：

- 不用考虑读什么，你可以便捷找到纸书、有声书和各种声音产品；
- 你可以学会怎么读，你将发现集泛读、通读、精读于一体的阅读解决方案；
- 你会与作者、译者、专家、推荐人和阅读教练相遇，他们是优质思想的发源地；
- 你会与优秀的读者和终身学习者为伍，他们对阅读和学习有着持久的热情和源源不绝的内驱力。

从单一到复合，从知道到精通，从理解到创造，湛庐希望建立一个“与最聪明的人共同进化”的社区，成为人类先进思想交汇的聚集地，与你共同迎接未来。

与此同时，我们希望能够重新定义你的学习场景，让你随时随地收获有内容、有价值的思想，通过阅读实现终身学习。这是我们的使命和价值。

湛庐阅读App玩转指南

湛庐阅读App结构图：

三步玩转湛庐阅读App：

读一读 ▾

湛庐纸书一站买，
全年好书打包订

听一听 ▾

泛读、通读、精读，
选取适合你的阅读方式

扫一扫 ▾

买书、听书、讲书、
拆书服务，一键获取

App获取方式：

安卓用户前往各大应用市场、苹果用户前往App Store
直接下载“湛庐阅读”App，与最聪明的人共同进化！

使用App扫一扫功能，
遇见书里书外更大的世界！

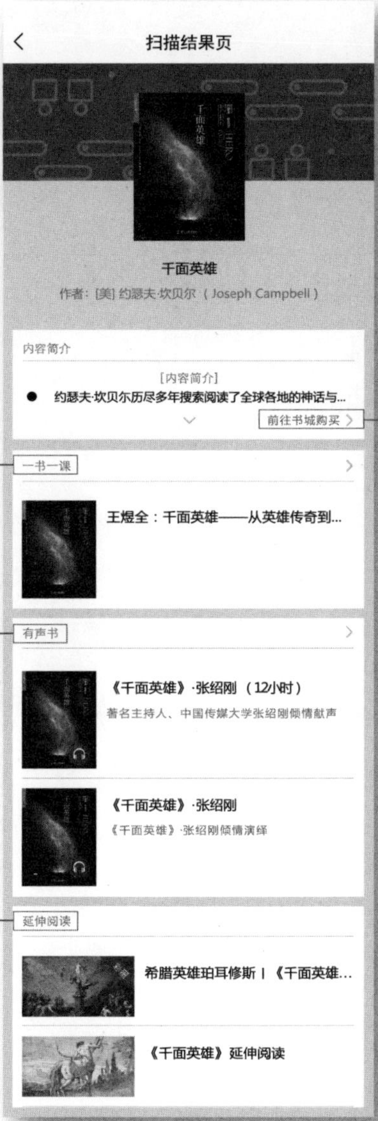

快速了解本书内容，
湛庐千册图书一键购买！

大咖优质课、
献声朗读全本一键了解，
为你读书、讲书、拆书！

你想知道的彩蛋
和本书更多知识、资讯，
尽在延伸阅读！

湛庐CHEERS

延伸阅读

《触及巅峰》

使用"湛庐阅读"App，"扫一扫"获取本书更多精彩内容。
ISBN 978-7-220-11928-6

◎ 一群极度勇敢的人，三支骁勇善战的队伍，同时冲击地球三极！

◎ 全景展现人类探险史上的鼎盛之年。

◎ 普利策历史奖得主爱德华·拉森呕心沥血之作。

《布莱森英语简史》

使用"湛庐阅读"App，"扫一扫"获取本书更多精彩内容。
ISBN 978-7-5596-2910-4

◎《出版人周刊》《纽约时报书评》《波士顿环球报》《洛杉矶时报》以及新东方北美项目高级主管王梅盛赞推荐！

◎ 逗知识、冷笑话、神吐槽，最八卦的英语百科全书，让你在笑声中积累英语知识。

《神话》

使用"湛庐阅读"App，"扫一扫"获取本书更多精彩内容。
ISBN 978-7-5722-0402-9

◎ 英国喜剧大师、《哈利·波特》有声书朗读者"油炸叔"斯蒂芬·弗莱重述希腊神话！

◎ 梳理出清晰的主干结构和时间线，用戏剧线索串联起来，告别希腊神话的混乱逻辑！

◎ 张绍刚、任素汐、马良、严明、刘畅、严锋联袂推荐！

《英雄》

使用"湛庐阅读"App，"扫一扫"获取本书更多精彩内容。
ISBN 978-7-5722-0403-6

◎ 全新解读视角，一本写给成人的神话书！

◎ 用现代性的语言书写，充满英式幽默，自带官方吐槽，彻底摆脱希腊神话的枯燥和学术感。

◎ 张绍刚、任素汐、马良、严明、刘畅、严锋联袂推荐！

图书在版编目（CIP）数据

天才与狂徒 /（英）西蒙·温切斯特著；文家欣译
. -- 杭州：浙江人民出版社，2021.2
书名原文：The Men Who United the States
ISBN 978-7-213-10014-7

Ⅰ. ①天… Ⅱ. ①西… ②文… Ⅲ. ①经济史—美国—现代—通俗读物 Ⅳ. ① F171.295-49

中国版本图书馆 CIP 数据核字（2021）第 017021 号

浙江省版权局
著作权合同登记章
图字：11-2020-145 号

上架指导：畅销书 / 经济史

本书法律顾问　北京市盈科律师事务所　崔爽律师
张雅琴律师

天才与狂徒

［英］西蒙·温切斯特　著
文家欣　译

出版发行：浙江人民出版社（杭州体育场路 347 号　邮编　310006）
市场部电话：（0571）85061682　85176516
集团网址：浙江出版联合集团　http://www.zjcb.com
责任编辑：蔡玲平
责任校对：陈　春
印　　刷：唐山富达印务有限公司
开　　本：710mm × 965mm 1/16　　印　　张：20
字　　数：282 千字　　插　　页：1
版　　次：2021 年 2 月第 1 版　　印　　次：2021 年 2 月第 1 次印刷
书　　号：ISBN 978-7-213-10014-7
定　　价：98.00 元

如发现印装质量问题，影响阅读，请与市场部联系调换。